教育部高等学校机械类专业教学指导委员会规划教材

汽车液压与液力传动

陈泽宇 主　编
王长周 刘承皓 副主编

清华大学出版社
北京

内 容 简 介

本书围绕汽车液压与液力传动系统的技术特点，介绍了液压液力传动的发展历程、国内外现状和趋势，详细讲述了液压与液力传动技术基础知识，包括液压泵、马达、液压缸、控制阀与液压基本回路等，进而介绍了液压液力传动技术在车辆工程中的应用案例，着重讲解了包括自动变速器、ABS 防抱死系统、液压助力转向等汽车典型液压与液力系统的组成、工作原理，以及挖掘机等工程车辆中的液压传动系统。全书共分为四部分 13 章，覆盖了车辆工程专业液压液力传动技术所需学习的知识要点，适用于车辆工程及相关专业本科生/研究生作为教材或参考书，也可供汽车工程相关工作人员参考。

版权所有，侵权必究。举报: 010-62782989，beiqinquan@tup.tsinghua.edu.cn。

图书在版编目(CIP)数据

汽车液压与液力传动/陈泽宇主编．—北京：清华大学出版社，2019(2021.9重印)
(教育部高等学校机械类专业教学指导委员会规划教材)
ISBN 978-7-302-52968-2

Ⅰ.①汽… Ⅱ.①陈… Ⅲ.①汽车－液压传动－高等学校－教材 ②汽车－液力传动－高等学校－教材 Ⅳ.①U463.22

中国版本图书馆 CIP 数据核字(2019)第 085574 号

责任编辑：许　龙
封面设计：常雪影
责任校对：赵丽敏
责任印制：宋　林

出版发行：清华大学出版社
　　　网　　址：http://www.tup.com.cn, http://www.wqbook.com
　　　地　　址：北京清华大学学研大厦 A 座　　　邮　　编：100084
　　　社 总 机：010-62770175　　　邮　　购：010-62786544
　　　投稿与读者服务：010-62776969, c-service@tup.tsinghua.edu.cn
　　　质量反馈：010-62772015, zhiliang@tup.tsinghua.edu.cn
印 装 者：三河市少明印务有限公司
经　　销：全国新华书店
开　　本：185mm×260mm　　　印　张：13　　　字　数：317 千字
版　　次：2019 年 7 月第 1 版　　　印　次：2021 年 9 月第 2 次印刷
定　　价：45.00 元

产品编号：079920-01

前言
FOREWORD

经过一百余年的技术发展,汽车已经由早先单一的机械装置演变成了机、电、液、控一体化的高新技术产品。液压技术作为一种重要的传动和控制技术,与微电子、计算机技术相结合,在汽车上的应用极为广泛。如今,汽车中的自动变速器、制动系统、悬架系统、转向助力机构、离合器操纵系统等许多装置都应用或部分地应用了液压与液力传动技术。本书围绕汽车液压与液力传动技术特点,在阐述汽车液压与液力传动技术基本内容的基础上,分析了液压与液力传动在汽车工程技术中的具体应用,对汽车典型液压与液力系统的组成、工作原理进行了讲解。

全书包含四部分13章,其中第一部分为绪论,介绍了液压与液力传动的发展历程、技术特点与国内外现状和趋势;第二部分为液压传动技术,讲述了液压传动基础知识、液压元件以及液压基本回路等;第三部分为液力传动技术,分析了液力传动原理及其工程装置;第四部分为液压与液力传动在汽车中的应用,重点讲述了汽车工程中典型的液压控制机构,包括挖掘机等工程车辆和普通汽车中的液压系统分析等。

在本书的学习过程中我们始终强调对知识的理解和应用,而非对文字公式的死记硬背。通过本书的学习,学生应该达到如下目标:

(1) 能够读懂复杂的液压回路图;

(2) 可以根据实际需求设计符合功能的液压控制系统;

(3) 深入理解汽车系统中关键部件的液压控制原理。

希望读者能够以此为目标开展本书的学习,掌握切实的知识并激发对本专业的兴趣。

本书由东北大学陈泽宇担任主编,王长周、刘承皓担任副主编,具体编写分工如下:陈泽宇、刘承皓编写了第1章,蒋佳芸、王迪编写了第2、6章,王长周编写了第3~5章,陈泽宇编写了第7、8章,陈泽宇、汪坤编写了第9章,张渤、刘承皓编写了第10章,陈泽宇、张浩、刘承皓、陆雨编写了第11章,刘承皓、刘博编写了第12章,曹文伟、汪坤、陈泽宇编写了第13章。全书由陈泽宇、刘承皓共同负责统稿和修改定稿。

在本书编写过程中,参考了大量的文献和资料,在此对原作者一并表示诚挚的谢意。

受编者水平所限,书中如有不妥和错漏之处,欢迎广大读者批评指正,以便在今后的修订中予以完善。

编 者

2018 年 12 月于东北大学

目 录
CONTENTS

第一部分 绪 论

第1章 液压与液力传动技术概述 ……………………………… 3
1.1 液压传动技术发展历程与发展趋势 ……………………… 3
    1.1.1 起源与发展历程 ……………………………………… 3
    1.1.2 液压技术发展趋势 …………………………………… 5
1.2 液压传动的技术优势 ……………………………………… 7
1.3 液压传动与液力传动的关系 ……………………………… 8
1.4 液压与液力传动技术在汽车领域的应用 ………………… 9
    1.4.1 工程车辆 ……………………………………………… 9
    1.4.2 汽车变速器 …………………………………………… 9
    1.4.3 汽车制动系统 ………………………………………… 11
    1.4.4 汽车动力转向机构 …………………………………… 11
    1.4.5 发动机共轨系统 ……………………………………… 11

第二部分 液压传动技术

第2章 液压传动技术基础知识 ………………………………… 15
2.1 帕斯卡定律与液压传动基本原理 ………………………… 15
    2.1.1 液压传动的基本原理 ………………………………… 15
    2.1.2 液压传动的基本组成 ………………………………… 16
2.2 流体力学基础知识 ………………………………………… 17
    2.2.1 流体静力学基础知识 ………………………………… 17
    2.2.2 流体动力学基础知识 ………………………………… 19
    2.2.3 流量和容积效率 ……………………………………… 19
    2.2.4 连续性方程 …………………………………………… 20

    2.2.5 伯努利方程(能量守恒定律) ……………………………………………… 20
  2.3 管路中的液体压力损失 ……………………………………………………… 21
    2.3.1 沿程压力损失 …………………………………………………………… 21
    2.3.2 局部压力损失 …………………………………………………………… 22
    2.3.3 总压力损失 ……………………………………………………………… 22
  2.4 液体流动状态与雷诺数 ……………………………………………………… 22
  2.5 液压冲击与气穴现象 ………………………………………………………… 23
    2.5.1 液压冲击 ………………………………………………………………… 23
    2.5.2 气穴与气蚀 ……………………………………………………………… 24

第3章 动力元件与执行元件 ……………………………………………………… 25

  3.1 液压泵 ………………………………………………………………………… 25
    3.1.1 液压泵的基本工作原理 ………………………………………………… 25
    3.1.2 液压泵的主要性能参数 ………………………………………………… 26
    3.1.3 液压泵的分类与图形符号 ……………………………………………… 28
    3.1.4 齿轮泵 …………………………………………………………………… 29
    3.1.5 叶片泵 …………………………………………………………………… 33
    3.1.6 柱塞泵 …………………………………………………………………… 38
  3.2 液压马达 ……………………………………………………………………… 41
    3.2.1 液压马达的工作原理和分类 …………………………………………… 41
    3.2.2 液压马达的主要性能参数 ……………………………………………… 42
    3.2.3 液压马达的图形符号 …………………………………………………… 46
  3.3 液压缸 ………………………………………………………………………… 46
    3.3.1 液压缸的分类 …………………………………………………………… 46
    3.3.2 液压缸的基本结构 ……………………………………………………… 47
    3.3.3 活塞式液压缸及其工作特性 …………………………………………… 49
    3.3.4 柱塞式液压缸 …………………………………………………………… 52
    3.3.5 伸缩式液压缸 …………………………………………………………… 52

第4章 液压控制阀 ………………………………………………………………… 54

  4.1 液压控制阀的分类 …………………………………………………………… 54
  4.2 方向控制阀 …………………………………………………………………… 54
    4.2.1 单向阀 …………………………………………………………………… 54
    4.2.2 换向阀 …………………………………………………………………… 56
  4.3 压力控制阀 …………………………………………………………………… 59
    4.3.1 溢流阀 …………………………………………………………………… 59
    4.3.2 减压阀 …………………………………………………………………… 62

  4.3.3 顺序阀 …………………………………………………………… 64
 4.4 流量控制阀 ……………………………………………………………… 65
  4.4.1 节流阀 …………………………………………………………… 65
  4.4.2 调速阀 …………………………………………………………… 66
 4.5 伺服阀与比例阀 ………………………………………………………… 67
  4.5.1 电液伺服与比例控制概述 ……………………………………… 67
  4.5.2 电液伺服阀 ……………………………………………………… 68
  4.5.3 电液比例阀 ……………………………………………………… 70

第 5 章 液压辅助元件 …………………………………………………………… 75
 5.1 蓄能器 …………………………………………………………………… 75
  5.1.1 蓄能器的功能 …………………………………………………… 75
  5.1.2 蓄能器的类型 …………………………………………………… 75
  5.1.3 蓄能器的应用 …………………………………………………… 77
 5.2 过滤器与热交换器 ……………………………………………………… 78
  5.2.1 过滤器的类型和结构 …………………………………………… 78
  5.2.2 过滤器的选用 …………………………………………………… 80
  5.2.3 过滤器的安装 …………………………………………………… 81
  5.2.4 热交换器 ………………………………………………………… 82
 5.3 管件 ……………………………………………………………………… 84
  5.3.1 管道 ……………………………………………………………… 84
  5.3.2 管接头 …………………………………………………………… 86
 5.4 密封装置 ………………………………………………………………… 87
  5.4.1 常见的密封方法 ………………………………………………… 88
  5.4.2 密封件的类型 …………………………………………………… 88

第 6 章 液压基本回路 …………………………………………………………… 92
 6.1 速度控制回路 …………………………………………………………… 92
  6.1.1 调速回路 ………………………………………………………… 92
  6.1.2 快速运动回路 …………………………………………………… 96
 6.2 压力控制回路 …………………………………………………………… 98
  6.2.1 多级调压回路 …………………………………………………… 98
  6.2.2 双向调压回路 …………………………………………………… 98
  6.2.3 减压回路 ………………………………………………………… 99
  6.2.4 保压回路 ………………………………………………………… 99
  6.2.5 卸荷回路与启停回路 …………………………………………… 100
 6.3 方向控制回路 …………………………………………………………… 101

　　　　6.3.1　换向回路 …… 101
　　　　6.3.2　锁紧回路 …… 101
　　6.4　顺序动作回路 …… 102
　　　　6.4.1　压力控制的顺序动作回路 …… 102
　　　　6.4.2　行程控制的顺序动作回路 …… 103
　　6.5　同步回路 …… 104
　　　　6.5.1　采用分流集流阀的同步回路 …… 104
　　　　6.5.2　带补偿装置的串联液压缸同步回路 …… 104

第三部分　液力传动技术

第 7 章　液力传动基本原理 …… 109

　　7.1　液力传动基本方式 …… 109
　　7.2　液力传动的流体力学基础 …… 110
　　　　7.2.1　欧拉方程 …… 110
　　　　7.2.2　动量矩方程 …… 112
　　7.3　液力传动在汽车中的应用 …… 113

第 8 章　液力耦合器 …… 114

　　8.1　液力耦合器在自动变速器中的位置 …… 114
　　8.2　液力耦合器基本结构与工作原理 …… 114
　　　　8.2.1　液力耦合器结构 …… 115
　　　　8.2.2　工作原理 …… 115
　　8.3　液力耦合器特性分析 …… 117

第 9 章　液力变矩器 …… 119

　　9.1　液力变矩器的组成 …… 119
　　9.2　液力变矩器工作原理 …… 119
　　9.3　单向离合器 …… 121
　　　　9.3.1　滚柱式单向离合器 …… 122
　　　　9.3.2　楔块式单向离合器 …… 122
　　　　9.3.3　棘轮式单向离合器 …… 123
　　9.4　带锁止离合器的液力变矩器 …… 124
　　9.5　液力变矩器工作特性曲线 …… 126

第四部分 液压与液力传动在汽车中的应用

第10章 工程车辆液压控制系统 … 129
10.1 汽车起重机液压控制系统 … 129
10.1.1 支腿收放机构液压控制回路 … 131
10.1.2 回转机构液压控制回路 … 131
10.1.3 伸缩回路与变幅回路 … 132
10.1.4 起升回路 … 132
10.2 挖掘机液压控制系统 … 133
10.2.1 工作机构液压控制回路 … 133
10.2.2 铲斗控制原理 … 135
10.2.3 回转机构液压控制原理 … 135
10.3 汽车货箱举升液压系统 … 136

第11章 汽车变速器液压控制系统 … 138
11.1 液力自动变速箱 … 138
11.1.1 离合器 … 139
11.1.2 制动器 … 140
11.1.3 行星齿轮机构 … 142
11.1.4 液压系统 … 144
11.1.5 液压控制回路 … 151
11.2 无级变速器 … 164
11.2.1 无级变速器组成与工作原理 … 164
11.2.2 液压控制回路 … 166

第12章 ABS液压控制系统 … 168
12.1 ABS概述 … 168
12.1.1 四通道ABS … 169
12.1.2 三通道ABS … 169
12.1.3 单通道ABS … 171
12.2 ABS的组成与基本原理 … 171
12.3 ABS液压控制阀 … 172
12.3.1 限压阀与比例阀 … 172
12.3.2 电磁阀 … 174
12.4 液压控制回路 … 175

  12.4.1 循环式制动压力调节器 …………………………………… 175
  12.4.2 可变容积式制动压力调节器 ………………………………… 177
 12.5 ABS/ASR 联合回路 ……………………………………………… 180

第 13 章 液压助力转向系统 ……………………………………………… 182
 13.1 助力转向系统概述 ………………………………………………… 182
 13.2 液压助力转向系统的组成及原理 ………………………………… 182
  13.2.1 转阀式转向控制阀 …………………………………………… 184
  13.2.2 滑阀式转向控制阀 …………………………………………… 188
 13.3 助力转向液压控制回路 …………………………………………… 189
  13.3.1 滑阀式液压转向助力装置 …………………………………… 189
  13.3.2 转阀式液压助力转向装置 …………………………………… 191

附录 常用液压与气动元件图形符号 ……………………………………… 193

参考文献 ……………………………………………………………………… 198

第一部分

绪 论

第 1 章

液压与液力传动技术概述

1.1 液压传动技术发展历程与发展趋势

1.1.1 起源与发展历程

液压传动是基于密闭容器中流体的静压力、并利用机械能与液体的压力能之间的相互转换来实现动力传递的一种形式,传动过程是利用密闭液体作为媒介来完成的,其原理源自于法国物理学家帕斯卡(Blaise Pascal)于 1650 年提出的封闭静止流体压力传递的帕斯卡定律[①]。1686 年,牛顿揭示了动性流体的内摩擦定律[②]。到 18 世纪,流体力学的两个重要方程——连续性方程[③]和伯努利方程[④]相继建立。这些理论成果为液压技术的发展奠定了理论基础。

1795 年,英国人约瑟夫·布拉曼(Joseph Bramah)发明了世界上第一台水压机(见图 1-1),这是帕斯卡定律首次被实际应用,这台机器利用水作为介质进行能量传递,同时以水流方向进行控制。这预示着液压技术在工程应用的开始。到了英国工业革命之后,液压技术逐渐应用到实际工业当中,由于这时候电能还未被发现和用作动力,液压传动技术逐步被用来驱动起重机、绞车、挤压机、剪切机和铆接机等各种工业设备。

图 1-1 世界上第一台水压机

---

① 不可压缩静止流体中任一点受外力产生压力增值后,此压力增值瞬时间传至静止流体各点。
② 又称黏性定律。
③ 是描述守恒量传输行为的偏微分方程。由于在各自适当条件下,质量、能量、动量、电荷等,都是守恒量。
④ 其实质是流体的机械能守恒,即:动能+重力势能+压力势能=常数。其最为著名的推论为:等高流动时,流速大,压力就小。

当时的液压传动采用的是水,通常是使用蒸汽机驱动水泵并在一定压力下通过管道将高压水送到加工车间,驱动各种机械设备。虽然水具有干净、容易获取且具备阻燃性等优点,但是以水为介质的液压传动系统也具有许多缺点,例如:水的密封性和润滑性都很差,工作温度范围小,零部件容易锈蚀等,导致液压传动技术的发展一度陷于了停滞状态。直到1905—1908年间,威廉斯(H. Willians)和詹尼(R. Janney)两位英国工程师发明了用矿物油作为工作介质的轴向柱塞式液压传动装置。矿物油代替了水作为工作介质,在很大程度上解决了密封和锈蚀等问题,液压传动技术才开始逐步走向成熟。

第一次世界大战(1914—1918年)之后,液压传动技术得到了广泛应用,液压伺服控制技术出现在海军舰艇舵机的操控装置上。到了第二次世界大战(1939—1945年)期间,美国的机床中已有30%应用了液压传动,由于军事工业迫切需要反应快、动作准确、功率大的液压元件、液压传动系统和伺服控制系统,以便用于飞机、坦克、高射炮、舰、艇等装备和武器方面的控制系统以及雷达、声呐的驱动系统,促进了液压技术及其自动控制技术的进一步发展。图 1-2 与图 1-3 为当时采用液压真空制动技术的 Bedford OY 军用卡车与采用了液压液力传动技术的 M24 轻型坦克。20 世纪 60 年代,随着电子技术的发展,液压技术也在更深、更广泛的领域得到了发展和应用,出现了以比例电磁铁为转换器的电-液比例控制阀,随后液压技术的应用迅速转入民用工业,在机床、工程机械、船舶机械、锻压机械、冶金机械、农业机械以及汽车、航空航天等部门得到了广泛应用,由于矿物质油易燃,在高温、明火、矿井等特殊环境下,乳化液等合成流体逐步取代了矿物油作为液压系统的工作介质。

图 1-2　Bedford OY 军用卡车

图 1-3　美国 M24 轻型坦克

我国的液压工业开始于20世纪50年代,产品最初只用于机床和锻压设备,后来才用到拖拉机和工程机械上。自从1964年从国外引进液压元件生产技术以来,我国的液压件生产已从低压到高压形成了系列,20世纪80年代加速了对国外先进液压产品和技术的有计划引进、消化、吸收和国产化工作。21世纪以来,我国液压行业步入了快速发展阶段,以工程机械、冶金机械、矿山机械、农业机械、航空航天、智能机床等为代表的装备制造业取得快速发展,到"十一五"末期,我国已经成为世界上最大的液压市场和世界上第二大液压产品生产国。但是目前我国中高端液压产品对外依存度仍然较高,大部分液压产品处于价值链中低端,研发投入占销售额比例不足3%,产品集中度和品牌影响力都不够强。国内挖掘机使用的高端液压件基本依赖博世力士乐(Bosch Rexroth)、川崎重工等国外厂商,存在着巨大的进口替代需求。数据显示,2015年度我国液压件进口数量为352.08万件,进口总金额为10.10亿美元;2015年度我国液压件出口数量为933.05万件,出口总金额为7.12亿美元。近年来,部分国内自主品牌通过长时间的技术攻关,局部突破了国外知名液压企业在中高端液压产品上的技术垄断,并推出一系列技术含量较高的液压产品。图1-4所示为我国自主研发的8万t大型模锻压机。

图1-4 我国生产的世界最大的8万t模锻压机

1.1.2 液压技术发展趋势

液压技术已广泛用于各工业部门和领域,成为对现代机械装备的技术进步有重要影响的基础技术。如今,超过95%的工程机械、90%的数控机床、95%以上的自动化生产线都采用了液压传动技术。世界上先进的工业国家均对液压技术的发展给予了高度重视,液压传动技术已成为衡量一个国家工业水平的重要标志之一。在液压技术的发展过程中,随着科技的进步,液压技术逐渐融合了现代计算机信息技术等高新技术,在科技水平、工作效率等方面都得到了很大提高。为了和最新技术的发展保持同步,液压技术必须不断发展,不断提高和改进局部与整体的性能以满足日益变化的市场需求。

1. 高压化

对于给定功率等级的液压系统,高压化会使外形尺寸减小、重量减轻。近年来,高压结构强度问题得以解决、高压情况下的泄漏减少,滑动面间的润滑、摩擦和材料质量研究取得了很大进展,液压系统高压化发展已成为一个趋势。

2. 轻量化

液压元件和液压系统的轻量化设计也是当前液压传动的重要研究课题之一，尤其在要求液压元件或系统具有较小体积与重量要求的领域，如航空航天、行走机械、船舶机械等。轻量化设计是在满足结构强度、抗变形和工作要求的前提下，采用轻量化材料进行等强度的设计，并合理减小结构尺寸，达到节约用材、减少排放的目的。

3. 模块化/集成化

集成化的发展使得液压系统结构紧凑、工作可靠，而且简便，也易于维护保养。液压技术与电子技术结合的过程中，液压技术自身也在迅速地提升与演进，不断向高压、大流量、集成化等方向发展，其突出的表现便是液压阀的集成模块化趋势，图1-5所示为美国BD公司的机器人Big Dog。液压控制阀由于具有标准化、组合化和通用化的良好基础，在其演化发展历程中始终伴随着集成化和模块化。液压阀产品在功能、结构层面不断得到改进。在连接方式上，液压阀最初通过管道采用螺纹接头和法兰连接；此后，为了克服管式连接的缺点，引进了过渡底板，使得板式连接和管道安装得到兼顾；后来，随着少管化和无管化的发展，出现了公用过渡块和叠加式连接；随着设计和工艺技术的进步，集成化进一步得到发展，液压控制元件也进一步从"安装面"模块化叠加到"安装孔"块式集成；现在以集成块为主的液压控制形式迅速普及和多样化，集成块日趋多样化和定制化。

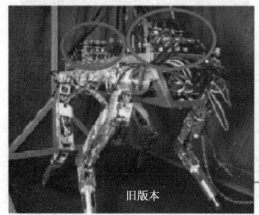
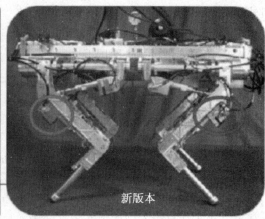

旧版本　　　　　　　　　　　　新版本

图1-5　液压控制系统的集成化趋势

4. 新介质

随着密封技术的发展，矿物型液压油以良好的性能取代水成为主要的传动介质，推动了液压技术的进步，但是一些弊端依然存在，如泄漏造成环境污染等。随着近年来人们对环境保护和节能的重视，西方各国政府制定相应的法律、法规，从而激励了人们研究洁净的新的液压介质来代替旧有的液压油（如水和生物可降解液压油）。

5. 新材料和新工艺

新型材料的使用,如工程陶瓷、工程塑料或聚合物,可使液压元件质量提高、成本降低,促进液压技术新的发展,图1-6所示为陶器镀层活塞杆。采用新型磁性材料,可以提高磁力,增大阀的推力,进而增大阀的控制流量,使系统响应更快,工作更可靠。铸造工艺的发展,对优化液压元件内部流动,减少压力损失和降低噪声,实现元件小型化、模块化,都有良好的促进作用。

图 1-6 陶器镀层活塞杆

6. 节能化

液压系统在机械装置和设备中的应用十分广泛,但液压传动效率较低,液压系统在传递运动过程中的能耗转化为热能,使系统温度升高,引起很多不良影响。因此,必须合理使用高效率的液压元件,合理设置和分配元件,正确选择油液,并对系统进行综合调节,以提高系统的效率。随着科技的发展,越来越多的数字技术和软件技术整合到液压节能技术中,液压节能技术正在向着稳定高效的方向发展。

7. 数字化/智能化

数字化控制早在 20 世纪 80 年代已经开始研究和应用。随着液压伺服控制技术和计算机电子技术的结合,数字化液压控制系统和数字液压元件不断涌现。与比例控制和伺服控制等模拟量液压控制技术相比,数字化液压控制可靠性更好,抗干扰能力更强,性价比更高,且易于与计算机通信。为实现液压系统的高速、高精度控制,数字控制技术成为重要的发展趋势之一。

1.2 液压传动的技术优势

液压传动具有很多技术优势,主要可以体现在以下几个方面:

(1) 易于实现大功率传动。液压传动易于获得很大的力,承载能力大,因此广泛用于压制机、隧道掘进机、万吨轮船操舵机和万吨水压机等大功率设备,相比于机械传动,液压传动更容易实现增矩,且传动平稳,能实现无级调速,调速范围大。

(2) 易于控制。由于几乎不受执行机构和机械系统运动惯性的影响,液压油具有流动性和几乎无体积改变等特点,因此液压控制更容易实现执行元件运动速度和位移的控制。液压元件质量轻、惯性小,可以实现高频率的换向控制,提高系统的动作灵敏度和运动精度。

(3) 柔性安装形式。柔性化液压系统由各个单元组成,每个单元在结构上可独自一体,然后通过柔性管路连接。尤其是在一些弯曲较多、布置空间受限的场合,液压传动的柔性连接优势使得设计人员可以根据传动的目的和控制要求,设计出更高效、更优化、更经济的布置方案。

(4) 可实现自润滑作用。液压系统的传动介质为油液,因此自身具备润滑作用,有利于延长液压元件的使用寿命。同时,在采用液压传动的机构中,液压油也可为其他部件实现润滑,例如汽车自动变速器中,液压泵为变速器机械部件提供润滑。

(5)易于标准化。液压系统由多个独立的液压元件组成,液压元件易于实现标准化、系列化和通用化,有利于组织生产、设计以及系统维护和零件更换。

液压传动也有不足之处,例如传动效率低,传动比不如机械传动精确,且工作时受温度影响较大,不适宜在很高或很低的温度条件下工作,液压元件的制造精度要求较高,成本也较高,液压传动系统出现故障时不易找出原因。

1.3 液压传动与液力传动的关系

传动系统在工程应用中广泛存在,其本质是将动力从一处(动力机构)传递到另一处(执行机构),并在这个传递过程中合理地改变力的大小与方向。根据传递动力的工作媒介不同,传动系统可以具体分为机械传动、流体传动与电力传动三种主要形式,如图1-7所示。

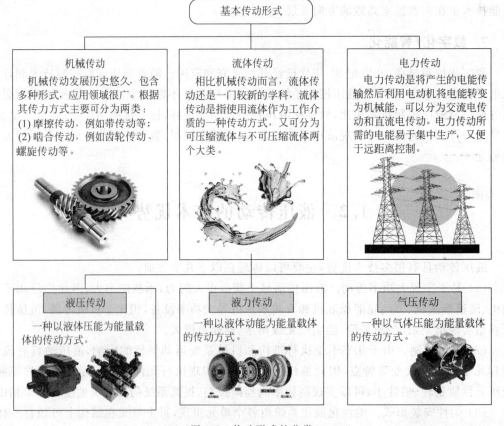

图1-7 传动形式的分类

流体传动技术在国民经济的各个部门都得到了广泛的应用,例如工程机械、制造业、航空航天、石油化工等都离不开流体传动技术。液压传动与液力传动同属于流体传动的范畴,二者都是以液体作为工作介质,但二者在原理上又有一定的区别。从流体力学的角度来看,液压传动的基本原理是帕斯卡原理,而液力传动则是基于流体力学的欧拉方程,它是以动量矩方程为工作原理。在中学学习能量守恒定律时,我们认为一个运动的物体包含动能和势能,且二者数值之和是恒定的,但是对于流体而言,其携带的能量可以表现为三种形式,即动能、势能和压能,其三者之和守恒。然而在大部分情况下液体势能很小且几乎不变,可以忽略不计,因此流体所承载的能量主要是压能和动能这两种形式来体现。而液压传动和液力传动的主要区别就在于:传动时,流体是以压能的形式来承载能量,还是以动能的形式来承载能量?以液体压能为载体来进行传动的系统即为液压传动系统,此时流体动能可以忽略(因为油液流速很低);而液力传动系统中是依靠流体动能来实现传动。上述过程也可以形象地理解为:液压传动是通过流体来"推"着执行机构运动,而液力传动是通过流体来"冲"着执行机构运动。

1.4 液压与液力传动技术在汽车领域的应用

对于汽车而言,传动系统特指发动机与驱动轮之间的动力传递装置,通常由离合器、变速器、万向传动装置、主减速器、差速器、半轴等组成,它能够实现必要时的动力中断,确保车辆平稳起步以及换挡平顺,使汽车具有在各种行驶条件下所必需的牵引力得以正常传递到驱动轮,并控制传动比随车速协调变化,使汽车具有良好的动力性和燃油经济性;要确保汽车具有倒车功能,并且左、右驱动轮适应差速等要求。在汽车发明之初,发动机直接通过齿轮连接驱动轴,不仅限制了发动机的安装位置,且无法实现大范围调速。随着百余年的发展,如今的传动系统已经日渐走向成熟,新技术的不断涌现使得现代汽车传动系统可以最佳地匹配发动机的动力特性。液压与液力传动技术在汽车传动系统中应用广泛。

1.4.1 工程车辆

与机械传动相比,液压传动具有柔性连接、布置灵活、可操作性好、便于控制等优势。这些优势使得液压传动非常适合于复杂动作的工程车辆。近几年来,随着液压技术的发展,液压元件的性能不断提高,价格不断降低,液压传动的缺点逐渐减少甚至消失,液压传动系统在工程车辆和特种车辆上应用日渐广泛,例如液压挖掘机、汽车起重机、载货翻斗汽车等,均采用了液压传动技术。液压传动系统的柔性连接特点,使得它们非常适用于控制这种多关节的机械装置。

一些常见的工程车辆如图1-8所示。

1.4.2 汽车变速器

变速器是汽车传动系统中的核心部件之一,早期的变速器多为手动变速器,随着液压与液力技术的发展,自动变速器逐渐成为了汽车变速机构的首选。如图1-9所示液力自动变

图 1-8 常见工程车辆

(a) 液压挖掘机；(b) 汽车起重机；(c) 液压推土机；(d) 液压自卸车

速器(AT)，可以自动实现换挡操作，它的换挡原理就是根据车辆行驶状态和驾驶员动作来切换液压控制油路。AT 主要是由液力变矩器、行星齿轮机构和换挡控制系统组成，其中的换挡控制系统通常是由液压控制来实现；而其中的液力变矩器，则是液力传动技术在汽车传动系统中技术优势的体现，可以作为柔性联轴器，保证发动机平稳起步(不会熄火)，同时还可以实现自适应地变矩。如图 1-10 所示无级变速器(CVT)，可以连续地改变变速器传动比，它是使用液压控制来实现工作带轮接触直径的连续变化，同时在 CVT 中，液压控制系统还负责前进/倒退行星齿轮的控制等。

图 1-9 液力自动变速器(AT)

图 1-10 无级变速器(CVT)

1.4.3 汽车制动系统

汽车制动系统是指对汽车车轮施加一定的力,从而对其进行一定程度的强制制动的专门装置。制动系统作用是:

(1) 使行驶中的汽车按照驾驶员的要求进行强制减速甚至停车;
(2) 使已停驶的汽车在各种道路条件下(包括在坡道上)驻车;
(3) 使下坡行驶的汽车速度保持稳定。

汽车制动力的来源主要有三个方面:电力制动、液压制动和气压制动。目前,轻型汽车的制动系统广泛采用液压作为制动力促动来源,驾驶员操作制动主缸来产生高压油并传递到各个制动分缸,驱动制动器产生车轮制动力。另外,为了防止车轮在制动过程中抱死,现代汽车普遍配置了 ABS 制动防抱死系统,它包括一个电子控制单元、数个轮速感应器和一个内含电磁阀的阀门总成。ABS 系统通过加压、减压、保压三条液压控制回路的切换控制对制动轮制动力进行动态调节,类似于"点刹"的效果,这种切换控制每秒钟可达 10 余次,不仅可以防止车轮抱死、提高制动稳定性,还可以将紧急制动时的滑移率控制在合理范围,缩短制动距离。

1.4.4 汽车动力转向机构

动力转向系统是汽车中为了减轻驾驶员动作在方向盘上的操作力,使用外来动力而产生转向补助力的装置,也称为转向助力装置,从助力方式上有液压助力、气压助力和电动助力等多种形式。其中,液压助力系统如图 1-11 所示,是一个机械液压伺服机构,它由液压泵、管路、转向助力控制阀、储油罐等组成,这项技术最早诞生于 1902 年,技术成熟可靠、成本低廉,应用极为广泛。

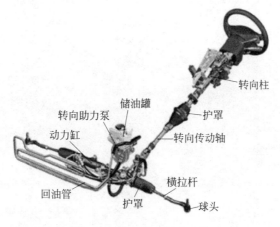

图 1-11 液压助力转向系统

1.4.5 发动机共轨系统

发动机共轨技术是汽车工程核心技术之一,如图 1-12 所示,是通过高压油泵把高压燃油输送到一个公用供油管路中并对该公用供油管内的油压进行精确控制,使喷射压力与喷射过程完全分开,从而保证高压油管油压大小与发动机转速无关。共轨技术可以减少柴油机供油压力受发动机转速变化的影响,从而保证柴油机达到良好的雾化、最佳的点火时间并降低排放污染。

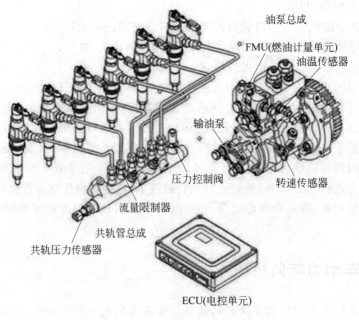

图1-12 发动机共轨喷射系统

第二部分

液压传动技术

家庭计时表

第 2 章

液压传动技术基础知识

2.1 帕斯卡定律与液压传动基本原理

2.1.1 液压传动的基本原理

在我们学习液压传动知识之前,先思考一个问题:如何用一个很小的力,抬起一个很重的物体?在中学物理中我们知道杠杆原理可以实现这一动作。几乎所有的机械传动都是基于杠杆原理所衍生出来的。事实上通过液压传动也可以实现类似的目的,如图 2-1 所示,两个液压缸连通,如果我们在小液压缸上施加一个向下的力 F_1,就会对液体作用一个压强,压强等于作用压力除以受力面积,即 $p=F_1/A_1$,显然,只要将小液压缸的面积 A_1 做得足够小,就可以产生一个很大的压强,而这个很大的压强会传递到与之连通的大液压缸,与大液压缸作用面积 A_2 产生一个很大的推动力 $F_2=p \cdot A_2$,推动重物上升。这样就可以使用一个很小的力抬起了一个很大的重物了,我们称其为"液压杠杆",这就是液压传动最基本的工作原理。上述过程的理论依据就是帕斯卡定律,即在静止流体上任意处施加一个压强增量,这一压强增量就会大小不变地传递到静止流体各个位置。帕斯卡定律是由法国物理学家帕斯卡在 1653 年提出的。根据帕斯卡定律,在液压系统中的一个活塞上施加一定的压强,必将在另一个活塞上产生相同的压强增量,这样,就可以灵活地实现动力的传递。

下面以千斤顶为例对上述液压传动基本原理在工程中的应用进行进一步的阐述。液压千斤顶是一种简单但却非常常见的液压传动装置,图 2-2 所示为液压千斤顶的基本结构,其中,大活塞所在的大液压缸 6 为举升液压缸,小液压缸 1 连接操纵手柄,单向阀 2 与单向阀 3 组成配油装置,起到了关键作用,关于单向阀在后面章节中会有详细叙述,这里我们简单地理解为单向阀 2 只允许液体从上向下流,而不能反向流动;相反,单向阀 3 只允许液体从下向上流,禁止其反向。因此,当操作手柄提起小活塞向上移动,小液压缸 1 下端的油腔容积增大,这时会试图从外部往里吸油,由于单向阀 2 禁止液体流入,所以储油箱 4 中的油液经过单向阀 3 被吸入;用力 F_1 下压小活塞下移,小液压缸 1 下腔压力升高,油液试图排出,此时单向阀 3 关闭,禁止液体流出,油液经单向阀 2 流出并顺着管道进入大液压缸 6(举升缸)的下腔,迫使大活塞向上移动,顶起重物。当再次提起手柄吸油时,由于单向阀 2 的作用,使油液不能倒流,从而保证了重物不会自行下落。不断地往复扳动手柄,就能不断地把油液压入大液压缸 6 下腔,使重物逐渐地升起。如果打开截止阀 5,大液压缸 6 下腔的油液通过管道流回油箱,大液压缸中压力被卸荷,重物向下移动。

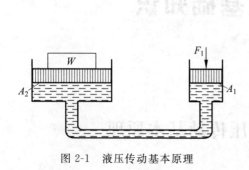

图 2-1 液压传动基本原理

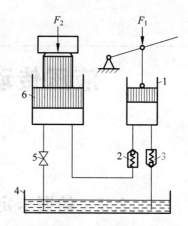

图 2-2 液压千斤顶的模型示意图
1—小液压缸；2、3—单向阀；4—储油箱；
5—截止阀；6—大液压缸

2.1.2 液压传动的基本组成

上述液压千斤顶虽然是一个简单的液压传动机构，但是它包含了完整液压设备的五个基本组成要素。

1. 动力元件

动力元件是把外部机械能持续转换为油液压能的能量转换（注入）装置。其作用是为液压系统提供源源不断的高压油。在上述例子中，小液压缸 1 充当了动力元件。在大部分液压系统中动力元件通常为各种液压泵。

2. 执行元件

执行元件是将油液的压力能再次转换为机械能的能量转换（输出）装置。其作用是在压力油的推动下输出力和速度（直线运动），或力矩和转速（回转运动）。这类元件包括各类液压缸和液压马达。

3. 控制元件

控制元件是用来控制或调节液压系统中油液的压力、流量和方向，以保证执行元件完成预期工作的元件，主要是指各类液压控制阀，在上述例子中两个单向阀与截止阀就起到了控制元件的作用。这些控制阀的不同组合便形成了不同功能的液压传动系统。

4. 辅助元件

辅助元件是指油箱、油管、油管接头、蓄能器、滤油器、压力表、流量表以及各种密封元件等。这些元件分别起散热、储油、输油、连接、蓄能、过滤、测量压力、测量流量和密封等作用，以保证系统正常工作，是液压系统不可缺少的组成部分。

5. 工作介质

工作介质在液压传动及控制中起传递运动、动力及信号的作用。工作介质为液压油或其他合成液体。

2.2 流体力学基础知识

流体力学是流体传动技术的理论源泉。本书主要从工程应用的角度来学习液压与液力传动技术，因此对理论体系并不进行太深入的探讨，仅介绍与液压传动技术直接相关的部分流体力学基本知识，为后续的液压传动系统分析提供必要的理论支撑。

2.2.1 流体静力学基础知识

1. 静压力的概念及其特性

在中学物理中我们曾学过压强的概念，如果一个力均匀地作用在一个表面上，那么作用力与受力面积之比则称为压强，其单位为帕斯卡，简称帕(Pa)，$1Pa=1N/m^2$。在这里我们进一步给出液体静压力(静压强)的概念。液体的静压强是指液体单位面积所受到垂直于该表面上的力，具体来说，设 ΔS 为液体平面上的任一面积，用 ΔP 表示作用在该面积 ΔS 的总作用力，比值 $\Delta P/\Delta S$ 的极限即为流体静压强。在如图 2-3 所示的静止溶液中，任取一点 K，并在其周围取微小面积 ΔA，则相邻流体对它就有作用力，设为 ΔF。当微小面积趋于零时，K 点的应力为

$$p = \lim_{\Delta A \to 0} \frac{\Delta F}{\Delta A} \tag{2-1}$$

式中　p——静止流体中的应力，称为静压力。

在流体力学中，习惯上把流体静压强称为静压力，或称压力。需要说明的是，本书后续内容中将统一使用"压力"这一术语来表示液体静压强，而中学物理中常用的"压强"将不再使用。液体的静压力有两个重要性质：

(1) 液体静压力垂直于作用面，其方向与该面的内法线方向一致。这是因为液体只能受压，不能受拉所致。

(2) 静止液体中任何一点受到各个方向的压力都相等(如果液体中某点受到的压力不同，那么液体就要运动，这就破坏了静止的条件)。

2. 压力的几种表示方法

上面给出了静压力的概念。表述压力时根据选取的参照不同，共有三种表述方法，解释如下。

(1) 绝对压力：以绝对零压力为基准所表示的压力值。

(2) 相对压力：以标准大气压力为基准所表示的压力值。

(3) 真空度：当相对压力为负值时，相对压力的绝对值称为真空度，即大气压力与绝对压力之差。

为了更清晰地表达三者之间的关联，图 2-4 给出了绝对压力、相对压力和真空度三者之间的关系：当绝对压力高于标准大气压力时（$p > p_a$），相对压力为正，此时没有真空度；当绝对压力低于标准大气压力时（$p < p_a$），相对压力为负，此时真空度为大气压力与绝对压力之差。其中相对压力是我们平时习惯采用的表述方法，例如，当我们站在教室中说，"我感觉完全没有压力"——此时我们指的是没有相对压力，而绝对压力是存在的，恰好等于一个标准大气压。在后续章节中如果没有特殊说明，所述压力均为相对压力。

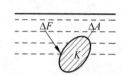

图 2-3 液体静压力示意图

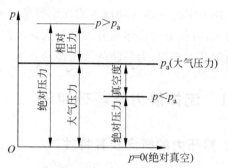

图 2-4 绝对压力、相对压力和真空度的相互关系

3. 静压力基本方程

静压力基本方程如图 2-5 所示，假设容器中盛有液体，作用在液面上的力为 p_0，现在要求液面下深度 h 处的液体压力为 p，首先从液体中取一底面为 ΔA、高度为 h 的小液柱，对其进行受力分析，得垂直方向上的力平衡方程

$$p\Delta A = p_0 \Delta A + \rho V g = p_0 \Delta A + \rho (h \Delta A) g \tag{2-2}$$

化简得
$$p = p_0 + \rho g h \tag{2-3}$$

式中　ρ——液体的密度；
　　　g——重力加速度。

式(2-3)即为静压力基本方程。由式(2-3)可知，静止液体内任意点的压力由两部分组成，即液面上的压力 p_0 和液体重力所产生的压力 $\rho g h$。静止液体的压力随深度 h 增加线性地增加。静止液体中同一深度的各点压力相等，称为等压面。

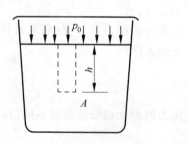 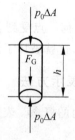

图 2-5 液体静压力方程计算图

2.2.2 流体动力学基础知识

1. 理想液体和恒定流动

1) 理想液体

所谓理想液体指的是物理学中的一种设想的没有黏性的流体,它在流动时各层之间没有相互作用的切应力,即没有内摩擦力,且不可压缩,密度在流体运动中的个别变化为零,速度散度也为零,我们称这种液体为理想液体。而把实际上既有黏性又可压缩的液体称为实际液体。

2) 恒定流动

在恒定空间内的液体发生流动时,液体中任意一点处的运动要素(压力、流速和密度)都不随时间而变化,我们称之为恒定流动;若在流动中,任何一个或几个运动要素随时间改变发生了变化,则称为非恒定流动。研究液压系统静态性能时,可以认为液体作恒定流动,但在研究其动态性能时,则必须按非恒定流动来考虑。

2. 流线、流束和通流截面

1) 流线

流线是流动空间中某一瞬间的一条空间曲线,该曲线上流体质点所具有的速度方向与曲线在该点的切线方向一致。如图 2-6(a)所示,流线既不能相交,也不能转折,是一条光滑曲线。对于恒定流动的流体,流线形状不随时间而变化。

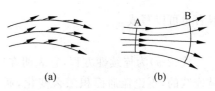

图 2-6 流线和流束

2) 流束

通过某截面 A,做出其上所有流体质点的流线,则这些流线的集合就构成流束,如图 2-6(b)所示。由于流线是不能相交的,所以流束内的任意一条流线都不能穿越流束表面。当断面面积 A 很小且趋近于 0 时,该流束称为微小流束,可以认为微小流束截面上各液体质点的速度是相等的。

3) 通流截面

流束中与所有液流质点的流线正交的截面称为通流截面,该截面上每点处的流束都垂直于此面,如图 2-6(b)中 A、B 就是两个通流截面。

2.2.3 流量和容积效率

流量是液压系统分析中非常重要的概念,是指单位时间内流过通流截面的流体的体积或质量,习惯上用 q 表示,不加说明的情况下,一般使用的是体积流量,单位为 m^3/s 或 L/min,$1m^3/s = 6 \times 10^4 L/min$。设液流中某一微小流束的通流截面 dA 上的流速为 μ,则通过 dA 的微小流量为

$$dq = \mu dA \tag{2-4}$$

流过整个通流截面的流量为

$$q = \int_A \mu dA \tag{2-5}$$

如果知道整个通流截面的流速 μ 的变化规律时,利用式(2-5)就可以求出实际流量。

单位时间内流过单位截面的液体的体积,称为平均流速,用 v 表示。平均流速为一个假想的量,其目的是求解流量较方便,即由此可得平均流速公式,

$$q = \int_A \mu dA = vA \tag{2-6}$$

式(2-6)是一个非常重要的公式,它表明在管路中液体的流速与流量之间的关系,如果流量已知,那么液体流速与流通面积成反比,即

$$v = \frac{q}{A} \tag{2-7}$$

2.2.4 连续性方程

因为液体不可压缩,所以当液体在密封管道内作恒定流动时,只要管道是连续的,那么单位时间内流入和流出某一段管路的液体流量必然相等。如图 2-7 所示,假设管道内的两个通流截面面积分别为 A_1 和 A_2,液体的平均流速分别为 v_1 和 v_2,液体的密度为 ρ,则有

$$v_1 A_1 = v_2 A_2 \tag{2-8}$$

或者也可以写成

$$vA = 常量 \tag{2-9}$$

式(2-9)为连续性方程,它表明在同一管路中,只要液体是连续的,不论流通面积怎么变化,通过任一截面的流量是相等的,从而可以得到推论:管路中流通面积大的地方流体流速小;反之,通流面积小的地方流体流速大。这里需要强调的是,什么样的管路是"连续"的?所谓油液连续,是指管路当中没有任何突变,例如油液流经空隙,回路突然由细变粗或由粗变细,管路大角度急转等,都被视为不连续,这些情况会导致流量损失,当油液流经一些阀的时候,也可能会导致不连续,这些在后续章节中会有进一步的介绍。

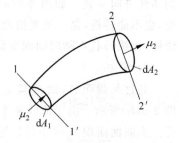

图 2-7 连续性方程计算示意图

2.2.5 伯努利方程(能量守恒定律)

伯努利方程是能量守恒定律在流体力学中的表达形式,它反映了流体在运动过程中能量之间的相互转化规律。首先我们给出理想情况下的伯努利方程,假设液力在管内作恒定流动且没有能量损失,根据能量守恒定律,同一管路在各个截面上液体的总能量都是相等的,在中学物理中,我们经常做的一种计算是:假设小球从斜坡上滚下,求小球滚到底端时的速度,我们利用的是动能和重力势能之间的守恒。在液压传动中,除了动能与重力势能之外,还存在液体的压能,三者守恒。如图 2-8 所示,液体在管路中恒定流动时,任意截取 A_1 和 A_2,当液体从 A_1 流动到 A_2 时,它们的纵坐标分别为 z_1 和 z_2,流速分别为 v_1 和 v_2,压力

分别为 p_1 和 p_2，则有如下等式成立：

$$p_1 V + mgz_1 + \frac{1}{2}mv_1^2 = p_2 V + mgz_2 + \frac{1}{2}mv_2^2 \tag{2-10}$$

其中等式两边的第一项为液体压能，第二项为液体势能，第三项为液体动能。

对上式两边同除液体重量，则得到理想液体的伯努利方程的表达形式：

$$\frac{p_1}{\rho g} + z_1 + \frac{v_1^2}{2g} = \frac{p_2}{\rho g} + z_2 + \frac{v_2^2}{2g} \tag{2-11}$$

也可以写成

$$\frac{p}{\rho g} + z + \frac{v^2}{2g} = 常量 \tag{2-12}$$

在实际情况下，当液体从截面 A_1 流动到截面 A_2 的过程中不可避免会存在压力损失，因此需要对式(2-11)进行修正，可得

$$p_1 + \rho g z_1 + \frac{1}{2}\rho v_1^2 = p_2 + \rho g z_2 + \frac{1}{2}\rho v_2^2 + \Delta p \tag{2-13}$$

式中 Δp——压力损失，关于管路中的压力损失将在下一节中详细介绍。

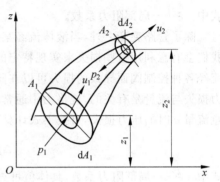

图 2-8 伯努利方程推导简图

2.3 管路中的液体压力损失

液体流动时不可避免地存在损失，这些损失将会转变为热量扩散掉。一般认为，液体在管路中流动时产生的压力损失可以分为两种：一种是沿程压力损失，另一种是局部压力损失。每一种压力损失都与管路中的液体流动状态有关。管路系统总的压力损失等于沿程压力损失和局部压力损失两部分之和。

2.3.1 沿程压力损失

油液流动时因为摩擦而产生的压力损失称为沿程压力损失，沿程压力损失与管道长度和流速平方成正比，而与管道直径成反比，即

$$\Delta p_f = \lambda \frac{l}{d} \frac{\rho v^2}{2} \tag{2-14}$$

式中 v——油液流速；
    λ——沿程阻力系数；
    l——直管长度；
    d——管道内径；
    ρ——油液密度。

2.3.2 局部压力损失

当液体流经管路突变(空隙、弯管、通流面积突变等)时会引起局部压力损失。局部压力损失的计算有两种,对于液体流经管路突变所导致的局部压力损失,可按下式计算:

$$\Delta p_r = \xi \frac{\rho v^2}{2} \tag{2-15}$$

式中 ξ——局部阻力系数。

除了管路突变之外,当液体流经某些液压控制阀时也会产生不可忽视的损失,甚至有时我们会有意利用这些损失来实现特定的控制目的,例如后面要讲到的减压阀等。对于液体流经各种控制阀而导致的损失可以在阀的技术规格书中查到,但需要注意的是,阀的局部压力损失与流量是有关的,规格书中通常给出的是对应公称流量 q_n 时的压力损失,而对于任意流量 q 时的压力损失,可按下式计算:

$$\Delta p_r = \Delta p_n \left(\frac{q}{q_n}\right)^2 \tag{2-16}$$

式中 ξ——局部阻力系数,具体值可查有关液压传动设计手册,其他符号意义与上述相同。

2.3.3 总压力损失

综合上述,管路中总的压力损失可以近似表示为两部分压力损失之和,如式(2-17)所示。需要说明的是,式(2-17)只是一个近似计算,因为只有在两个相邻的局部障碍之间有足够距离时才能这样简单地相加。液流经过局部障碍后会受到很大的扰动,要经过一段距离后才能稳定,如两个局部障碍距离过小,液流尚未稳定就进入第二个局部障碍,这时的液流情况有可能变得非常复杂,阻力系数会比正常情况大2~3倍。

$$\Delta p = \sum \Delta p_r + \sum \Delta p_f = \sum \lambda \frac{l}{d} \frac{\rho v^2}{2} + \sum \zeta \frac{\rho v^2}{2} + \sum \Delta p_n \left(\frac{q}{q_n}\right)^2 \tag{2-17}$$

在很多液压系统中,局部压力损失占主要比例,这是因为大部分情况下液压控制系统的管路都不太长,而控制阀口及弯头、管接头等处的局部阻力出现的次数却较多,导致和局部损失相比,沿程损失所占比例较小。

在汽车液压系统中,常采用以下方法来减少管路中的压力损失:
(1) 改善液压系统中管路内壁的粗糙度;
(2) 缩短管路的使用长度;
(3) 减少液压系统中管路截面的突变和弯曲。

2.4 液体流动状态与雷诺数

液体在管路中传输时会存在两种运动状态,即层流与紊流,这一现象最初是由19世纪末物流学家雷诺通过实验观察发现的。如图2-9所示,当液体为层流时,流体在运动过程中不同层之间的液体质点互不干扰,液体的流动呈线性或层状,且平行于管道轴线;而液体为紊流时,流体在运动过程中,层与层之间液体质点互相混杂,运动杂乱无章,除了平行于管道轴线的运动外,还存在着剧烈的横向运动。液体流动时究竟是层流还是紊流,可以通过雷诺数来判别。

雷诺数为一个无量纲的量,由液体的平均流速 v、管道内径 d 和液体的运动黏度 ν 组成,即

$$Re = \frac{vd}{\nu} \quad (2\text{-}18)$$

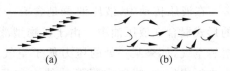

图 2-9　层流与紊流的流动特点
(a) 层流;(b) 紊流

雷诺数越小意味着黏性力影响越显著,越大意味着惯性影响越显著。液流由层流转变为紊流时的雷诺数和由紊流变为层流时的雷诺数是不同的,后者数小,所以一般都用后者作为判别液流状态的依据,称为临界雷诺数,记为 Re_c。当 $Re < Re_c$ 时,液流为层流;反之,液流为紊流。液流管道的临界雷诺数是通过实验获取,可以由手册中查得,其中部分常见雷诺数见表 2-1。

表 2-1　常见的临界雷诺数

管道形式	Re_c	管道形式	Re_c
光滑金属圆管	2000~2300	带环槽的同心环状缝隙	700
橡胶软管	1600~2000	带环槽的偏心环状缝隙	400
光滑的同心环状缝隙	1100	圆柱形滑阀阀口	260
光滑的偏心环状缝隙	1000	锥阀阀口	20~100

2.5　液压冲击与气穴现象

2.5.1　液压冲击

当液压元件的工作状态发生突变,例如突然启动、停机、变速或换向,控制阀突然关闭或执行机构的动作突然停止时,会引起油压瞬时急剧上升,产生很高的压力峰值,这种现象称为液压冲击。液压冲击产生的压力峰值有时会达到正常工作压力的 3~4 倍,管道、仪表等会因受到过高的液压冲击力而遭到破坏,系统的稳定性也会受到影响,例如我们后面将会学习的压力继电器,会因液压冲击而发出错误控制信号,干扰液压系统的正常工作。此外,液压系统在受到液压冲击时,还能引起液压系统升温,产生振动和噪声等。液压冲击在高压、高速及大流量的系统中其后果更严重。

为了抑制液压冲击所带来的损坏,可采用的措施有多种,例如设计缓冲装置、合理设计阀口的形状,使运动部件在制动时速度的变化比较缓慢、一致等。在液压回路设计中有两种广泛采用的应对液压冲击的有效措施:一是采用压力控制阀,将高于系统设定的油压溢流出去,从而起到限制安全油压的作用,即采用溢流阀;二是将液压冲击所产生的高压暂时存储起来,即采用蓄能器。关于溢流阀和蓄能器,在后续章节中会有详细的介绍。

2.5.2 气穴与气蚀

在液压传动中,液压油总是含有一定量的空气。空气溶解在液压油中,也可以气泡的形式混合在液压油中。由于矿物型液压油常温时在一个大气压下约含有6%~12%的溶解空气,如果某一处的压力低于空气分离压力时,溶解于油中的空气就会从油中分离出来形成气泡,当压力降至油的饱和蒸汽压力以下时,油液就会沸腾而产生大量气泡。这些气泡混杂在油液中,使得原来充满导管和元件容腔中的油液成为不连续状态,这种现象称为气穴现象。

在液压系统中,泵的吸油口及吸油管路中的压力低于大气压力容易产生气穴现象。油液流经节流口等狭小缝隙处,由于速度增加,压力下降至空气分离压力以下时,也会产生气穴现象。气穴现象产生的气泡,随着油液运动到高压区时,气泡在高压油作用下迅速破裂,并又凝结成液体,使体积突然减小而形成真空,周围高压油高速流过来补充。由于这一过程是在瞬间发生的,因而引起局部液压冲击,压力和温度都急剧升高,并产生强烈的噪声和振动。在气泡凝结区域的管壁及其他液压元件表面,因长期受冲击压力和高温作用,以及从油液中游离出来的空气中的氧气的酸化作用,使零件表面受到腐蚀,这种因气穴现象而产生的零件腐蚀,称为气蚀。

为了防止以上现象的发生,在进行液压元件和液压系统设计时,对于液压泵,要正确设计泵的结构参数和泵的吸油管路。对于元件和系统管路,应尽量避免出现油道狭窄处或发生急剧转弯,以防止产生低压区。另外,应合理选择液压元件的材料,增加零件的机械强度,提高零件表面质量等以提高抗腐蚀能力。

第 3 章

动力元件与执行元件

3.1 液压泵

液压泵是液压传动系统中的能量转换元件。液压泵属于动力装置,它由原动机(如电动机、内燃机等)驱动,把机械能转换成液压能,以液体的压力和流量的形式输入到系统中去。

3.1.1 液压泵的基本工作原理

1. 液压泵的工作原理

图 3-1 所示为单柱塞液压泵的工作原理图。柱塞 2 装在泵体 3 中,和单向阀 5、6 共同形成密封工作腔 a,柱塞 2 在弹簧 4 的作用下始终紧压在偏心轮 1 上。原动机驱动偏心轮 1 旋转,柱塞 2 在偏心轮 1 和弹簧 4 的作用下在泵体 3 中作往复运动。当柱塞 2 伸出时,密封工作腔 a 的容积由小变大,形成局部真空,油箱 7 中的油液在大气压作用下,经过进油管顶开单向阀 6 进入密封工作腔 a,单向阀 5 在系统压力和弹簧力的作用下关闭,该过程为吸油过程;当柱塞 2 缩回时,密封工作腔 a 的容积由大变小,其中的油液受到挤压,压力升高,单向阀 6 在密封工作腔 a 压力油和弹簧力的作用下关闭,密封工作腔 a 压力油顶开单向阀 5 进入系统,该过程为排油过程。原动机驱动偏心轮 1 不断旋转,液压泵不断地吸油和排油,这样就将原动机输入的机械能转换成液压能。

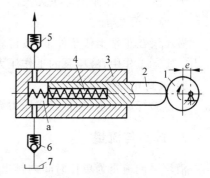

图 3-1 单柱塞液压泵工作原理图
1—偏心轮;2—柱塞;3—泵体;
4—弹簧;5、6—单向阀;7—油箱

由此可见,液压泵是依靠密封容积变化进行工作的,所以把液压泵称为容积式泵。单柱塞液压泵只有一个工作腔,输出的压力油是不连续的。工程上,为了使液压系统的执行元件运行平稳,希望液压泵的流量连续且脉动量小,因此要用均匀排列的三缸以上的柱塞泵或其他结构形式的液压泵。

2. 液压泵的特点

从上述单柱塞液压泵的工作过程,可以得出液压泵的基本特点:

(1) 具有周期性变化的密封工作容腔。

容积式液压泵中的密封工作容腔处于吸油时称为吸油腔,吸油腔体积增大吸入油液,完成吸油过程;密封工作容腔处于排油时称为排油腔,排油腔体积缩小排出油液,完成排油过程。

(2) 具有相应的配流机构。

配流机构使吸油腔和排油腔严格分开,保证液压泵连续工作。图 3-1 所示的单向阀 5、6 就是配流机构。吸油时,单向阀 5 关闭,将单向阀 5 后面的排油管路(排油腔)与吸油腔隔开;排油时,单向阀 6 关闭,使吸油管路(吸油腔)与排油腔隔开。液压泵的结构原理不同,其配流机构也不相同。

(3) 具有一定自吸能力。

液压泵能够借助大气压力自行吸油而正常工作的能力称为泵的自吸能力。

3.1.2 液压泵的主要性能参数

1. 压力

1) 工作压力 p

液压泵实际工作时的压力称为液压泵的工作压力。在工作过程中,液压泵的工作压力取决于负载,与液压泵的流量无关。

2) 额定压力 p_n

液压泵在正常工作条件下,按试验标准规定,能连续运转的最高压力称为液压泵的额定压力。实际工作中,液压泵的工作压力应小于或等于额定压力。

3) 最高允许压力 p_{max}

按试验标准规定,超过额定压力允许短暂运行的最高压力称为液压泵的最高允许压力。

2. 排量与流量

液压泵的流量为单位时间内排出液压泵的油液体积。

1) 排量 V

液压泵轴每旋转一周,按其密封容腔几何尺寸变化而计算得到的排出(或输入)的油液体积,称为液压泵的排量。

2) 理论流量 q_t

根据液压泵的密封容腔几何尺寸变化而计算得到的单位时间内排出(或输入)的油液体积,称为液压泵的理论流量,一般指平均理论流量。

对于液压泵,有

$$q_{tp} = V_p n_p \tag{3-1}$$

式中 q_{tp}——泵的理论流量;

         V_p——泵的排量;

         n_p——泵的转速。

3) 实际流量 q

实际情况下,液压泵不可避免地存在泄漏,液压泵工作时实际排出的流量,称为液压泵的实际流量 q_p。它等于液压泵的理论流量 q_{tp} 减去因泄漏、油液压缩等损失的流量 Δq_p,即

$$q_p = q_{tp} - \Delta q_p \tag{3-2}$$

需要注意的是,泵的泄漏和油液的压缩量是受工作压力影响的,压力越高则泄漏量与压缩量越大,因此,液压泵的实际流量随着工作压力的升高而略有降低。工程实践中,常把空载情况下液压泵的输出流量视为液压泵的理论流量。

4) 额定流量 q_n

在正常工作条件下,按试验标准规定(如在额定压力和额定转速下),液压泵必须保证的输出(或输入)流量。

3. 功率与效率

1) 理论功率 P_t

液压泵理论上所产生(或需要)的液压功率,即

$$P_t = \Delta p q_t \tag{3-3}$$

式中　P_t——液压泵理论功率;

　　　Δp——液压泵的进、排油口压力差。

2) 输入功率 P_{ip}

液压泵的输入功率 P_{ip} 为实际驱动液压泵轴的机械功率,即

$$P_{ip} = 2\pi n_p T_p \tag{3-4}$$

式中　P_{ip}——泵的输入功率;

　　　n_p——泵的转速;

　　　T_p——泵的实际输入转矩。

3) 输出功率 P_{op}

液压泵的输出功率 P_{op} 为实际输出液压泵的液压功率,即

$$P_{op} = \Delta p_p q_p \tag{3-5}$$

式中　P_{op}——泵的输出功率;

　　　Δp_p——泵的进、排油口压力差;

　　　q_p——泵的实际流量。

在实际的计算中,若油箱通大气,液压泵的进、排油口压力差用液压泵出口压力 p_p 代入。

4) 容积损失与容积效率 η_{vp}

因油液的泄漏、压缩等损失的流量称为容积损失。液压泵的容积损失用容积效率来表示。

液压泵的容积效率 η_{vp} 等于泵的实际流量 q_p 与理论流量 q_{tp} 之比,即

$$\eta_{vp} = \frac{q_p}{q_{tp}} \tag{3-6}$$

因此,液压泵的实际流量 q_p 为

$$q_p = q_{tp} \eta_{vp} = V_p n_p \eta_{vp} \tag{3-7}$$

容积效率表示液压泵抵抗泄漏的能力。它与工作压力、液压泵工作腔中的摩擦副间隙

大小、油液的黏度以及转速等有关。当工作压力较高,或间隙较大,或油液黏度较低时,因泄漏较大,故容积效率较低;当转速较低时,因理论流量较小,泄漏量比例增加,也使得液压泵的容积效率降低。

5) 机械损失与机械效率

因运动部件之间和运动部件与流体之间摩擦而损失的能量称为机械损失。液压泵的机械损失用机械效率表示。

液压泵的机械效率 η_{mp} 等于泵的理论转矩与实际输入转矩之比,即

$$\eta_{mp} = \frac{T_{tp}}{T_p} \tag{3-8}$$

因摩擦而造成的转矩损失 ΔT_p,使得驱动泵的实际转矩 T_p 大于其理论驱动转矩 T_{tp},即

$$T_p = T_{tp} + \Delta T_p \tag{3-9}$$

机械效率与摩擦损失有关,当摩擦损失加大时,对于液压泵,同样大小的理论输出功率需要较大的输入功率,对于液压马达,同样大小的实际输出功率需要较大的理论输出功率,故机械效率下降;当油液的黏度加大或间隙减小时,因液体摩擦或运动部件间的摩擦增大,机械效率也会降低。

6) 总效率

液压泵的实际输出功率与输入功率之比,称为液压泵的总效率 η_p,即

$$\eta_p = \frac{P_{op}}{P_{ip}} = \frac{\Delta p_p q_p}{2\pi n_p T_p} = \frac{\Delta p_p q_{tp} \eta_{vp}}{\frac{2\pi n_p T_{tp}}{\eta_{mp}}} = \eta_{vp} \eta_{mp} \tag{3-10}$$

因此,液压泵的总效率等于液压泵的容积效率与机械效率之积。

液压泵的输入功率即原动机的驱动功率,也可写成

$$P_{ip} = \frac{\Delta p_p q_p}{\eta_p} \tag{3-11}$$

3.1.3 液压泵的分类与图形符号

1. 液压泵的分类

液压泵的种类较多,液压泵按排量是否可以调节而分为定量式和变量式两类;按结构形式可分为齿轮式、叶片式、柱塞式等。

按齿轮啮合形式不同,齿轮泵分为外啮合齿轮泵、内啮合齿轮泵。叶片泵分为单作用叶片泵、双作用叶片泵;柱塞泵分为轴向柱塞泵和径向柱塞泵。齿轮泵、双作用叶片泵和螺杆泵是定量式液压泵;单作用叶片泵、径向柱塞泵和轴向柱塞泵是变量式液压泵。

2. 液压泵的图形符号

液压泵的图形符号如图 3-2 所示。

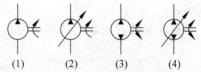

图 3-2 液压泵的图形符号
(1) 单向定量液压泵;(2) 单向变量液压泵;
(3) 双向定量液压泵;(4) 双向变量液压泵

3.1.4 齿轮泵

齿轮泵是一种常用的液压泵。它的主要优点是结构简单、制造方便、外形尺寸小、重量轻、造价低、自吸性能好、对油液的污染不敏感、工作可靠。由于齿轮泵中的啮合齿轮是轴对称的旋转体,因此允许转速较高。其缺点是流量和压力脉动大、噪声高,排量不能调节。低压齿轮泵的工作压力为 2.5MPa;中高压齿轮泵的工作压力为 7~21MPa;某些高压齿轮泵的工作压力已达到 31.5MPa。齿轮泵的最高转速一般可达 3000r/min 左右,在个别情况下(如飞机用齿轮泵)最高转速可达 8000r/min。齿轮泵的低速性能较差,当其转速低于 200~300r/min 时,容积效率过低,泵不能正常工作。

1. 外啮合齿轮泵

外啮合齿轮泵的工作原理如图 3-3 所示,装在泵体中的一对参数相同的渐开线齿轮互相啮合。这对齿轮与前后端盖(图中未示出)和泵体形成密封工作腔,当传动轴带动齿轮按图示方向旋转时,泵的吸油腔的轮齿逐渐退出啮合,使吸油腔容积增大而吸油,油液进入齿间被带到排油腔。在泵的排油腔,轮齿逐渐进入啮合,使排油腔容积减小,将油液压出。齿轮泵齿轮啮合线分隔吸、排油腔,起到配油作用,因此外啮合齿轮泵不需要专门的配油机构,这是这种泵与其他类型泵的不同之处。

1) 外啮合齿轮泵的排量与流量

根据齿轮泵的结构尺寸可计算其排量。外啮合齿轮泵排量的精确计算应依啮合原理来进行。在工程实践中,通常采用以下近似计算公式。可以认为泵的排量等于两个齿轮的齿间工作容积之和,假设齿间的工作容积与轮齿的有效体积相等,则齿轮泵的排量等于一个齿轮的所有齿间工作容积和轮齿有效体积的总和,即等于齿轮齿顶圆与基圆之间环形圆柱的体积,因此外啮合齿轮泵的排量为

$$V_p = \pi D h B = 2\pi z m^2 B \quad (3-12)$$

式中 D——齿轮分度圆直径 $D = mz$,m;
h——有效齿高 $h = 2m$,m;
B——齿宽,m;
m——齿轮模数,m;
z——齿轮齿数。

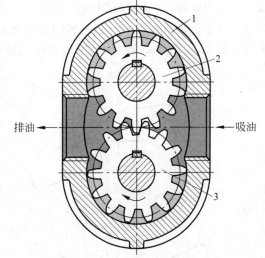

图 3-3 外啮合齿轮泵工作原理图
1—泵体;2—主动齿轮;3—从动齿轮

上述公式所表示的是齿轮泵的平均流量。实际上随着啮合点位置的不断改变,齿轮泵每一瞬时的容积变化率是不均匀的,即齿轮泵的瞬时流量是变化的。

2) 流量脉动

为了评价液压泵瞬时流量的品质,即液压泵的流量脉动,引入流量不均匀系数 δ_q 和流

量脉动频率 f_q。

流量不均匀系数 δ_q 可定义为瞬时流量最大值和最小值之差与理论流量的比值。设 q_{shmax}、q_{shmin} 分别表示最大、最小瞬时流量,则流量不均匀系数 δ_q 可表示为

$$\delta_q = \frac{q_{shmax} - q_{shmin}}{q_{tp}} \times 100\% \tag{3-13}$$

流量脉动频率 f_q 是指单位时间内流量脉动的次数。对于齿轮泵来说,每转过一个齿时,流量脉动一次,所以流量脉动频率 f_q(单位 Hz)可表示为

$$f_q = \frac{z n_p}{60} \tag{3-14}$$

3) 外啮合齿轮泵结构存在的问题及解决办法

(1) 泄漏。齿轮泵存在三个间隙泄漏途径:一是齿轮端面与端盖间的轴向间隙(占总泄漏量的 75%~80%);二是齿轮外圆与泵体内表面之间的径向间隙(占总泄漏量的 15%~20%);三是轮齿啮合处的间隙。其中,轴向间隙由于泄漏途径短、泄漏面积大而使泄漏量最大。如果轴向间隙过大,泄漏增加,会使齿轮泵的容积效率下降。如果轴向间隙过小,则齿轮端面和端盖间的机械摩擦损失增大,会使齿轮泵的机械效率下降。因此,应严格控制齿轮泵的轴向间隙。

(2) 困油现象。为了保证齿轮传动的平稳性及供油的连续性,吸、排油腔应严格地隔开,齿轮泵齿轮啮合的重合度 ε 必须大于 1(一般 ε=1.05~1.3),即在前一对轮齿尚未脱开啮合之前,后一对轮齿已经进入啮合。当两对轮齿同时啮合时,在两对轮齿的啮合线之间形成一个密闭容腔,该密闭容积与泵的吸、排压油腔均不相通,且随齿轮的转动而变化,如图 3-4 所示。从图 3-4(a)~(b),密闭容腔逐渐减小,直到两啮合点 C、D 处于节点 P 两侧的对称位置,如图 3-4(b)所示,密闭容腔为最小;从图 3-4(b)~(c),密闭容腔逐渐增大。

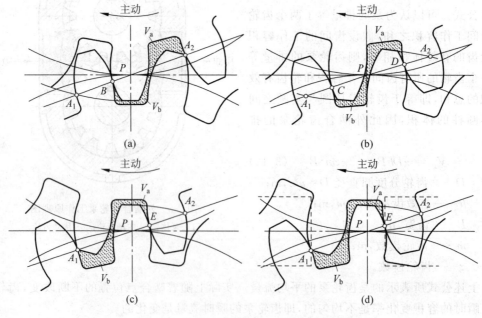

图 3-4 齿轮泵的困油现象和困油卸荷槽

当密闭容腔由大变小时,密闭容腔中的油液受挤压,压力急剧上升,齿轮泵轴承受周期性压力冲击,同时压力油从缝隙中挤出,造成功率损失,使油液发热;当密闭容腔由小变大时,又因无油液补充而形成局部真空和空穴,出现气蚀现象,引起振动和噪声。这种因密闭容腔大小发生变化而导致压力冲击和产生气蚀的现象称为困油现象。困油现象对齿轮泵的正常工作十分有害,必须予以消除。

消除困油现象的常用办法,通常是在齿轮泵的前后端盖或浮动轴套等零件上开困油卸荷槽,如图 3-4(d)虚线所示。当密闭容腔减小时,使其与排油腔相通,当密闭容腔增大时,使其与吸油腔相通。一般的齿轮泵两卸荷槽是非对称布置的,使其向吸油腔侧偏移了一定距离,使 V_a 在压缩到最小值的过程中始终与排油腔相通。但两卸荷槽的距离必须保证任何时候都不能使吸油腔和排油腔互通。

(3) 径向不平衡力。齿轮泵工作时,齿轮承受圆周油液压力所产生的径向力的作用。假设所有油液压力都作用在齿顶圆上,齿轮圆周压力的近似分布如图 3-5 所示,在吸油腔和排油腔的齿轮分别承受吸油压力 p_0 和工作压力 p_p,在齿轮和泵体内表面的径向间隙中,可以认为油液压力从吸油腔压力逐渐过渡到排油腔压力。因此,油液压力产生的径向力是不平衡的。工作压力越高,径向不平衡力越大,其结果不仅加速了轴承的磨损,降低了轴承的寿命,而且使轴变形,造成齿顶和泵体内表面的摩擦等,使齿轮泵压力的提高受到限制。将齿轮圆周的压力分布曲线展开,可得齿轮圆周油液压力 p 随夹角 φ 的变化值,如图 3-6 所示。

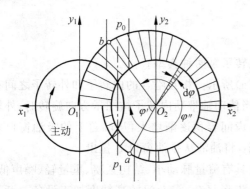

图 3-5 齿轮的圆周压力近似分布图

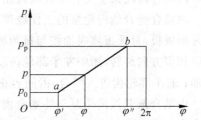

图 3-6 齿轮的圆周压力近似分布展开图

4) 提高外啮合齿轮泵压力的措施

低压齿轮泵的轴向间隙和径向间隙都是定值,当工作压力提高后,其间隙泄漏量大大增加,容积效率下降到不能允许的程度(如低于 80%~85%);另外,随着压力的提高,原来并不平衡的径向力随之增大,导致轴承失效。高压齿轮泵主要是针对上述两个问题,在结构上采取了一些措施,如尽量减小径向不平衡力和提高轴的刚度与轴承的承载能力;对泄漏量最大处的间隙泄漏采用自动补偿装置等。由于外啮合齿轮泵的泄漏主要是轴向间隙泄漏,因此下面对此间隙的补偿原理作简单介绍。

在中高压和高压齿轮泵中,轴向间隙自动补偿一般是采用浮动轴套、浮动侧板或弹性侧板,使之在液压力的作用下压紧齿轮端面,使轴向间隙减小,从而减少泄漏。图 3-7 所示表示浮动轴套式的间隙补偿原理。两个互相啮合的齿轮由前后轴套中的滑动轴承(或滚动轴承)支承,轴套可在泵体内作轴向浮动。由排油腔引至轴套外端面的压力油,作用在一定形状和大小的面积 A_1 上,产生液压力 F_1,使轴套紧贴齿轮的侧面,因而可以消除间隙并可补偿齿轮侧面和轴套间的磨损量。在泵起动时,浮动轴套在弹性元件橡胶密封圈的弹力 F_t 的作用下,紧贴齿轮端面以保证密封。齿轮端面的液压力作用在轴套内端面,形成反推力 F_f,设计时应使压紧力 $F_y(F_1+F_t)$ 大于反推力,一般取 $F_y/F_f=1\sim1.2$。此外,还必须保证压紧力和反推力的作用线重合,否则会产生力偶,致使轴套倾斜而增加泄漏。

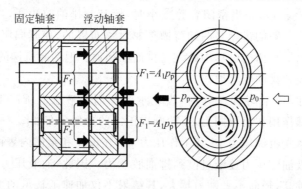

图 3-7 浮动轴套式间隙补偿原理图

为了满足液压系统对不同流量的要求,外啮合齿轮泵结构上还有双联泵和多联泵可供选择。

2. 内啮合齿轮泵

内啮合齿轮泵主要有渐开线齿轮泵和摆线转子泵两种类型。

内啮合渐开线齿轮泵的工作原理如图 3-8(a)所示。相互啮合的内转子和外转子之间有月牙形隔板,月牙板将吸油腔与排油腔隔开。当传动轴带动内转子按图示方向旋转时,外转子以相同方向旋转,图中左半部轮齿脱开啮合,齿间容积逐渐增大,从端盖上的吸油窗口 A 吸油;右半部轮齿进入啮合,齿间容积逐渐减小,将油液从排油窗口 B 排出。

内啮合渐开线齿轮泵与外啮合齿轮泵相比具有流量脉动小、结构紧凑、重量轻、噪声低、效率高以及没有困油现象等优点。它的缺点是齿形复杂,需专门的高精度加工设备。渐开线内啮合齿轮泵结构上也有单泵和双联泵,工程上应用也较多。

摆线转子泵是以摆线成形、外转子比内转子多一个齿的内啮合齿轮泵。图 3-8(b)所示为摆线转子泵的工作原理图。在工作时,所有内转子的齿都进入啮合,相邻两齿的啮合线与泵体和前后端盖形成密封容腔。内、外转子存在偏心,分别以各自的轴心旋转,内转子为主动轴,当内转子围绕轴心以图示方向旋转时,带动外转子绕外转子轴心作同向旋转。左侧油腔密封容积不断增加,通过端盖上的吸油窗口 A 吸油;右侧密封容积不断减小从排油窗口 B 排油。内转子每转一周,由内转子齿顶和外转子齿谷所构成的每个密封容积,完成吸、排油各一次。

内啮合摆线转子泵的优点是结构紧凑、体积小、零件数少、转速高、运动平稳、噪声低等;缺点是啮合处间隙泄漏大,容积效率低,转子的制造工艺复杂等。内啮合齿轮泵可正、反转,也可作液压马达用。

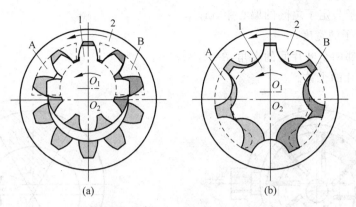

图 3-8 内啮合齿轮泵工作原理图
(a) 渐开线齿轮泵；(b) 摆线转子泵
1—内转子；2—外转子；A—吸油窗口；B—排油窗口

3.1.5 叶片泵

叶片泵具有流量均匀、运转平稳、噪声低、体积小、重量轻、易实现变量等优点，在机床、工程机械、船舶和冶金设备中得到广泛应用。一般叶片泵的工作压力为 7MPa，高压叶片泵的工作压力可达 25～31.5MPa。叶片泵的缺点是：对油液的污染较齿轮泵敏感；泵的转速不能过高，也不宜过低，一般可在 600～2500r/min 范围内使用；叶片泵的结构比齿轮泵复杂；自吸性能没有齿轮泵好。

叶片泵主要分为单作用(转子旋转一周完成吸、排油各一次)和双作用(转子旋转一周完成吸、排油各两次)两种形式。单作用叶片泵多为变量泵，双作用叶片泵均为定量泵。

1. 单作用叶片泵

单作用叶片泵的工作原理如图 3-9 所示，泵由转子 1、定子 2、叶片 3、配油盘和端盖等组成。定子具有圆柱形内表面，定子和转子间有偏心量 e，叶片装在转子槽中，并可在槽内滑动，当转子转动时，由于离心力的作用，使叶片紧靠在定子内表面，配油盘上各有一个腰形的吸油窗口和排油窗口。这样在定子、转子、叶片和两侧配油盘间就形成若干个密封的工作腔，当转子按图示的方向旋转时，在右半部分，叶片逐渐伸出，叶片间的工作腔逐渐增大，通过吸油口从配油盘上的吸油窗口吸油。在左半部分，叶片被定子内表面逐渐压进槽内，密封工作腔逐渐缩小，将油液经配油盘排油窗口从排油口排出。在吸油腔和排油腔之间有一段封油区，把吸油腔和排油腔隔开，这种叶片泵转子每转一周，每个密封工作腔完成一次吸油和排油，因此称为单作用叶片泵。

单作用叶片泵的排量为各工作容积在泵轴旋转一周时所排出的油液的总和，如图 3-10 所示，两个叶片形成的一个工作容积 V_0 近似地等于扇形体积 V_1 和 V_2 之差，即

$$V_0 = V_1 - V_2 = \frac{1}{2}B\beta[(R+e)^2 - (R-e)^2] = \frac{4\pi}{z}RBe \qquad (3-15)$$

式中 R——定子的内径，m；

e——转子与定子之间的偏心距，m；
B——定子的宽度，m；
β——相邻两个叶片间的夹角，$\beta=2\pi/z$；
z——叶片的个数。

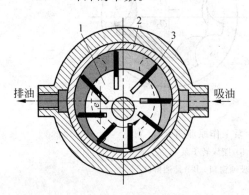

图 3-9 单作用叶片泵的工作原理图
1—转子；2—定子；3—叶片

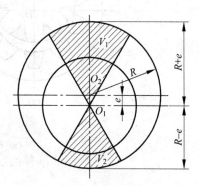

图 3-10 单作用叶片泵排量计算简图

因此，单作用叶片泵的排量 V_p 为

$$V_p = zV_0 = 4\pi RBe \tag{3-16}$$

当单作用叶片泵转速为 n_p，泵的容积效率为 η_{vp} 时，泵的理论流量 q_{tp} 和实际流量 q_p 分别为：

$$q_{tp} = V_p n_p = 4\pi RBen_p \tag{3-17}$$

$$q_p = q_{tp}\eta_{vp} = 4\pi RBen_p\eta_{vp} \tag{3-18}$$

单作用叶片泵的流量也是有脉动的，理论分析表明，泵内叶片数越多，流量脉动越小。此外，泵具有奇数叶片时的脉动比偶数叶片时小，所以单作用叶片泵的叶片数均为奇数，一般为 13 片或 15 片。

单作用叶片泵的排量可调，因此常用来作为变量泵使用。变量泵可以根据液压系统中执行元件的运行速度提供相匹配的流量，尤其是运动速度变化时，避免了能量损失及系统发热，功率利用率高。按改变偏心距方式的不同，变量叶片泵的变量形式分为手动变量、压力补偿变量、功率匹配变量、恒压力变量以及恒流量变量等。

下面介绍的是目前应用最广泛的变量叶片泵——限压式变量叶片泵。

限压式变量叶片泵（也称压力补偿或压力反馈式叶片泵）是利用泵出口压力控制偏心量来自动实现变量的，根据控制油的作用方式分为外反馈和内反馈式两种，下面分别说明它们的工作原理和特点。

1) 外反馈限压式变量叶片泵

图 3-11 所示为外反馈限压式变量叶片泵工作原理图。转子 1 中心 O_1 固定，定子 2 可以左右移动，配油盘上的吸油窗口和排油窗口沿定子与转子的中心连线对称布置，泵出口油压 p 经泵内通道引入柱塞缸作用于柱塞 4 上。在泵未运转时，定子 2 在调压弹簧 5 的作用下，紧靠柱塞 4，柱塞 4 靠在最大流量调节螺钉 3 上。这时，定子 2 与转子 1 之间有一初始偏心量 e_0。调节最大流量调节螺钉 3 的位置，可以改变偏心量 e 的大小。

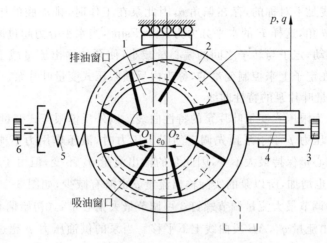

图 3-11 外反馈限压式变量叶片泵工作原理图
1—转子；2—定子；3—最大流量调节螺钉；4—柱塞；5—调压弹簧；6—调压螺钉

泵工作时，当泵出口压力较低，作用在柱塞 4 上的液压力 p 小于调压弹簧 5 的作用力，即

$$pA < k_s x_0 \tag{3-19}$$

式中 A——柱塞有效面积，m^2；
k_s——弹簧刚度，N/m；
x_0——偏心量为 e_0 时弹簧的预压缩量，m。

此时定子 2 与转子 1 的偏心量 e 最大，输出的流量最大。随着外负载的增加，泵出口的压力增大，当压力 p 达到限定压力 p_B 时，有

$$p_B A = k_s x_0 \tag{3-20}$$

调节调压螺钉 6，可改变弹簧的预压缩量 x_0，即可改变限定压力 p_B 的大小。当压力 p 进一步提高，达到

$$pA > k_s x_0 \tag{3-21}$$

若不考虑定子移动的摩擦力，液压力克服弹簧力推动定子左移，泵的偏心量 e 减小，泵的输出流量减少。设偏心量减少时，弹簧的附加压缩量为 x，定子移动后的偏心量为 e，则

$$e = e_0 - x \tag{3-22}$$

这时定子上的受力平衡方程式为

$$pA = k_s(x_0 + x) \tag{3-23}$$

将式(3-20)、式(3-23)代入式(3-22)得

$$e = e_0 - \frac{A(p - p_B)}{k_s} \quad (p \geqslant p_B) \tag{3-24}$$

式(3-24)表示了泵的偏心量随工作压力变化的关系。泵的工作压力越高，偏心量越小，泵的输出流量越少。当 $p = k_s(e_0 + x_0)/A$ 时，泵的输出流量为零。控制定子移动的作用力是将液压泵排油口的压力油引到柱塞上，然后再加到定子上去，这种控制方式称为外反馈式。

2) 内反馈限压式变量叶片泵

图 3-12 所示为内反馈限压式变量叶片泵的工作原理，配流盘的吸、排油窗口相对定子

与转子的中心连线是不对称的,存在偏角 θ,因此泵在工作时,排油腔的压力油作用于定子的力 F 也偏一个 θ 角,这样 F 的水平分力为 $F_x=F\sin\theta$,当水平分力超过调压弹簧调定的限定压力时,定子移动,定子与转子之间的偏心量减小,使泵的输出流量减小。这种泵是依靠液压力直接作用在定子上来控制变量的,称为内反馈限压式变量叶片泵。

3) 限压式变量叶片泵的特性曲线

图 3-13 所示为限压式变量叶片泵的特性曲线。以外反馈限压式变量叶片泵为例,在工作过程中,当工作压力 p 小于泵预先调定的限定压力时,液压作用力不能克服弹簧的预紧力,这时定子的偏心量保持最大不变,因此泵的输出流量 q_A 不变,但由于供油压力增大时,泵的泄漏流量 q_l 也增加,所以泵的实际输出流量 q 也略有减少,如图 3-13 中的 AB 段曲线所示。图 3-12 中调节最大流量调节螺钉 3 可调节最大偏心量 e_0(初始偏心量)的大小,从而改变泵的最大输出流量 q_A,AB 段曲线上下平移。当泵的供油压力 p 超过预先调定的压力 p_B 时,液压作用力大于弹簧的预紧力,此时弹簧受压缩,定子向偏心量减小的方向移动,使泵的输出流量减小,压力越高,弹簧压缩量越大,偏心量越小,输出流量越小,其变化规律如 BC 段曲线所示。如果改变限定压力 p_B 的大小,这时 BC 段曲线左右平移,而改变调压弹簧的刚度时,可以改变 BC 段曲线的斜率,弹簧越"软"(k_s 值越小),BC 段曲线越陡,p_c 值越小;反之,弹簧越"硬"(k_s 值越大),BC 段曲线越平坦,p_c 值亦越大。当定子和转子之间的偏心量为零时,系统压力达到最大值 p_c,该压力称为截止压力。实际上由于泵的泄漏存在,当偏心量尚未达到零时,泵向系统的输出流量实际已经为零。

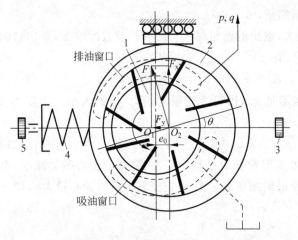

图 3-12 内反馈限压式变量叶片泵的工作原理图
1—转子;2—定子;3—最大流量调节螺钉;
4—弹簧;5—弹簧预压缩量调节螺钉

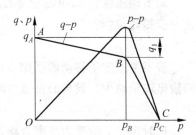

图 3-13 限压式变量叶片泵的特性曲线图

限压式变量叶片泵对既要实现快速行程,又要实现工作进给(慢进)的执行元件来说是一种合适的动力装置。快速行程需要大流量,工作压力低,正好使用 AB 段曲线,工作进给时负载压力升高,需要流量减少,正好使用 BC 段曲线,因而合理调整拐点压力 p_B 是使用该泵的关键。目前这种泵被广泛用于要求执行元件有快速、慢速和保压阶段的中低压系统中,有利于节能和简化回路。

2. 双作用叶片泵

图 3-14 所示为双作用叶片泵的工作原理图。它由定子 1、转子 2、叶片 3 和配流盘等组成。转子 2 和定子 1 中心重合，定子 1 内表面是由两段半径为 R 的大圆弧、两段半径为 r 的小圆弧以及四段连接大小圆弧的过渡曲线组成。叶片 3 可以在转子的叶片槽内滑动，叶片受离心力和叶片根部液压力作用而紧贴定子内表面，因此，转子、叶片、定子和前后两个配油盘间形成若干个密封工作腔。随着转子旋转，当叶片从定子内表面的小圆弧区向大圆弧区移动时，叶片伸出，两个封油叶片之间的密封工作腔增大，通过配油盘上的吸油窗口吸油；由大圆弧区移向小圆弧区时，叶片被定子内表面逐渐压进叶片槽内，密封工作腔减小，通过配油盘上的排油窗口排油。转子每转一周，密封工作腔完成两次吸、排油过程，所以称为双作用叶片泵。

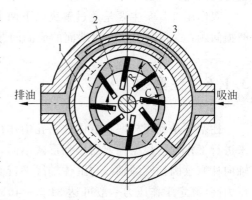

图 3-14 双作用叶片泵工作原理图
1—定子；2—转子；3—叶片

双作用叶片泵的两个吸油腔和两个排油腔均为对称布置，故作用在转子上的液压力相互平衡，轴和轴承的寿命较长，因此双作用叶片泵又称为平衡式叶片泵。为了使径向力完全平衡，密封空间数（即叶片数）应当是偶数。

双作用叶片泵的排量和流量计算。因为转子旋转一周，每个密封工作腔完成两次吸、排油过程，因此当定子的大圆弧半径为 R、小圆弧半径为 r、定子宽为 B、定子叶片数为 z、两叶片间的夹角 为 $\beta = 2\pi/z$ 弧度时，每个密封工作腔排出的油液体积为半径 R 和 r、扇形角为 β、宽为 B 的两扇形体积之差的 2 倍，双作用叶片泵的排量为

$$V = 2z \cdot \frac{1}{2}\beta(R^2 - r^2)B = 2\pi(R^2 - r^2)B \tag{3-25}$$

由于一般双作用叶片泵叶片底部全部接通压力油，同时考虑叶片的厚度及叶片安放的倾角，双作用叶片泵当叶片厚度为 b、叶片倾角为 θ 时的排量为

$$V_p = 2\pi(R^2 - r^2)B - 2\frac{R-r}{\cos\theta}bzB = 2B\left[\pi(R^2 - r^2) - \frac{R-r}{\cos\theta}bz\right] \tag{3-26}$$

所以当双作用叶片泵的转数为 n_p、容积效率为 η_{vp} 时，泵的理论流量和实际输出流量分别为：

$$q_{tp} = V_p n_p = 2B\left[\pi(R^2 - r^2) - \frac{R-r}{\cos\theta}bz\right]n_p \tag{3-27}$$

$$q_p = q_t \eta_{vp} = 2B\left[\pi(R^2 - r^2) - \frac{R-r}{\cos\theta}bz\right]n_p \eta_{vp} \tag{3-28}$$

双作用叶片泵的流量脉动较其他形式的泵小得多，且在叶片数为 4 的整数倍时最小。因此，双作用叶片泵的叶片数一般为 12 片或 16 片。

以往的设计观念是将叶片相对转子半径朝旋转方向前倾一个角度 θ（常取 $\theta = 10°\sim 14°$），认为设置倾角能改善排油腔叶片的受力，避免叶片在叶片槽中滑动困难甚至卡死，保证叶片和定子内表面的可靠接触。研究和实践表明，认为取 $\theta = 0°$ 更为合理，即将叶片沿着

转子径向布置。当叶片的安放倾角 $\theta=0°$ 时,叶片的受力状况更好,同时叶片槽的加工工艺也得到简化。目前国外一些双作用叶片泵的叶片都是径向安放的。

双作用叶片泵主要是通过解决以下两个问题来提高压力的:一是叶片和转子内表面的磨损问题;二是转子及叶片端面的泄漏问题。

3.1.6 柱塞泵

柱塞泵是利用柱塞在缸体柱塞孔中作往复运动,密封容积发生变化而实现吸油与排油来进行工作的。根据柱塞的排列形式不同,柱塞泵可分为轴向柱塞泵和径向柱塞泵两大类。轴向柱塞泵因柱塞的轴线与缸体轴线平行而得名。它具有结构紧凑、单位功率体积小、工作压力高(额定工作压力一般可达 31.5~40MPa)、高压下仍能保持较高的容积效率(一般为95%左右)、容易实现变量等优点,因此被广泛应用于高压、大流量和大功率的液压系统中。轴向柱塞泵的缺点是对油液的污染比较敏感、对材质和加工精度要求也比较高、使用和维护比较严格、价格贵。这种泵在工程上得到广泛的应用。径向柱塞泵由于结构复杂、体积较大,所以应用较少,因此本书只作简单介绍。

1. 轴向柱塞泵

轴向柱塞泵按其结构特点可分为斜盘式和斜轴式两大类。以斜盘式轴向柱塞泵为例介绍如下。

(1) 工作原理

图 3-15 所示为斜盘式轴向柱塞泵的工作原理图。柱塞 4 安装在缸体 5 上沿圆周均匀布置的柱塞孔中,斜盘 3 与缸体 5 轴线倾斜一个角度 γ,弹簧始终将柱塞与斜盘压紧,当原动机驱动传动轴 1 带动缸体 5 旋转时,柱塞 4 随缸体 6 旋转的同时,在斜盘 3 和弹簧的共同作用下,在柱塞孔内沿缸体轴线作往复运动。当传动轴 1 按图示方向旋转时,位于 A-A 剖面右半部的柱塞不断伸出,密封工作容积逐渐增大,从配油盘 6 的吸油窗口吸油。位于 A-A 剖面左半部的柱塞不断缩回,密封工作容积逐渐减小,油液受压从配油盘 6 的排油窗口排出。随着传动轴 1 的旋转,每个柱塞不断往复运动进行吸、排油,多个柱塞作用形成连续的流量输出。如改变斜盘 3 的倾角,即改变柱塞的行程,可以改变斜盘式轴向柱塞泵的排量。改变斜盘 3 的倾角方向,即改变吸油和排油的方向,则成为双向变量泵。

(2) 排量和流量计算

如图 3-15 所示,泵的柱塞直径为 d,柱塞孔分布圆直径为 D,斜盘倾角为 γ,柱塞数为 z 时,柱塞的行程为 $s=D\tan\gamma$,故轴向柱塞泵的排量为

$$V_p = \frac{\pi}{4}d^2 zD\tan\gamma \qquad (3-29)$$

设泵的转数为 n_p,容积效率为 η_{vp},则泵的实际输出流量 q_p 为

$$q_p = \frac{\pi}{4}d^2 zDn_p\eta_{vp}\tan\gamma \qquad (3-30)$$

实际上,由于柱塞在缸体柱塞孔中的瞬时运动速度不是恒定的,因此轴向柱塞泵的输出流量存在脉动。经过计算和实践证明,当柱塞数为奇数且柱塞数量多时,泵的脉动量较小,

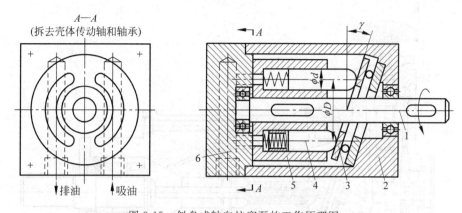

图 3-15　斜盘式轴向柱塞泵的工作原理图
1—传动轴；2—泵体；3—斜盘；4—柱塞；5—缸体；6—配油盘

因而一般常用的柱塞泵的柱塞个数为 7 或 9。

（3）结构特点

如图 3-15 所示的轴向柱塞泵，因柱塞头部与斜盘之间为点接触，因此称为点接触型轴向柱塞泵。当泵工作时，在柱塞头部与斜盘的接触点上承受很大的挤压应力，限制了柱塞直径和泵的工作压力。因此，点接触型轴向柱塞泵不能用于高压和大流量的场合。另外，因弹簧频繁地承受交变压应力而引起疲劳破坏，影响泵的使用寿命和工作可靠性。点接触型轴向柱塞泵多用作液压马达使用。

图 3-16 所示为国产 CY 型斜盘式轴向柱塞泵的典型结构，该泵克服了上述缺点，在生产实际中应用十分广泛。CY 型斜盘式轴向柱塞泵由主体结构和变量机构两部分组成。CY 型泵主体的主要特点为：

① 在柱塞头部加滑靴 9，改点接触为面接触，并将压力油引入滑靴 9 底部产生静压润滑，降低了磨损，提高了机械效率。

② 将分散布置在柱塞底部的弹簧改为集中弹簧 5，因弹簧承受静载荷而不会产生疲劳破坏，同时通过回程盘 3 使柱塞 8 紧贴斜盘 2。

③ 将传动轴 7 改为半轴，悬臂端通过缸体外大轴承 10 支承，这种泵将来自斜盘 2 的径向力传至大轴承 10，泵轴只传递转矩，因此传动轴 7 为半轴结构。

由于采用了上述结构，CY 型轴向柱塞泵的额定工作压力可达 31.5MPa。不过，因缸体外大轴承不宜用于高速，使泵的转速提高受到限制；其结构也比较复杂，使用维护要求高。

轴向柱塞泵具有三对关键摩擦副：柱塞与缸孔、缸体与配油盘、滑靴与斜盘平面。柱塞和缸孔之间为圆柱形滑动配合，可以达到很高的加工精度；缸体和配油盘之间、滑靴与斜盘平面之间的端面密封均为液压自动压紧，这三对摩擦副保证了工作容腔的容积变化和高低压区的密封与隔离，所以轴向柱塞泵的泄漏可以得到严格控制，在高压下其容积效率仍然较高。

柱塞泵在工作过程中，泵体内部会有泄漏油。一般泄漏油不能直接引回吸油腔，必须通过单独的泄漏油口引回油箱。而且柱塞泵在初次使用时，必须通过泄漏油口向泵体内部注满油，保证各摩擦副的润滑。

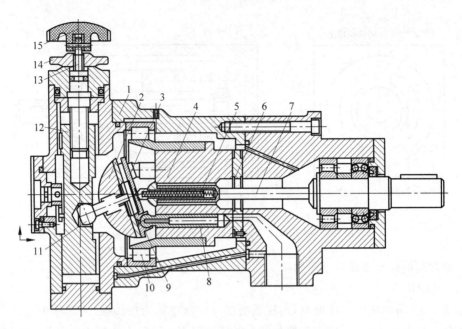

图 3-16 CY型斜盘式轴向柱塞泵结构

1—泵体；2—斜盘；3—回程盘；4—缸体；5—弹簧；6—配油盘；7—传动轴；8—柱塞；9—滑靴；
10—大轴承；11—轴销；12—变量活塞；13—丝杠；14—锁紧螺母；15—调节手轮

2. 径向柱塞泵

径向柱塞泵的工作原理如图 3-17 所示，缸体 2 上径向均匀排列着柱塞孔，柱塞 1 安装在缸体 2 中，可在柱塞孔内往复运动。由原动机带动缸体 2 连同柱塞 1 一起旋转，所以缸体 2 一般称为转子。衬套 3 压紧在转子 2 内，并和转子 2 一起旋转，配油轴 5 固定不动。当转子 2 按图示方向旋转时，柱塞 1 在离心力（或在液压力）的作用下始终紧贴定子 4 的内表面，由于定子和转子之间有偏心量 e，柱塞 1 经过上半周时向外伸出，柱塞底部的容积逐渐增大，产生局部真空，油箱里的油液经过配油轴上的 a 孔进入油口 b，并从衬套上的油孔进入柱塞底部，完成吸油过程；当柱塞 1 转到下半周时，定子内表面将柱塞 1 向里推，柱塞底部的容积逐渐减小，向配油轴的排油口 c 排油，油液从油孔 d 排出。当转子旋转一周时，每个柱塞底部的密封容积完成一次吸、排油过程，转子连续运转，泵不断输出压力油。为了进行配油，在配油轴 5 和衬套 3 相接触的一段加工出上下两个缺口，即吸油口 b 和排油口 c，留下的部分形成封油区。封油区的宽度应能封住衬套上的油孔，以防吸油口 b 和排油口 c 相连通，但尺寸也不能大得太多，以免产生困油现象。

当径向柱塞泵转子和定子之间的偏心量为 e 时，柱塞在缸体孔中的行程为 2e，设柱塞个数为 z、直径为 d 时，泵的排量为

$$V_p = \frac{\pi}{4}d^2 \cdot 2ez = \frac{\pi}{2}d^2 ez \tag{3-31}$$

设泵的转数为 n_p，容积效率为 η_{vp}，则泵的实际输出流量为

$$q = \frac{\pi}{4}d^2 \cdot 2ezn_p\eta_{vp} = \frac{\pi}{2}d^2 ezn_p\eta_{vp} \tag{3-32}$$

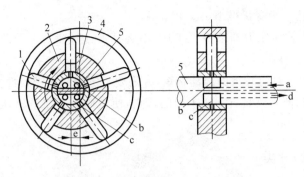

图 3-17 径向柱塞泵的工作原理图
1—柱塞；2—缸体(转子)；3—衬套；4—定子；5—配油轴

由于同一瞬时每个柱塞在缸体中径向运动速度是变化的,所以径向柱塞泵的瞬时流量是脉动的,当柱塞数较多且为奇数时,流量脉动也较小。改变定子和转子偏心量 e 的大小,可以改变泵的排量;改变偏心的方向,泵的吸、排油口方向发生改变。因此,径向柱塞泵是一种双向变量泵。径向柱塞泵的缺点：径向尺寸大,结构较复杂,自吸能力差,配油轴受径向不平衡力的作用,易于磨损,同时配油轴与衬套之间磨损后的间隙不能自动补偿,泄漏较大,因而限制了径向柱塞泵的转速和压力的提高。

3.2 液压马达

液压马达也是液压传动系统中的能量转换元件。液压马达属于执行机构,它将液压能转换成机械能,以转矩和转速的形式驱动负载做功。

3.2.1 液压马达的工作原理和分类

1. 液压马达的工作原理

从能量转换方面来看,液压泵和液压马达是互逆工作的,因此,液压马达的工作原理可根据 3.1 节液压泵的工作原理进行逆向分析。

输入液压马达的是具有一定流量和压力的油液,输出是转矩和转速。从理论上讲,液压泵与液压马达可以互逆使用。向任何一种液压泵输入一定流量的压力油,都会使其泵轴转动输出转矩和转速,成为液压马达工况。但实际上同规格的液压泵和液压马达由于使用目的不同,导致了结构上的差异。这些不同点主要表现在：

(1) 液压马达需要正反转,所以在内部结构上应具有对称性;液压泵一般是单方向旋转的,因此不要求结构对称。

(2) 液压马达应保证在很宽的转速范围内正常工作,而且最低稳定转速要低,所以应采用滚动轴承或静压轴承。因为当马达转速很低时,若采用动压轴承,就不易形成润滑油膜。

而液压泵的转速高且一般变化很小。

(3) 液压马达在输入压力油条件下工作，不必具备自吸能力。而液压泵在结构上应保证能够具备自吸能力。

(4) 液压马达要求具有较大的起动转矩，并需要一定的初始密封性。

由于液压马达和液压泵具有上述不同的特点，使得同种规格的液压泵和液压马达一般不能互逆使用。

2. 液压马达的分类

液压马达的种类较多，按其轴旋转一周输出和输入的油液的体积是否可以调节而分为定量式和变量式两类；按结构形式可分为齿轮式、叶片式、柱塞式等。

液压马达按其额定转速可分为高速和低速两大类，额定转速高于 500r/min 的属于高速液压马达，额定转速低于 500r/min 的属于低速液压马达。高速液压马达的基本形式有齿轮马达、叶片马达、轴向柱塞马达和螺杆马达，通常高速液压马达的输出转矩仅有几十到几百 N·m，所以也称为高速小转矩液压马达。低速液压马达的基本形式是径向柱塞马达，具体结构有曲轴连杆式、液压平衡式和多作用内曲线式等。

不同结构形式的液压马达的最高使用转速大约如下：齿轮马达为 1500～3000r/min；叶片马达为 1500～2000r/min；轴向柱塞马达可达 1000～2000r/min；曲轴连杆式马达为 400～500r/min；多作用内曲线马达为 200～300r/min 或更低。

不同结构形式的液压马达的最低稳定转速大约如下：多作用内曲线马达为 0.1～1r/min；曲轴连杆式马达为 1～3r/min；轴向柱塞马达一般为 30～50r/min，有的可达 2～5r/min，个别可达 0.5～1.5r/min；高速叶片马达为 50～100r/min；低速大转矩叶片马达为 5r/min；齿轮马达的低速性能最差，一般为 200～300r/min，个别可到 50～150r/min。

3.2.2 液压马达的主要性能参数

1. 压力

1) 工作压力

液压马达实际工作时的压力称为液压马达的工作压力。

2) 额定压力

液压马达在正常工作条件下，按试验标准规定，能连续运转的最高压力称为液压马达的额定压力。实际工作中，液压马达的工作压力应小于或等于额定压力。

3) 最高允许压力

按试验标准规定，超过额定压力允许短暂运行的最高压力称为液压马达的最高允许压力。

2. 排量与流量

液压马达的流量为单位时间内输入液压马达的油液体积。

1) 排量 V

液压马达的轴每旋转一周，按其密封容腔几何尺寸变化而计算得到的排出（或输入）的油液体积，称为液压马达的排量。

工程实践中，可以用在低压无泄漏情况下的液压马达每旋转一周所排出的油液体积来表示。

2) 理论流量 q_t

根据液压马达的密封容腔几何尺寸变化而计算得到的单位时间内排出（或输入）的油液体积，称为液压马达的理论流量，一般指平均理论流量。

$$q_{tm} = V_m n_m \tag{3-33}$$

式中　q_{tm}——马达的理论流量，m^3/s；

　　　V_m——马达的排量，m^3/s；

　　　n_m——马达的转速，r/s。

工程实践中，常把零工作压力下液压马达的输入流量视为液压马达的理论流量。

3) 实际流量 q_m

液压马达实际输入的流量称为液压马达的实际流量 q_m。它等于液压马达的理论流量 q_{tm} 加上因泄漏、油液压缩等消耗的流量 Δq_m，即

$$q_m = q_{tm} + \Delta q_m \tag{3-34}$$

4) 额定流量 q_n

在正常工作条件下，按试验标准规定（如在额定压力和额定转速下），液压马达必须保证的输入流量。

3. 功率与效率

1) 理论功率 P_t

液压马达理论上所需要的液压功率，即

$$P_t = \Delta p q_t \tag{3-35}$$

式中　P_t——马达理论功率，W；

　　　Δp——马达的进、排油口压力差，Pa；

　　　q_t——理论流量，m^3/s。

2) 输入功率 P_i

液压马达的输入功率 P_{im} 为实际输入液压马达的液压功率，即

$$P_{im} = \Delta p_m q_m \tag{3-36}$$

式中　P_{im}——马达的输入功率，W；

　　　Δp_m——马达的进、排油口压力差，Pa；

　　　q_m——理论流量，m^3/s。

3) 输出功率 P_{om}

液压马达的输出功率 P_{om} 为实际输出液压马达的机械功率，即

$$P_{om} = 2\pi n_m T_m \tag{3-37}$$

式中　P_{om}——马达的输出功率,W;
　　　n_m——马达的输出转速,r/s;
　　　T_m——马达的实际输出转矩,N·m。

4) 容积损失与容积效率 η_v

因油液的泄漏、压缩等损失的流量称为容积损失。液压马达的容积损失用容积效率来表示。

液压马达的容积效率 η_{vm} 等于马达的理论流量 q_{tm} 与实际流量 q_m 之比,即

$$\eta_{vm} = \frac{q_{tm}}{q_m} \tag{3-38}$$

因此,液压马达的实际流量 q_m 为

$$q_m = \frac{q_{tm}}{\eta_{vm}} \tag{3-39}$$

容积效率表示液压马达抵抗泄漏的能力。它与工作压力、液压马达工作腔中的摩擦副间隙大小、油液的黏度以及转速等有关。当工作压力较高,或间隙较大,或油液黏度较低时,因泄漏较大,故容积效率较低;当转速较低时,因理论流量较小,泄漏量比例增加,也使得液压马达的容积效率降低。

5) 机械损失与机械效率

因运动部件之间和运动部件与流体之间摩擦而损失的能量称为机械损失。液压马达的机械损失用机械效率表示。

液压马达的机械效率 η_{mm} 等于马达的实际输出转矩与理论转矩之比,即

$$\eta_{mm} = \frac{T_m}{T_{tm}} \tag{3-40}$$

由于摩擦而造成的转矩损失 ΔT_m,使得液压马达的实际输出转矩 T_m 小于其理论输出转矩 T_{tm},即

$$T_m = T_{tm} - \Delta T_m \tag{3-41}$$

机械效率与摩擦损失有关,当摩擦损失加大时,对于液压马达,同样大小的实际输出功率需要较大的理论输出功率,故机械效率下降;当油液的黏度加大或间隙减小时,因液体摩擦或运动部件间的摩擦增大,机械效率也会降低。

6) 总效率

液压马达的实际输出功率与输入功率之比,称为液压马达的总效率 η_m,即

$$\eta_m = \frac{P_{om}}{P_{im}} = \frac{2\pi n_m T_m}{\Delta p_m q_m} = \frac{2\pi n_m T_{tm} \eta_{mm}}{\frac{\Delta p_m q_{tm}}{\eta_{vm}}} = \eta_{mm} \eta_{vm} \tag{3-42}$$

因此,液压马达的总效率等于液压马达的机械效率与容积效率之积。

4. 液压马达的其他性能参数

1) 输出转矩和起动转矩

当液压马达进、排油口的压力差为 Δp_m,实际输入液压马达的流量为 q_m,马达排量为 V_m,液压马达实际输出转矩为 T_m,输出转速为 n_m 时,液压马达的输入功率乘以液压马达的

总效率等于液压马达的输出功率,即

$$\Delta p_m q_m \eta_m = 2\pi n_m T_m \tag{3-43}$$

由 $q_m = q_{tm}/\eta_{vm}$,$q_{tm} = V_m n_m$,$\eta_m = \eta_{mm}\eta_{vm}$ 可知,液压马达的实际输出转矩 T_m 为

$$T_m = \frac{\Delta p_m V_m \eta_{mm}}{2\pi} \tag{3-44}$$

由式(3-44),根据排量的大小,可以计算在给定工作压力下液压马达所能输出的转矩的大小,也可以计算在给定的负载转矩下液压马达的工作压力的大小。

液压马达的起动转矩是指在额定压力下,由静止状态起动时输出轴上的转矩。液压马达的起动转矩比同一压差下运转中的转矩低,这给液压马达带载起动造成了困难,因此起动性能对液压马达是非常重要的。起动转矩降低的原因是马达内部各相对运动部件之间在静止状态下的摩擦力比在运动时的摩擦力大得多,引起机械效率下降。另外,还受转矩的不均匀性的影响,输出轴处于不同相位角时,其起动转矩也稍有不同,如果起动时处于转矩脉动的最小值,其起动转矩也小。实际工作中都希望起动性能好一些。

液压马达的起动性能主要由起动机械效率 η_{om} 表示,它等于马达起动转矩 T_o 与同一压差时的理论转矩 T_{tm} 之比,即

$$\eta_{om} = \frac{T_o}{T_{tm}} \tag{3-45}$$

多作用内曲线式马达的起动性能最好,轴向柱塞式马达、曲轴连杆式马达居中,叶片马达较差,而齿轮马达最差。

2) 实际转速、最低稳定转速、最高使用转速和调速范围

液压马达的实际转速 n_m 取决于实际输入的流量 q_m 和液压马达的排量 V_m,由于液压马达内部有泄漏,不是所有进入液压马达的液体都做功,液压马达的实际转速要比理想情况低一些,所以

$$q_m \eta_{vm} = V_m n_m$$

式中 η_{vm}——马达的容积效率。

液压马达的实际转速为

$$n_m = \frac{q_m \eta_{vm}}{V_m} \tag{3-46}$$

最低稳定转速是指液压马达在额定压力下,不出现爬行(抖动或时转时停)现象的最低转速。液压马达在低速时产生爬行现象的原因有以下几个方面:摩擦力的大小不稳定;液压马达理论转矩的不均匀性;泄漏量大小不稳定。其中,液压马达的泄漏量不是每个瞬间都相同,它也随转子转动的相位角度变化作周期性波动。由于低速时进入马达的流量小,泄漏所占的比重增大,泄漏量的不稳定明显地影响到参与马达工作的流量数值,从而造成转速的波动,马达低速转动时,其转动部分及所带的负载表现出来的惯性较小,所以上述影响比较明显,因而出现爬行现象。

实际工作中,一般都期望最低稳定转速越低越好。

液压马达的调速范围用最高使用转速 n_{max} 和最低稳定转速 n_{min} 之比表示,即

$$i = \frac{n_{max}}{n_{min}} \tag{3-47}$$

液压马达的最高使用转速主要受使用寿命和机械效率的限制。转速提高后，各运动副的磨损加剧，使用寿命降低；转速高则液压马达需要输入的流量就大，因此各过流部分的流速相应增大，压力损失也随之增加，从而使机械效率降低。对某些液压马达，转速的提高还受到背压的限制。例如曲轴连杆式液压马达，转速提高时，回油背压必须显著增大才能保证连杆不会撞击曲轴表面。随着转速的提高，回油腔所需的背压值也应随之提高。但过度地提高背压，会使液压马达的效率明显下降。

3) 滑转速度

液压马达进、排油口切断后，理论上输出轴应完全不转动，但因负载转矩的作用使液压马达变为液压泵工况，液压马达的排油口成为高压腔，油液从此腔泄漏，使得液压马达缓慢转动（滑转）。通常用额定转矩下的滑转速度表示液压马达的制动性能。液压马达不能完全避免泄漏现象，因此无法保证绝对的制动性，所以当需要长时间制动时，应该另外设置其他制动装置。

3.2.3　液压马达的图形符号

液压马达的图形符号如图3-18所示。需要注意的是，液压马达与液压泵的图形符号非常类似，二者区别在于黑色箭头所指方向，在液压图形符号中黑色三角箭头通常表示高压油的走向，由于液压泵是朝外泵油，因此箭头冲外，而液压马达是外部朝里注入高压油，因此黑色箭头冲内。

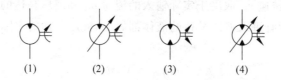

图 3-18　液压马达的图形符号

(1) 单向定量液压马达；(2) 单向变量液压马达；(3) 双向定量液压马达；(4) 双向变量液压马达

3.3　液　压　缸

液压缸是液压系统中的执行元件，它将液压泵提供的液压能转变为机械能，使机械实现直线往复运动或摆动往复运动。液压缸具有结构简单、制造容易、工作可靠的特点，在液压系统中作为液压执行元件得到了广泛的应用。

3.3.1　液压缸的分类

液压缸的种类繁多，分类方法各异。按结构形式可分为：活塞缸、柱塞缸、伸缩缸和摆动缸。活塞缸和柱塞缸实现直线往复运动，输出推力和速度；伸缩缸为多级活塞缸或柱塞缸;摆动缸则通常能实现300°左右的回转摆动,输出转矩和角速度。活塞缸按出杆形式又可分为单活塞杆缸和双活塞杆缸。按供油方式液压缸又可分为单作用缸和双作用缸,单作用缸只往缸的一侧输入液压油,活塞只作单向出力运动,回程靠重力、弹簧力或者其他外力;双作用缸则分别向缸的两侧输入压力油,活塞的正反运动均靠液压力来完成。

液压缸除了单个使用外,还可以几个组合起来或与其他机构组合起来,以完成特殊的功用,称为组合缸,其按特殊用途又可分为串联缸、增压缸、增速缸、多位缸、步进缸等。

3.3.2 液压缸的基本结构

1. 液压缸的典型结构

图3-19所示为一种较常用的双作用单活塞杆液压缸。它是由缸底2、缸筒7、导向套11、活塞9和活塞杆17等组成。缸筒一端与缸底焊接,另一端前端盖11(导向套)与缸筒用螺栓15固定,以便拆装检修,两端设有油口A和B。活塞9与活塞杆17利用卡环连在一起,便于拆卸。活塞与缸孔的密封采用的是一对Y形密封圈6,由于活塞与缸孔有一定间隙,采用导向带7定心导向。活塞杆17和活塞9的内孔由密封圈8密封。较长的导向套11则可保证活塞杆不偏离中心,导向套外径由O形圈13密封,而其内孔则由Y形密封圈12和防尘圈16分别防止油外漏和灰尘带入缸内。

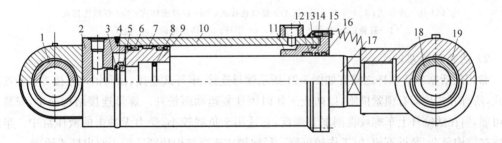

图3-19 双作用单活塞杆液压缸

1—耳环衬套;2—缸底;3—弹簧卡圈;4—挡环;5—卡环(由两个半环组成);6—轴用Y形密封圈;7—支撑环;8、13、14—O形密封圈;9—活塞;10—缸筒;11—导向套;12—孔用Y形密封圈;15—连接螺栓组件;16—防尘圈;17—活塞杆;18—耳环;19—活塞铰链组件

2. 液压缸的组成

从上面所述的液压缸典型结构中可以看到,液压缸的结构基本上可以分为缸筒和缸盖、活塞和活塞杆、密封装置、缓冲装置和排气装置五个部分。

1) 缸筒和缸盖

图3-20所示为常用的缸筒和缸盖的连接方式,在设计过程中采用哪种连接方式主要取决于液压缸的工作压力、缸筒的材料和具体的工作条件。工作压力$p<10\text{MPa}$时,使用铸铁,常用图3-20(a)所示的法兰连接,它结构简单,容易加工,也容易装拆,但外形尺寸和重量都较大;$10\text{MPa}<p<20\text{MPa}$时,使用无缝钢管或者锻钢,常用图3-20(b)所示的半环连接,它容易加工和装拆,重量较轻,但缸筒壁部因开了环形槽而削弱了强度,为此有时要加厚缸壁;$p>20\text{MPa}$时,使用铸钢或锻钢,常用图3-20(b)、(c)所示的半环连接和螺纹连接。螺纹连接结构缸筒端部结构复杂,外径加工时要求保证内外径同心,装拆要使用专用工具,它

的外形尺寸和重量都较小。图3-20(d)所示为拉杆连接式,结构的通用性大,容易加工和装拆,但外形尺寸较大,且较重。图3-20(e)所示为焊接连接式,结构简单,尺寸小,但缸底处内径不易加工,且可能引起变形。

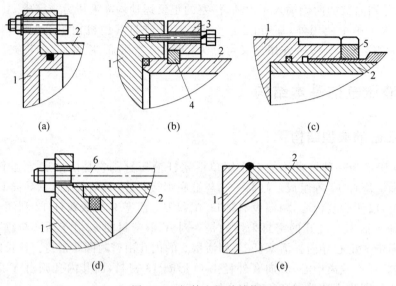

图3-20 缸筒和缸盖结构
(a)法兰连接式;(b)半环连接式;(c)螺纹连接式;(d)拉杆连接式;(e)焊接连接式
1—缸盖;2—缸筒;3—压板;4—半环;5—防松螺帽;6—拉杆

2) 活塞和活塞杆

常用的活塞和活塞杆之间有如图3-21所示螺母连接、卡环式连接、径向销式连接等多种连接方式,所有方式均需有锁紧措施,以防止工作时因往复运动而松开。螺母连接结构简单,安装方便可靠,但在活塞杆上车螺纹将削弱其强度,它适用于负载较小、受力无冲击的液压缸中。半环式连接结构复杂,装拆不便,但工作较可靠。径向销式连接结构特别适用于双出杆式活塞。

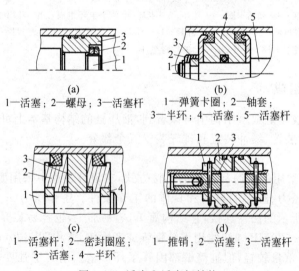

1—活塞;2—螺母;3—活塞杆
1—弹簧卡圈;2—轴套;3—半环;4—活塞;5—活塞杆
1—活塞杆;2—密封圈座;3—活塞;4—半环
1—推销;2—活塞;3—活塞杆

图3-21 活塞和活塞杆结构
(a)螺母连接;(b)长环式连接;(c)卡环式连接;(d)径向销式连接

3) 密封装置

液压缸的密封装置用以防止油液的泄漏。液压缸的密封主要指活塞、活塞杆处的动密封和缸底与缸筒、缸盖与缸筒之间的静密封。一般要求密封装置应具有良好的密封性,尽可能长的寿命,制造简单,拆装方便,成本低。密封装置设计得好坏直接影响液压缸的静、动态性能。有关密封装置的结构、材料、安装和使用等参见液压辅件相关章节内容。

4) 缓冲装置

对大型、高速或要求高的液压缸,为了防止活塞在行程终点时和缸盖相互撞击,引起噪声、冲击,甚至严重影响工作精度和引起整个系统及元件的损坏,必须设置缓冲装置。

缓冲装置的工作原理是利用活塞或缸筒在其走向行程终端时封住活塞和缸盖之间的部分油液,强迫它从小孔、细缝或节流阀挤出,增大液压缸回油阻力,使回油腔中产生足够大的缓冲压力,使工作部件受到制动,逐渐减慢运动速度,避免活塞和缸盖相互撞击。

常见的液压缸缓冲装置如图 3-22 所示,图 3-22(a)为间隙式缓冲装置,当缓冲柱塞进入与其相配的缸盖上的内孔时,孔中的液压油只能通过间隙 δ 排出,使回油腔中压力升高而形成缓冲压力,从而使活塞速度降低。图 3-22(b)为可调节流缓冲装置,当缓冲柱塞进入配合孔之后,油腔中的油只能经节流阀 1 排出,从而在回油腔形成缓冲压力,使活塞受到制动。这种缓冲装置可以根据负载情况调整节流阀开口的大小,改变缓冲压力的大小,但仍不能解决速度减低后缓冲作用减弱的缺点。图 3-22(c)为可变节流缓冲装置,缓冲柱塞上开有三角槽,随着柱塞逐渐进入配合孔中,其节流面积越来越小,解决了在行程最后阶段缓冲作用过弱的问题,从而使缓冲作用均匀,冲击压力小,制动位置精度高。

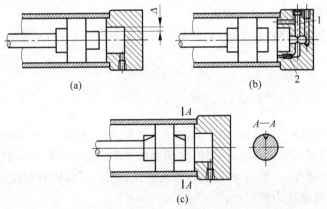

图 3-22 液压缸的缓冲装置
(a) 间隙式缓冲装置;(b) 可调节流缓冲装置;(c) 可变节流缓冲装置
1—节流阀;2—单向阀

3.3.3 活塞式液压缸及其工作特性

1. 双作用液压缸及其工作特性

1) 单活塞杆双作用液压缸

图 3-23 所示为单活塞杆双作用液压缸的作用原理示意图,活塞将液压缸内腔分为了两

个部分,无活塞杆的一侧称为"无杆腔",有活塞杆的一侧则称为"有杆腔"。所谓双作用,是指液压缸的有杆腔和无杆腔都有油路,因此活塞杆的外伸和内缩往复运动都是由液压控制的。由于活塞杆的存在,单活塞杆液压缸活塞两端的有效面积不等,它在两个方向上的输出推力和速度也不等。

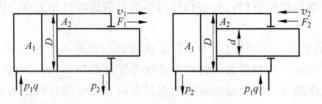

图 3-23 双作用单活塞杆液压缸

当输入液压缸的油液流量为 q,液压缸进、出口压力分别为 p_1 和 p_2 时,若油液从无杆腔输入,其活塞上所产生的推力 F_1 和速度 v_1 分别为:

$$F_1 = A_1 p_1 - A_2 p_2 = \frac{\pi}{4}[(p_1 - p_2)D^2 + p_2 d^2] \tag{3-48}$$

$$v_1 = \frac{q}{A_1} = \frac{4q}{\pi D^2} \tag{3-49}$$

式中 d——液压缸活塞杆的直径;

D——液压缸的活塞直径;

A_1——无杆腔的有效工作面积;

A_2——有杆腔的有效工作面积。

若油液从右腔(有杆腔)输入时,其活塞上所产生的推力 F_2 和速度 v_2 分别为:

$$F_2 = A_2 p_1 - A_1 p_2 = \frac{\pi}{4}[(p_1 - p_2)D^2 - p_1 d^2] \tag{3-50}$$

$$v_2 = \frac{q}{A_2} = \frac{4q}{\pi(D^2 - d^2)} \tag{3-51}$$

由式(3-48)~式(3-51)可知,由于 $A_1 > A_2$,所以 $F_1 > F_2$,$v_1 < v_2$,由此可知:单活塞杆双作用液压缸的内缩比外伸要快。另外,无活塞杆端输出力大,因此常用作工作端。通常把两个方向上的输出速度 v_2 和 v_1 的比值称为速度比,记作 φ,即单活塞杆无杆腔和有杆腔的有效面积的比值,故也称为面积比:

$$\varphi = \frac{v_2}{v_1} = \frac{A_1}{A_2} = \frac{D^2}{D^2 - d^2} = \frac{1}{1-(d/D)^2} \tag{3-52}$$

2) 双作用双活塞杆液压缸

双作用双活塞杆液压缸的工作原理如图 3-24 所示。双活塞缸两端的活塞杆直径通常是相等的,因此它左、右两腔的有效面积也相等。当分别向左、右腔输入相同压力和相同流量的油液时,液压缸左、右两个方向的推力和速度相等。当活塞直径为 D,活塞杆直径为 d,液压缸进、出油腔的压力为 p_1 和 p_2,输入流量为 q 时,双活塞杆液压缸的推力 F 和速度 v 分别为:

$$F = A(p_1 - p_2) = \frac{\pi}{4}(D^2 - d^2)(p_1 - p_2) \tag{3-53}$$

$$v = \frac{q}{A} = \frac{4q}{\pi(D^2 - d^2)} \tag{3-54}$$

式中 A——活塞的有效工作面积。

活塞杆液压缸除了图 3-23 和图 3-24 所示的缸体固定、活塞杆运动的结构形式外,还可以将活塞杆固定,由缸体驱动工作机构运动。驱动平面磨床工作台面运动的液压缸,经常采用这种结构形式。缸体固定式的双作用活塞杆液压缸,其整个工作台的运动范围是活塞有效行程的 3 倍;而活塞杆固定式的双作用活塞杆液压缸,其整个工作台的运动范围是活塞有效行程的 2 倍(见图 3-25)。

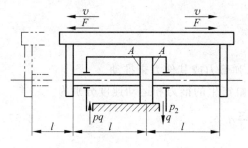

图 3-24 双作用双活塞杆液压缸

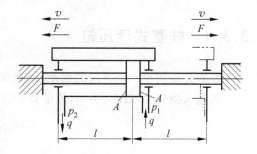

图 3-25 活塞杆固定式双活塞杆液压缸

2. 单作用液压缸及其工作特性

单作用液压缸是指只有外伸与内缩其中一个方向的运动能够用油压控制实现,即一个腔有进油口。一般情况下,只有无杆腔有进油口,而有杆腔则与大气连通,液压缸只能外伸,内缩时需要靠外力来实现。单作用液压缸的内缩一般是依靠重力或弹簧复位,在一些起重装置上应用较为广泛。

3. 差动式液压缸及其工作特性

将单活塞杆缸作如图 3-26 所示的差动连接,此时单活塞杆缸的左右两腔同时通压力油。作差动连接的液压缸称为差动液压缸。开始工作时差动缸左右两腔的油液压力相同,但是由于左腔(无杆腔)的有效面积大于右腔(有杆腔)的有效面积,故活塞向右运动,同时使右腔中排出的油液(流量为 q')也进入左腔,加大了流入左腔的流量($q+q'$),从而加快了活塞移动的速度。实际上活塞在运动时,由于差动连接时两腔间的管路中有压力损失,所以右腔中油液的压力稍大于左腔中油液的压力,而这个差值一般都较小,可以忽略不计,则差动缸活塞推力 F_3 和运动速度 v_3 分别为:

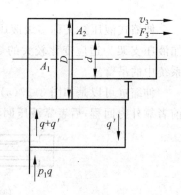

图 3-26 液压缸的差动连接

$$F_3 = p_1(A_1 - A_2) = p_1 \frac{\pi}{4} d^2 \tag{3-55}$$

$$\begin{cases} v_3 = \dfrac{q+q'}{A_1} = \dfrac{q+\dfrac{\pi}{4}(D^2-d^2)v_3}{\dfrac{\pi}{4}D^2} \\ v_3 = \dfrac{4q}{\pi d^2} \end{cases} \quad (3\text{-}56)$$

由式(3-58)、式(3-59)可知,差动连接时液压缸的推力比非差动连接时小,速度比非差动连接时快,因此,可以在不加大油源流量的情况下得到较快的运动速度。这种连接方式被广泛应用于组合机床的液压动力滑台和其他机械设备的快速运动中。

3.3.4 柱塞式液压缸

柱塞缸能实现一个方向的运动,回程靠重力、弹簧力或其他力来推动。

当输入液压油的压力为 p,流量为 q 时,柱塞缸产生的推力和运动速度分别为

$$F = Ap = \frac{\pi}{4}d^2 p \quad (3\text{-}57)$$

$$v = \frac{4q}{\pi d^2} \quad (3\text{-}58)$$

式中　A——柱塞缸有效工作面积;
　　　d——柱塞直径。

柱塞缸的特点是缸筒内壁与柱塞没有配合要求,因此缸筒内孔只作粗加工或不加工,大大简化了缸筒的加工工艺。柱塞是端部受压,为保证柱塞缸有足够的推力和稳定性,柱塞一般较粗,质量较大,水平安装时会产生单边磨损,故柱塞缸宜垂直安装。水平安装使用时,为减轻质量和提高稳定性,用无缝钢管制成空心柱塞。

3.3.5 伸缩式液压缸

伸缩式液压缸又称多级液压缸,适用于安装空间受到限制但要求有很大行程的设备中。如液压支架为适应变化较大的煤层厚度,其立柱多采用伸缩缸;又如某些汽车起重机液压系统中的吊臂缸。

伸缩缸可以是如图 3-27(a)所示的单作用式,也可以是如图 3-27(b)所示的双作用式,前者靠外力回程,后者靠液压回程;伸缩缸还可以是柱塞式的,如图 3-28 所示。

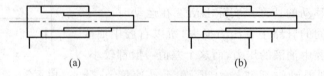

图 3-27　伸缩式液压缸
(a) 单作用式;(b) 双作用式

伸缩缸的外伸动作是逐级进行的,首先是最大直径的缸筒以最低的油液压力开始外伸,当到达行程终点后,稍小直径的缸筒开始外伸,直径最小的末级最后伸出,随着工作级数变

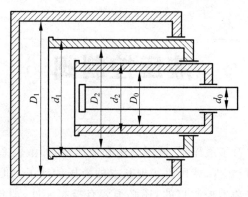

图 3-28 柱塞式伸缩缸

大,外伸缸筒直径越来越小。在输入流量不变的情况下,伸缩缸输出推力逐级减小,速度逐级加大,其值为

$$F_i = p_1 \frac{\pi}{4} D_i^2 \tag{3-59}$$

$$v_i = \frac{4q}{\pi D_i^2} \tag{3-60}$$

式中 i——第 i 级活塞缸。

第 4 章

液压控制阀

前面的章节,我们学习了液压泵、液压马达和液压缸,即液压系统的动力元件和执行元件。有了动力元件和执行元件,就可以实现基本的液压传动了。但是为了让液压传动系统能够灵活、可靠地实现复杂的控制目的,还必须要有控制元件,即各种液压控制阀。在第 2 章的液压千斤顶例子中,我们曾初步认识了由两个单向阀组成的液压控制系统,但是在实际情况下大部分液压系统的控制阀要比这复杂得多。液压阀的种类很多,本章重点介绍液压系统中常见液压阀的工作原理及其性能特点。

4.1 液压控制阀的分类

在液压系统中,用来控制或调节油液流动方向、压力和流量的元件,统称为液压阀。按阀的功能分类,液压阀可分为以下几类。

(1) 方向控制阀:用来控制油液流动方向的阀,如单向阀、换向阀等。

(2) 压力控制阀:用来控制油液压力大小的阀,如溢流阀、减压阀、顺序阀等。

(3) 流量控制阀:用来控制油液流量大小的阀,如节流阀、调速阀、分流集流阀等。

按操纵方式分类,液压阀可分为手动(脚踏)、机动、电动、液动等,有时是几种方式组合的形式。

按连接方式分类,液压阀可分为以下几类。

(1) 管式连接。管式阀采用螺纹连接,故又称为螺纹连接。

(2) 板式连接。将阀类元件安装在专门的连接板上。

(3) 集成连接。为使结构紧凑,简化管路,就将阀集中布置,有集成块式、叠加阀式、插装阀式等。

4.2 方向控制阀

4.2.1 单向阀

1. 单向阀原理

单向阀用来控制液流向一个方向流动而不能反向流动,故又称作止回阀。

单向阀的结构如图 4-1 所示,主要由阀体 1、阀芯 2、弹簧 3 和挡圈 4 等组成。当压力油从 P_1 口流入时,克服弹簧力而将阀芯顶开,通过阀芯上的径向孔,从 P_2 口流出;若压力油从 P_2 口流入,阀芯在弹簧力和液压力作用下,紧贴于阀口,截断油路。

单向阀的开启压力大约为 0.05MPa,额定流量时压力损失小于 0.2MPa;作背压阀使用时,背压一般为 0.2～0.6MPa。

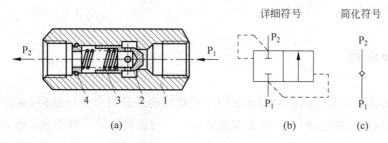

图 4-1　S 型管式直通单向阀
1—阀体；2—阀芯；3—弹簧；4—挡圈

2. 液控单向阀

普通单向阀使液流只能正向流动而不能反向流动,液控单向阀则可根据需要使液流实现反向流动。按泄油方式有内泄式、外泄式之分,按其阀芯结构有带或不带卸载阀之分。图 4-2、图 4-3 分别为带卸载阀的外泄式、内泄式液控单向阀结构原理图。

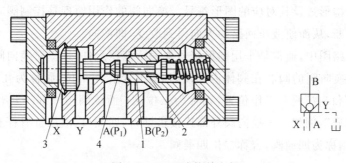

图 4-2　SL 型液控单向阀
1—阀芯；2—卸载阀芯；3—控制活塞；4—顶杆

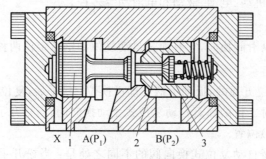

图 4-3　SV 型液控单向阀
1—阀芯；2—卸载阀芯；3—控制活塞

液控单向阀除了进、出油口 A、B 外,还有控制油口 X,外泄式有泄油口 Y。当控制油口 X 不通压力油时,其作用与普通单向阀相同;当控制油口通控制压力油时,控制活塞 3 右移顶开阀芯 1,油口 A 和 B 相通,油液可在两个方向自由流通。采用带卸载阀芯 2 的结构时,控制活塞只需不大的力顶开小阀芯,使弹簧腔卸压,然后再顶开阀芯 1。由于阀芯前后面积比相差很大,可大大降低控制油压力,故此种结构适于压力较高场合。其最小控制油压约为主油路压力的 30%。

4.2.2 换向阀

换向阀的作用是利用阀芯和阀体之间的相对运动来开启和关闭油路,从而改变液流的方向,使液压执行元件起动、停止或变换运动方向。对换向阀的一般要求:通油时的压力损失小,通路关闭时密封性好,各油口之间的泄漏少;动作灵敏、平稳、可靠,没有冲击、噪声。换向阀的种类很多,按阀芯的结构可分为转阀、滑阀和座阀三种,其中滑阀与座阀最为常用,这里我们仅介绍滑阀式换向阀。

1. 滑阀式换向阀结构原理与图形符号

滑阀是通过阀芯在阀体内轴向移动实现油路切换的,在液压系统中应用非常广泛。滑阀式换向阀由主体部分及操纵定位机构组成。其中主体部分主要包括阀体和阀芯,表 4-1 所示为常见的结构形式及其对应的图形符号。换向阀的作用原理是控制阀芯在阀体内移动时改变油路的通断,从而使液压回路的方向得到改变,即换向。

实际液压回路图中,通常是采用图形符号来表示液压元件,这里对换向阀的名称和图形符号进行解释:换向阀的阀芯在阀体内移动时,有几个作用工位,则称为几"位",例如一个换向阀只有"左"和"右"两个工作位置,则称为二位阀;而该阀与外部一共有几个油路通道相连,则称为几"通",例如一个换向阀外部连接进油口、回油口、液压缸有杆腔和液压缸无杆腔共四个油路,则称为四通阀,合称二位四通阀。

2. 阀的操纵方式

按操作方式可分为手动、机动、电动、液动和电液动等多种。

1) 手动操纵

手动换向阀直接用手操纵滑阀换向,它有弹簧自动复位和钢球定位两种形式,弹簧自动复位如图 4-4 所示。

由图 4-4 可知,该阀是三位五通的,扳动手柄 2 即可换位;松手后,复位弹簧 4 使阀芯 3 自动回到中位(图示位置)。对二位的弹簧自动复位式手动换向阀,当松开手柄 2 后,复位弹簧 1 把阀芯推回到初始(常态)位置。

钢球定位式换向阀与弹簧自动复位式换向阀的不同之处是:当松开手柄之后,阀芯靠钢球定位而保持在该位置上。

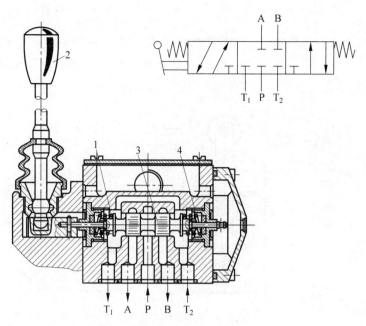

图 4-4 WMM 型弹簧自动复位式手动换向阀结构原理图

1、4—复位弹簧；2—扳动手柄；3—阀芯

表 4-1 滑阀式换向阀主体部分的结构形式

名 称	结构原理图	图形符号
二位二通阀		
二位三通阀		
二位四通阀		
三位四通阀		
二位五通阀		
三位五通阀		

2）机动操纵

机动换向阀也称行程换向阀，它利用挡块或凸轮使阀芯移动来控制液流的方向。机动换向阀通常是二位的，有二通、三通、四通、五通几种。二通的分常开和常闭两种形式，如图 4-5 所示。

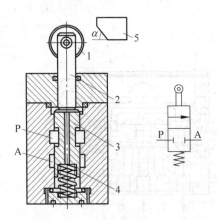

图 4-5 二位二通常开式机动换向阀
1—滚轮；2—阀杆；3—阀芯；4—弹簧；5—挡块

3）电磁操纵

电磁换向阀借助于电磁铁的吸力推动阀芯在阀体内作相对运动来改变阀的工作位置，一般为二位和三位，通道数多为二、三、四、五。图 4-6 所示为 WE 型三位四通电磁换向阀的结构原理图。

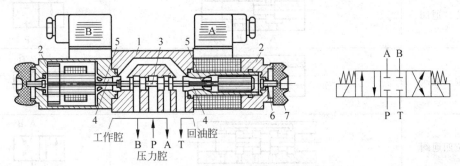

图 4-6 WE 型三位四通电磁换向阀结构原理图
1—阀体；2—电磁铁（左为交流电磁铁，右为直流电磁铁）；3—滑阀；
4—复位弹簧；5—推杆；6—故障检查按钮；7—橡胶保护罩

根据电磁铁所用的电源不同，电磁换向阀又分为交流和直流两种。交流电磁铁电压多为 220V，换向时间短，推力大，电气控制线路简单，但工作时冲击和噪声较大，铁芯吸不到位时，线圈易烧毁，寿命较低，切换频率一般不能高于 10 次/min；直流电磁铁电压多为 24V，切换特性软，对过载或低电压反应不敏感，工作可靠，切换频率较高，可达 120 次/min，但因需整流装置，费用较高。

按电磁铁内部是否有油进入，又可分为干式和湿式两种。干式电磁铁内部没有油，电磁铁部分和阀体部分能分开，更换电磁铁方便，但寿命较低；湿式电磁铁内部与回油腔相通，这样衔铁在液压油里移动，可以减少磨损，并且能提高散热性能、延长使用寿命，目前已广泛取代了传统的干式电磁铁。

由于电磁铁吸力有限,故电磁换向阀的流量不能太大,一般在63L/min以下;且回油口背压不宜过高,一般应低于10MPa,否则易烧毁电磁铁线圈。

4)电液式操纵

电液换向阀由电磁滑阀和液动滑阀组合而成,如图4-7所示,下部液动滑阀为主阀,上部为电磁阀,起先导作用,用来改变液动滑阀控制压力油的方向。由于控制压力油的流量很小,因此电磁滑阀的规格较小,其工作位置由液动滑阀的工作位置相应确定。

图4-7所示为WEH型弹簧对中式电液换向阀结构原理图,A、B、P、T为主阀的主通道,X、Y分别为先导级的外控压力油和外排油通道。先导级的A、B控制通道分别和主阀的两个弹簧腔相通。当先导阀两端电磁铁断电时,主阀的两个弹簧腔与油箱相通。主阀芯8在两边弹簧作用下对中。当先导阀的一个电磁铁通电时,就使主阀的两个弹簧腔分别与先导阀的控制压力油、油箱接通,主阀芯在两端压差作用下移向某一端,实现主油路的换向。

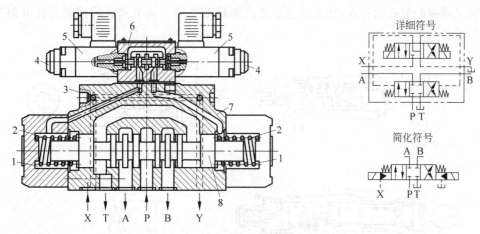

图4-7 WEH型弹簧对中式电液换向阀结构原理图
1—弹簧腔;2—复位弹簧;3—控制油进油道;4—故障检查按钮;5—电磁铁;6—先导电磁阀;7—主阀体;8—主阀芯

图4-7所示的控制油路为外控外泄型,另外还有外控内泄型、内控内泄型和内控外泄型。

4.3 压力控制阀

液压系统中控制油液压力高低的液压阀,统称为压力控制阀。它是利用阀芯上的液压力和弹簧力相平衡的原理进行工作的。常用的压力控制阀有溢流阀、减压阀、顺序阀等。

4.3.1 溢流阀

溢流阀的主要作用是维持液压系统中的压力恒定,其结构有直动式和先导式两种。

1. 结构和工作原理

1) 直动式溢流阀

直动式溢流阀是利用作用于阀芯有效面积上的液压力直接与弹簧力平衡来工作的。

图 4-8 所示为直动式溢流阀的基本结构。在常态时,进油口 P 和回油口 T 是关闭的。当压力油从进油口 P 流入,通过阻尼孔(阻尼活塞侧面铣扁)作用在阻尼活塞底部时,液压力 pA(A 为阻尼活塞底部有效作用面积)直接与弹簧 3 的弹簧力 F_s 相平衡。其工作原理:当油压力 p 较小,即 $pA<F_s$ 时,阀口仍关闭,此时不起调压作用。当进油口压力 p 增加到 $pA>F_s$ 时,锥阀开启,油口 P、T 相通并溢流,阀口的开度经过一个过渡过程以后,便稳定在某一定值,进口压力 p 也基本稳定在某一值。例如,当进油口压力 p 升高到 $pA>F_s$ 时,阀口打开并溢流。由于惯性等因素,阀口会开得大一些,进油口压力便降低些,使 $pA<F_s$,弹簧力使阀口关小些,于是又引起进口压力 p 增高,使阀口再次开大些。如此经过几次振荡,由于阻尼活塞阻尼孔的存在,使振荡逐渐衰减而趋于稳定。调节弹簧的预紧力就可调节进油的压力 p。

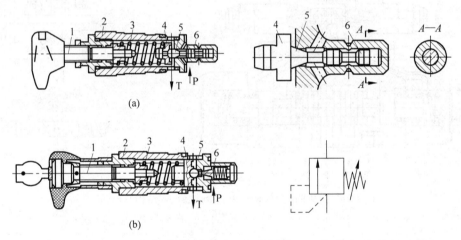

图 4-8 DBD 型直动式溢流阀(插入式)结构原理图
1—调节螺杆;2—阀体;3—调压弹簧;4—偏流盘;5—锥阀芯;6—阻尼活塞
(a) 插装式溢流阀;(b) 带锁定钥匙的插装式溢流阀

当溢流阀稳定工作时,作用在锥阀和阻尼活塞上的力平衡方程为

$$pA = F_s \pm F_f \tag{4-1}$$

一般锥阀芯及阻尼活塞的摩擦力 F_f 都较小,在只考虑稳态工作性能时可忽略,则式(4-1)可简化为

$$p = \frac{F_s}{A} \tag{4-2}$$

式中 p——溢流阀进口压力(调节压力);
F_s——溢流阀调压弹簧力;
A——阻尼活塞底部有效作用面积。

由式(4-2)可知,对某个具体阀来说,A 值是恒定的,调节弹簧力 F_s 就可以调节进口压力 p。阻尼活塞 6 的作用,一是在锥阀启、闭时起阻尼作用;二是对锥阀芯 5 起导向作用,提

高阀的密封性能。偏流盘上的环形槽用来改变液流方向,以补偿锥阀5的液动力。直动式溢流阀由于是液压力和弹簧力直接作用,如压力 p 较大,则弹簧力 F_s 也要大,这样不仅使调节困难,而且当溢流量变化时调节压力 p 的变化就较大,故一般都只用于低压小流量场合。

2) 先导式溢流阀

图 4-9 所示为先导式溢流阀,它由主阀、先导阀(和电磁换向阀)组成。常态时,溢流阀处于关闭状态。如图 4-9 所示,油压力 p 从进油口 A 进入后分成两路:一路进入主阀芯 13 下端,另一路经控制油道 1、4、6 中的阻尼孔 2、5 和 14 作用在主阀芯 13 的上端和先导阀 7 的锥阀芯 8 上。当进油压力 p 较低不足以克服调压弹簧 9 的弹簧力时,锥阀芯 8 关闭,没有油流过阻尼孔 2。这时,主阀芯 13 两端压力相等,在平衡弹簧作用下主阀芯处于最下端位置,溢流阀仍处于关闭状态。当进油口压力升高到超过先导阀调压弹簧 9 的弹簧力时,锥阀芯 8 被打开,压力油经阻尼孔 2 和 14、锥阀芯 8、控制回油道 12、回油口 B 流回油箱。由于压力油流经阻尼孔 2 时产生压力降,所以主阀芯 13 上端的压力 p_1 小于下端压力 p,当此压力差所产生的作用力超过平衡弹簧(是一根软弹簧)的作用力 F_s 时,主阀芯上移,打开溢流口,使油口 A 和回油口 B 相通,油液溢流回油箱,溢流阀实现溢流稳压。

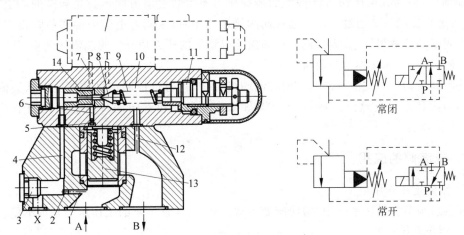

图 4-9 先导式溢流阀结构原理图

1、4、6—控制油道;2、5、14—阻尼孔;3—远程控制口;7—先导阀;8—锥阀芯;9—调压弹簧;
10—弹簧腔;11、12—控制回油道;13—主阀芯

上述过程与直动型溢流阀一样,所调进口压力 p 也要经过一个过渡过程才能达到平衡状态。阻尼孔 5 起阻尼衰减作用,提高了溢流阀的工作稳定性。当处于稳态工作时,作用在主阀芯上的力平衡方程为

$$pA = p_1 A + F_s + G + F_f \tag{4-3}$$

式中 p——所调进口压力;
p_1——主阀芯上腔压力(作用于先导阀阀芯的压力);
F_s——主阀弹簧力;
F_f——主阀芯摩擦力;
A——主阀芯有效作用面积。

对先导阀来说,当处于稳态工作时,作用在先导阀阀芯上的力平衡方程为

$$p_1 = \frac{F_s'}{A'} \tag{4-4}$$

式中 F_s'——先导阀弹簧力;

A'——先导阀阀芯有效作用面积。

若忽略主阀芯自重 G 和摩擦力 F_f,并将式(4-4)代入式(4-3),得

$$p = p_1 + \frac{F_s}{A} = \frac{F_s'}{A'} + \frac{F_s}{A} \tag{4-5}$$

由式(4-5)可知,调节先导阀弹簧力 F_s',就可调节溢流阀进口压力 p;即使所调压力较高,因为主阀平衡弹簧为软弹簧,而流过先导阀的流量很小,先导阀阀芯 8 的有效作用面积也小,先导阀弹簧(调压弹簧)9 的刚度相对于 DBD 型溢流阀来说也较小,所以先导式溢流阀与直动式溢流阀相比较,因溢流量变化引起进口压力 p 的变化小,系统工作压力较稳定,调节起来也较轻便。

油口 3 称为远程控制口。如果此油口与另一个远程调压阀(结构与先导阀部分相同)连接,调节远程调压阀的弹簧力,即可调节主阀芯上端的液压力,从而对溢流阀的溢流压力实现远程调压,但远程调压阀所能调节的最高压力不得超过溢流阀本身先导阀的调定压力。另外,当远程控制口 3 通过二位二通换向阀接通油箱时,主阀芯上腔的油压便降得很低,又由于主阀平衡弹簧很软,故溢流阀入口油液能以很低的压力顶开主阀芯流回油箱,使主油路卸荷。所以,油口 3 又称为卸荷口。

将带卸荷的先导式溢流阀与方向控制阀组合,即可通过控制信号使溢流阀从溢流功能切换到卸荷状态。电磁溢流阀按初始状态可分为常开和常闭两种状态。其图形符号如图 4-10 所示。

2. 溢流阀的应用

1) 溢流定压作用

在定量泵节流调速系统中,溢流阀处于常开状态,保证了泵的工作压力基本不变。

2) 防止系统过载

在变量泵调速系统中,系统正常工作时,阀口处于关闭状态,液压泵输出流量全部进入执行元件。当系统超载,系统的压力超过溢流阀调定值时,溢流阀迅速打开,油液流回油箱,系统压力不再升高,确保系统安全。此时的溢流阀称为安全阀。

3) 背压作用

在液压系统的回油路上串接一溢流阀,造成可调的回油阻力,形成背压,以改善执行元件的运动平稳性。

4) 远程调压和系统卸荷作用

利用远程控制口进行远程调压或系统卸荷。

4.3.2 减压阀

减压阀是将阀的进口压力(一次压力)经过减压后使出口压力(二次压力)降低并稳定的一种阀,又称为定值输出减压阀。减压阀也有直动式和先导式两种,先导式减压阀性能较

好,最为常用。

先导式减压阀结构和工作原理介绍如下。

图 4-10 所示为先导式减压阀的结构原理图及职能符号,其结构和先导式溢流阀相似,也是由主阀和先导阀两大部分组成。但减压阀的作用是调节与稳定出口压力,所以它是由出口引压力油与弹簧力相平衡来工作的;减压阀不工作时阀口是常开的,由于其进、出油口都有压力,因此它的泄油口须单独从外部接回油箱。

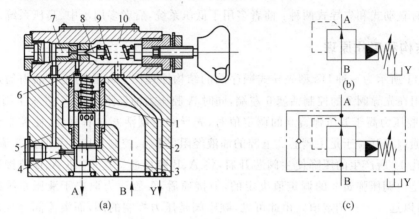

图 4-10 先导式减压阀结构原理图

1—主阀芯;2—泄漏油通道(Y);3—单向阀;4、6—阻尼孔;
5、7—通道;8—锥阀芯;9—调压弹簧;10—调压弹簧腔

当高压油 p_1(一次压力油)从油口 B 进入时,二次压力油 p_2 从油口 A 流出,同时出口压力油 p_2 经阻尼孔 4、6 到达主阀芯 1 上端,并作用在锥阀芯 8 上。当出口压力低于调压弹簧 9 的调定值时,锥阀芯 8 关闭,通过阻尼孔 4 的油不流动,主阀芯 1 上、下两腔压力相等。主阀芯 1 在平衡弹簧(软弹簧)的作用下处于最下端位置,减压口全部打开。当 A 腔的压力超过调压弹簧 9 的调定值时,锥阀芯 8 被打开,油液从泄油孔 Y 流回油箱。由于油液流经阻尼孔 4 时产生压力降,主阀芯下部压力大于上部压力。当这个压差产生的作用力大于平衡弹簧的作用力时,主阀芯上移,减压口开度减小,油液流经减压口时压力损失加大,出油口 A 腔压力 p_2 降低,经过一个逐步衰减的过渡过程以后,使作用在主阀芯上的液压力与弹簧力平衡而处于稳定工作状态,从而保证出口压力基本稳定在预先调定值。

减压阀是利用出口压力 p_2(二次压力)作为控制信号,自动地控制减压口的开度,以保持出口压力基本恒定。如进口压力 p_1 升高,在阀芯还未作出相应的反应时,出口压力 p_2 也有瞬时的升高,使主阀芯受力不平衡而上移,阀口减小,通过减压口的压降增大,从而使出口压力降至调定值。同理,如出口压力由于某种原因发生变化时,减压阀阀芯也会作出相应的反应,最后使出口压力 p_2 稳定在调定值上。

先导式减压阀设有远程控制口,可实现远程控制,其工作原理与溢流阀的远程控制相同。

如果需要压力油从 A 口流向 B 口,可将减压阀与单向阀并联组合成单向减压阀,其符号如图 4-10(c)所示。减压阀主要用于降低和稳定某支路的压力。由于其调压稳定,也可用来限制工作部件的作用力以及减小压力波动,改善系统性能等。

4.3.3 顺序阀

顺序阀依靠系统中的压力变化来控制阀口的启、闭,进而控制液压系统中各执行元件动作的先后顺序。根据控制方式及泄漏油排放方式的不同,顺序阀可分为内控内泄式,可用作背压阀;内控外泄式、外控外泄式,可用作顺序阀;外控内泄式,可用作卸荷阀。按其结构形式划分有直动式和先导式两种:前者多用于低压系统,后者多用于中、高压系统。

1. 结构和工作原理

图 4-11 所示为一种 DZ 型先导式顺序阀的结构原理图。A 腔的压力油由通道 1 经阻尼孔 5 作用在先导阀 7 的控制活塞 6 左端,同时 A 腔压力油经阻尼孔 11 进入主阀芯 2 的上腔。当 A 腔压力高于调压弹簧 9 的调定值时,先导阀控制活塞向右移动,使控制台肩 8 控制的环形通口打开。于是主阀芯 2 上腔的油液经阻尼孔 4、控制台肩 8 和通道 3 流到 B 腔,由于阻尼孔 11 所产生的压降使主阀芯开启,将 A、B 腔接通。这里,使 A、B 腔接通的最低控制压力是由调压弹簧 9 的调定值决定的,但接通后,A 腔压力取决于液压系统的工作状态,此值可以远大于其调定值。由此可见,顺序阀是压力控制的阀,而溢流阀是控制压力的阀,且两者在结构上也存在区别。当 A、B 腔接通后,一般主阀芯 2 抬起到最高位置,故 A、B 腔压力几乎相等。由于 A、B 腔都是压力油,故调压弹簧腔的泄漏油必须由通道 Y 或 Y_1 在无背压下排回油箱。若要使油液从 B 腔向 A 腔流动,可采用单向阀与之并联的结构。

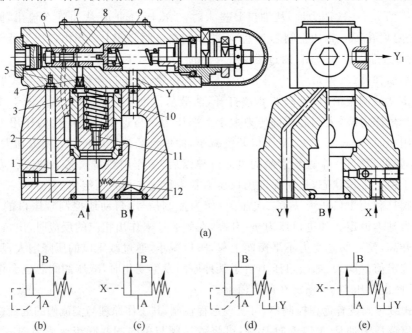

图 4-11 DZ 型先导式顺序阀

(a) 内控外泄式顺序阀结构示意图;(b) 内控内泄式;(c) 外控内泄式;(d) 内控外泄式;(e) 外控外泄式

1—通道;2—主阀芯;3、10—通道;4、5、11—阻尼孔;6—先导阀控制活塞;
7—先导阀;8—控制台肩;9—调压弹簧;12—单向阀

2. 顺序阀的应用

(1) 用以实现多缸的顺序动作。
(2) 使立式部件不因自重而下降的平衡回路。
(3) 用于压力油卸荷,作双泵供油系统中低压泵的卸荷阀。

4.4 流量控制阀

流量控制阀简称流量阀,它通过改变阀通流面积的大小来调节液阻和流量,以调节执行元件的运动速度。常用的流量控制阀有节流阀、调速阀、分流集流阀。对流量阀的主要要求:具有足够的流量调节范围,能获得较低的最小稳定流量,温度和压力变化对流量的影响要小,调节方便,泄漏小。

4.4.1 节流阀

节流口的流量特性取决于节流口的结构形式。根据第 1 章流体力学的有关孔口流量计算公式,考虑到实际产品中的节流口既不是薄壁孔也不是细长孔,故其流量特性介于薄壁孔和细长孔之间,可以综合地用下式表示

$$q = KA(\Delta p)^m \tag{4-6}$$

式中 K——由节流口形状、流液状态、油液性质等因素决定的系数,由实验得出;
Δp——节流口前后的压力差;
m——节流口指数,$m=0.5\sim 1$,薄壁小孔 $m=0.5$,细长小孔 $m=1$;
A——节流口的通流面积。

图 4-12 所示为节流口的流量特性曲线,OA 为 $m=1$ 时的曲线,OB 为 $m=0.5$ 时的曲线。一般节流口的特性曲线介于 OA 与 OB 之间。由式(4-6)节流口的流量是否稳定,与节流口前后的压力差、油温以及节流口结构形状等因素密切相关。

1) 压力对流量稳定性的影响

在使用中,当节流阀的通流面积调定后,由于负载的变化,节流口前后的压差 Δp 亦会变化,使流量不稳定。由式(4-6)可知,m 越大,Δp 的变化对流量的影响就越大,故节流口宜制成薄壁孔。

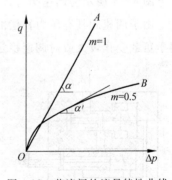

图 4-12 节流阀的流量特性曲线

2) 温度对流量稳定性的影响

油温的变化会引起黏度变化,从而对流量产生影响,这对细长小孔十分明显。

4.4.2 调速阀

调速阀实际上是一种进行了压力补偿的节流阀。它由定差减压阀和节流阀串联而成，由减压阀的自动平衡作用来进行压力补偿，使节流口前后压差 Δp 基本保持恒定，从而稳定所通过的流量。

图 4-13 是调速阀的工作原理图。压力为 p_1 的油液经减压口后，压力降为 p_2，并分成两路，一路经节流口去执行元件，另一路作用于减压阀阀芯的右端面（包括阀芯肩部环形面积）。压力为 p_2 的油液经节流口后降为 p_3，并将其引到减压阀芯有弹簧端左端。这样节流阀口前后的压力油分别引到定差减压阀阀芯的右端和左端。定差减压阀芯两端的作用面积 A 相等，设弹簧力为 F_s，则当减压阀阀芯处于稳态工作时，阀芯的力平衡方程为（忽略摩擦力等）

$$\begin{cases} p_3 A + F_s = p_2 A \\ p_2 - p_3 = \Delta p = \dfrac{F_s}{A} \end{cases} \tag{4-7}$$

这说明节流口前后压差 Δp 始终与减压阀阀芯的弹簧力相平衡而保持不变，即通过调速阀的流量不变。

定差减压阀在负载变化时进行压力补偿的过程如下：若负载增加，引起调速阀出口压力 p_3 增加，作用在减压阀阀芯左端的液压力增大，使减压阀阀芯失去力平衡而右移；于是减压口增大，通过减压口的压力损失减小，使 p_2 也增大；结果使 (p_2-p_3) 基本上未变，从而流量也不变。同理，若负载不变，而 p_1 发生变化，也可以使 (p_2-p_3) 基本不变。当然，从一个平衡状态转变到新的平衡状态时，会经过一个动态过程。

图 4-14 所示为调速阀与普通节流阀的流量特性比较。

由于调速阀具有压力补偿的功能，当负载变化时，能使其流量基本保持不变，所以它适用于负载变化较大或对调速稳定性要求较高的场合。

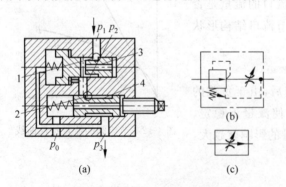

图 4-13 调速阀的工作原理图
1—减压口；2—节流口；3—减压阀部分；4—节流阀部分

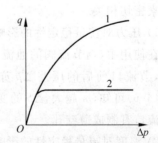

图 4-14 调速阀与普通节流阀的性能比较
1—节流阀；2—调速阀

4.5 伺服阀与比例阀

4.5.1 电液伺服与比例控制概述

1. 电液伺服与比例控制概念

电液伺服系统又称电液控制系统,是以电气信号为输入、以液压信号为输出构成的闭环控制系统。由于是电气和液压的结合,此系统可以充分发挥二者的优点。电气信号便于测量、转换、放大、处理和校正;而液压信号输出功率大、速度快,且其执行机构具有惯量小等优点。所以二者相结合所组成的电液控制系统具有控制精度高、响应速度快、信号处理灵活、输出功率大、结构紧凑、重量轻等优点,从而被广泛应用于航天、冶金、机床和军工部门等。

比例控制是实现元件或系统的被控量(输出)与控制量(输入或指令)之间线性关系的技术手段,依靠这一手段来保证输出量的大小按确定的比例随着输入量的变化而变化。它与伺服系统的区别主要表现在控制元件的应用范围、电-机械转换器、阀芯结构、加工精度、中位机能等方面,这里不再详细叙述。

2. 液压伺服与比例系统的工作原理

液压伺服系统是使系统的输出量,如位移、速度或力等,能自动、快速而准确地跟随输入量的变化而变化,与此同时,输出功率大幅度地放大。液压伺服系统的工作原理可由图 4-15 来说明。

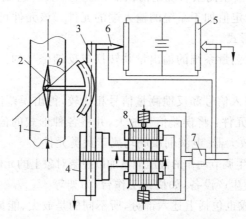

图 4-15 管道流量(或静压力)的电液伺服系统

1—流体管道;2—阀板;3—齿轮齿条;4—液压缸;5—给定电位计;6—流量传感器;7—放大器;8—电液伺服阀

图 4-15 所示为一个对管道流量进行连续控制的电液伺服系统。在大口径流体管道 1 中,阀板 2 的转角 θ 变化会产生节流作用而引起调节流量 q_T 的作用。阀板转动由液压缸带动齿轮、齿条来实现。这个系统的输入量是电位计 5 的给定值 x_i。对应给定值 x_i,有一定的电压输给放大器 7,放大器将电压信号转换为电流信号加到伺服阀的电磁线圈上,使阀芯

相应地产生一定的开口量 x_v。阀开口 x_v 使液压油进入液压缸上腔,推动液压缸活塞杆向下移动。液压缸下腔的油液经伺服阀流回油箱。液压缸活塞杆的向下移动,使齿轮、齿条带动阀板产生偏转。同时,液压缸活塞杆也带动传感器的触点下移 x_p。当 x_p 所对应的电压与 x_i 所对应的电压相等时,两电压之差为零。这时,放大器的输出电流亦为零,伺服阀关闭,液压阀带动的阀板停在相应的 q_T 位置。

在控制系统中,将被控对象的输出信号反馈到系统输入端,并与给定值进行比较而形成偏差信号以产生对被控信号的控制作用。反馈信号与被控信号相反,即总是形成差值,这种反馈称为负反馈。用负反馈产生的偏差信号进行调节,是反馈控制的基本特征。而在图 4-15 所示的实例中,电位器 6 就是反馈装置,偏差信号就是给定信号电压与反馈信号电压在放大器输入端产生的 Δu。

图 4-16 给出对应图 4-15 实例的方框图。

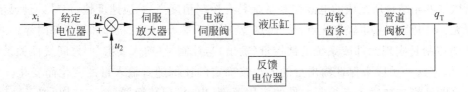

图 4-16 伺服系统实例方框图

液压比例控制系统的工作原理同液压伺服系统极为相似,只需把电液伺服阀换为电液比例阀即可,但比例控制的动态特性不如伺服系统,限于篇幅,这里不再详述。

3. 电液伺服与比例系统的组成

由上节的举例可见,液压伺服系统是由以下一些基本元件组成的。

(1) 输入元件:将给定值加于系统的输入端的元件。该元件可以是机械的、电气的、液压的或者是其他的组合形式。

(2) 反馈测量元件:测量系统的输出量并转换成反馈信号的元件。各种类型的传感器常用作反馈测量元件。

(3) 比较元件:将输入信号和反馈测量信号相比较,得出误差信号的元件。

(4) 放大、能量转换元件:将误差信号放大,并将各种形式的信号转换成大功率的液压能量的元件。电气伺服放大器、电液伺服阀均属于此类元件。

(5) 执行元件:将产生调节动作的液压能量加以控制对象上的元件,如液压缸和液压马达。

(6) 控制对象:各类生产设备,如机器工作台、刀架等。

比例控制元件的组成也包括上述六部分,所不同的是放大、能量转换元件为比例放大器和电液比例阀。

4.5.2 电液伺服阀

电液伺服阀既是电液转换元件,又是功率放大元件,它能把微小的电信号转换成大功率的液压能(流量和压力)输出,其性能的优劣对系统的影响很大。因此,电液伺服阀是电液控制系统的核心和关键。

1. 力反馈喷嘴挡板式电液伺服阀

力反馈式电液伺服阀的结构和原理如图 4-17 所示,无信号电流输入时,衔铁和挡板处于中间位置。这时喷嘴 4 两腔的压力 $p_a = p_b$,滑阀 7 两端的压力相等,滑阀处于零位。输入电流后,电磁力矩使衔铁 2 连同挡板偏转 θ 角。设 θ 角为顺时针偏转,则由于挡板的偏移使 $p_a > p_b$,滑阀向右移动。滑阀的移动通过反馈弹簧片又带动挡板和衔铁反方向旋转(逆时针),两个喷嘴的压力差又减小。在衔铁的原始平衡位置(无信号时的位置)附近,力矩马达的电磁力矩、滑阀两端压差通过弹簧片作用于衔铁的力矩以及喷嘴压力作用于挡板的力矩三者取得平衡,衔铁就不再运动。同时作用于滑阀的油压力与反馈弹簧的变形力相互平衡,滑阀在离开零位的一段距离上定位。这种依靠力矩平衡来决定滑阀位置的方式称为力反馈式。如果忽略喷嘴作用于挡板上的力,则马达电磁力矩与滑阀两端的不平衡压力所产生的力矩平衡,弹簧片也只是受到电磁力矩的作用。因此其变形,也就是滑阀离开零位的距离和电磁力矩成正比。同时由于力矩马达的电磁力矩和输入电流成正比,所以滑阀位移与输入电流成正比,也就是通过滑阀的流量与输入电流成正比,并且电流的极性决定液流的方向,这样便满足了电液伺服阀的要求。

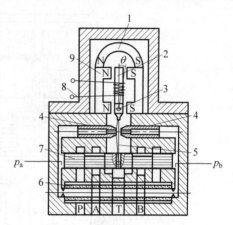

图 4-17 力反馈式电液伺服阀
的结构和原理图
1—永久磁铁;2—衔铁;3—扭轴;
4—喷嘴;5—弹簧片;6—过滤器;
7—滑阀;8—线圈;9—轭铁

由于采用了力反馈,力矩马达基本上在零位附近工作,只要求其输出电磁力矩与输入电流成正比(不像位置反馈中要求力矩马达衔铁位移和输入电流成正比),因此线性度易于达到。另外,滑阀的位移量在电磁力矩一定的情况下,取决于反馈弹簧的刚度,滑阀位移量便于调节,这给设计带来了方便。

采用了衔铁式力矩马达和喷嘴挡板的伺服阀结构极为紧凑,并且动特性好。但这种伺服阀工艺要求高,造价高,对于油的过滤精度的要求也较高,所以这种伺服阀适用于要求结构紧凑、动特性好的场合。

力反馈式电液伺服阀的方框图如图 4-18 所示。

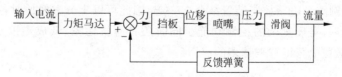

图 4-18 力反馈式电液伺服阀方框图

2. 射流管式电液伺服阀

图 4-19 是 MOOG 公司 D661-G 系列位移电反馈射流管式伺服阀的结构示意图,本书

以该阀为例介绍射流管阀的工作原理。

指令信号和反馈信号的差值通过电流负反馈放大器 3 放大作用在先导阀的力矩马达 1 上,如果差值不为零,这样产生的转矩驱动射流管 2 发生偏转,使得主阀芯 5 两端产生压降而发生移动。同时,位置反馈传感器 4 与主阀一起移动,传感器 4 的反馈杆的位移量与反馈电压成比例,反馈电压跟随指令电压变化达到相等,这时射流管不动,滑阀位置和指令信号成比例。

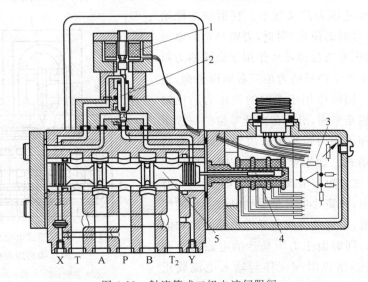

图 4-19 射流管式二级电液伺服阀
1—力矩马达;2—射流管;3—放大器;4—位置反馈传感器;5—主阀芯

这种阀适用于电液位置、速度、力、压力控制系统,也能胜任高动态响应要求的系统。它的先导阀部分是由力矩马达控制的射流管,主阀采用四边滑阀结构。

机械反馈式射流管伺服阀的阀芯上带有反馈弹簧杆(或板簧),弹簧杆的安装方式与力反馈式伺服阀相似。

4.5.3 电液比例阀

电液比例控制阀简称比例阀,由电-机械比例转换装置和液压阀本体两部分组成。前者将输入的电信号连续、按比例地转换为机械力或力矩输出,后者把这种力或力矩转化为液压参量。由于比例阀与电子控制装置结合在一起,因此可以十分方便地对各种输入、输出信号进行运算和处理,实现复杂的控制功能。同时还具有抗污染、低成本以及响应较快的特点,在液压控制工程中获得越来越多的应用。

1. 比例电磁铁

比例电磁铁是电液比例阀的关键部件,其作用是将电流信号按比例地转化为电磁力来推动阀芯位移。其结构图如图 4-20 所示。比例电磁铁是一种直流电磁铁,与普通换向阀用电磁铁的不同主要在于比例电磁铁的输出力与输入的线圈电流基本成比例。这一特性使比例电磁铁可作为液压阀中的信号给定原件。

目前,电液比例阀多采用行程控制型电磁铁。在行程控制型比例电磁铁中,线性位移传感器(差动变压器式)与衔铁相连,组成一个内部闭环控制回路,使电磁铁的行程得到准确地控制;同时其负载弹簧刚度小,故电磁铁的行程大,典型行程范围为3~5mm。行程控制型比例电磁铁可直接与小规格的方向阀、流量阀的滑阀相连,也可与压力锥阀相连。

比例电磁铁最大输入直流电压为24V,最大电流为800~1000mA,最大输出力为65~80N。比例电磁铁的特性曲线如图4-21所示,在一定有效行程内,其电磁力与输入电流成正比,与行程无关。

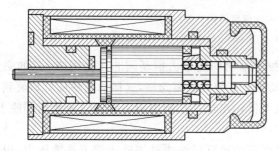
图4-20 比例电磁铁结构图

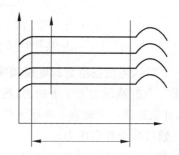
图4-21 比例电磁铁力-行程特性曲线

2. 电液比例压力阀

比例压力阀用来实现压力遥控,压力的升降随时可通过电信号加以改变。

工作系统的压力可根据生产过程的需要,通过电信号的设定值来加以变化,这种控制方式常称为负载适应控制。

比例控制阀中应用最多的是比例溢流阀和比例减压阀,由于控制功率的大小不同,分为直动式与先导式。直动式控制功率较小,通常控制流量为1~3L/min,低压力等级的最大可达10L/min。

1) 直动式电液比例溢流阀

直动式电液比例溢流阀与手调式直动溢流阀的功能完全一样,其区别是用比例电磁铁取代了调节手轮。改变该阀的输入电流便可连续、按比例地改变电磁铁的输出力,从而连续、按比例地改变主管路的压力 p。普通溢流阀通过更换不同刚度的调压弹簧来改变压力等级,而比例溢流阀却不能。由于比例电磁铁的推力是一定的,所以不同的压力等级要靠改变阀座的孔径来获得。这就使得不同压力等级时,其允许的最大溢流量也不同。根据压力等级的不同,最大溢流量为2~10L/min,阀的最大设定压力就是阀的额定工作压力,最低设定压力与溢流量有关。

图4-22所示为带力控制型比例电磁铁的直动式比例溢流阀。这种比例溢流阀用来限制系统压力或作为先导式压力阀的导阀,或作为比例泵的压力控制元件。直动式比例溢流阀主要由比例电磁铁1、阀体2、锥阀芯3和阀座4组成。锥阀芯的尾部有一段开有通油槽的异向圆柱。衔铁腔充满油液,实现了静压力平衡。

这种比例溢流阀的衔铁推杆和锥阀芯之间无弹簧,比例电磁铁的电磁力带动推杆直接作用在锥阀芯上,电流的变化和锥阀芯的位移成比例,而锥阀芯的位移和比例溢流阀的出口压力成比例。

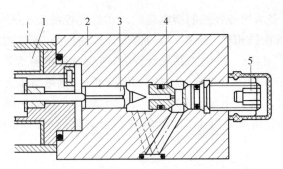

图 4-22 直动式比例溢流阀典型结构
1—比例电磁铁；2—阀体；3—锥阀芯；4—阀座；5—调节螺钉

P口压力根据给定的电压值来设定，推杆推出的指令力推动阀芯压紧阀座4。如果锥阀芯3上的液压力大于电磁力，则推杆推动锥阀芯使其脱离阀座，这样油液将从P口流到T口，并限制液压力提高。零输入情况下，放大器输出最小控制电流将锥阀芯压紧到阀座上，P口输出最小开启压力。

螺钉5调节阀的最小开启压力。衔铁尾部的推杆可在手动方式下调节系统压力，用于简单判断阀的故障。新阀使用前，通过比例电磁铁上的排气螺钉排出衔铁腔中的空气。带有集成放大器的阀，其功能与不带集成放大器的阀一样，只是放大器直接安装到比例电磁铁上，使用时按要求提供电源及控制电压即可。

2）先导式比例溢流阀

如图4-23所示，它属于带力控制型的比例电磁铁的比例溢流阀。这种阀是在两级同心式手调溢流阀结构的基础上，将手调直动式溢流阀更换为带力控制型的比例电磁铁的直动式比例溢流阀得到的。显然，除先导级采用比例压力阀外，其余与两级同心式普通溢流阀的结构相同，属于压力间接检测型的先导式比例溢流阀。

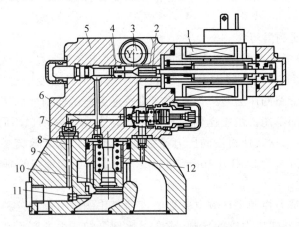

图 4-23 先导式比例溢流阀结构
1—线圈；2—锥阀；3—泄油口；4—先导座；5—先导阀体；6—控制腔阻尼孔；7—固定节流孔；
8—控制通道；9—主阀体；10—主阀芯；11—堵头；12—主阀芯复位弹簧

这种先导式比例溢流阀的主阀采用了两级同心式锥阀结构，先导式的回油必须通过泄油口3（Y口）单独直接回油箱，以确保先导阀回油背压为零。否则，如果先导阀的回油背压不为零(例如与主回油口接在一起),该回油压力就会与比例电磁铁的指令力叠加在一起,主回油压力的波动就会引起主阀压力的波动。

主阀进油口压力作用于主阀芯10的底部,同时也通过控制通道8(孔6、7)作用于主阀芯10的底部。当液压力达到比例电磁铁的推力时,先导锥阀2打开,先导油通过Y口流回油箱,并在孔6、7处产生压降,主阀芯因此克服弹簧12的力上升,接通A口及B口油路,系统多余流量通过主阀口流回油箱,压力因此不会继续升高。

这种比例溢流阀配置了手调限压安全阀,当电气或液压系统发生故障(如出现过大的电流,或液压系统出现过高的压力时),安全阀起作用,限制系统压力的上升。手调安全阀的设定压力通常比比例溢流阀调定的最大工作压力高10%以上。

3. 电液比例方向阀

1) 直动式比例方向阀

图 4-24 所示是最普通的直动式比例方向阀的典型结构。该阀采用四边滑阀结构,按节流原理控制流量。

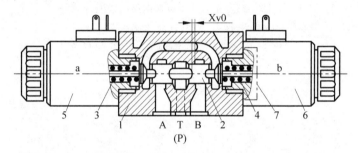

图 4-24 直动式比例方向阀
1—阀体;2—控制阀芯;3、4—弹簧;5、6—电磁铁;7—丝堵

工作原理:电磁铁5和电磁铁6不带电时,弹簧3和弹簧4将控制阀芯2保持在中位。比例电磁铁得电后,直接推动控制阀芯2,例如,电磁铁b(6)得电,控制阀芯2被推向左侧,压在弹簧3上,位移与输入电流成比例。这时,P口至A口及B口至T口通过阀芯与阀体形成的节流通道。电磁铁6失电,控制阀芯2被弹簧3重新推回中位。弹簧3和弹簧4有两个任务:①电磁铁5和6不带电时,将控制阀芯2推回中位;②电磁铁5或6得电时,其中一个作为力-位移传感器,与输入电磁力相平衡,从而确定阀芯的位置。

2) 先导式比例方向阀

和普通换向阀一样,大通径的比例方向阀由于主阀芯运动的操纵力很大,也采用先导式控制结构。一般10通径以上采用先导式。图 4-25 所示的先导式比例方向阀中的先导阀是由比例电磁铁操纵的压力控制阀(三通减压阀)。

利用先导阀能够与输入电流成比例地改变油口A或B的压力,也就是改变图 4-25 中主阀芯6两端的先导腔压力。如果比例电磁铁1通电,则控制阀芯4右移。这时先导油通过从内部油口P或从外部经油口X,再经先导阀进入先导腔8并推动主阀芯6克服对中弹簧7左移,阀芯台肩上的控制沟槽逐渐打开,主油路油液从油口P流油口A。主阀芯的位移与先导腔压力成比例,从而与输入电流成比例。比例方向阀提供两个方向上同时节流,阀芯最终设定位置由输入信号的水平确定。阀芯的响应速度直接与执行机器的加速度成比例。它可借助于比例放大器的斜坡信号发生电路来调整。

先导式比例方向阀主要用于大流量(50L/min 以上)的场合。较常用的是二级阀,也有三级阀,主要用于特大流量场合。

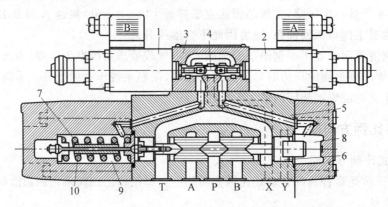

图 4-25　先导式比例换向阀结构图
1、2—比例电磁铁；3—先导阀；4—控制阀芯；5—主阀；
6—主阀芯；7—弹簧；8—先导腔；9—主阀腔；10—连杆

第 5 章

液压辅助元件

液压传动系统中的辅助元件,如蓄能器、过滤器、油箱、热交换器、压力继电器、压力表及压力表辅件、管件、密封件等,都是系统中不可缺少的组成部分,对系统的动态性能、工作稳定性、工作寿命、噪声和温升等都有直接影响,必须予以重视。其中油箱需根据系统要求自行设计,其他辅助装置则做成标准件,供设计时选用。

5.1 蓄 能 器

5.1.1 蓄能器的功能

在液压传动系统中,蓄能器用来储存和释放液体的压力能。它的基本作用是,当系统的压力高于蓄能器内液体的压力时,系统中的液体充进蓄能器中,直到蓄能器内外压力相等;反之,当蓄能器内液体的压力高于系统的压力时,蓄能器内的液体流到系统中去,直到蓄能器内外压力平衡。因此,蓄能器可以在短时间内向系统提供压力液体,也可以吸收系统的压力脉动和减小压力冲击等。

5.1.2 蓄能器的类型

如图 5-1 所示,蓄能器的结构形式主要有重力式、弹簧式、活塞式等类型。

1. 弹簧式蓄能器

弹簧式蓄能器的结构如图 5-2 所示。它利用弹簧的压缩和伸长来储存和释放压力能,弹簧 2 和压力油之间由活塞 3 隔开。它的结构简单,反应尚还灵敏。但容量小,易内泄并有压力损失,不适于高压和高频动作的场合,一般可用于小容量、低压($p<12$MPa)系统,用作蓄能和缓冲。

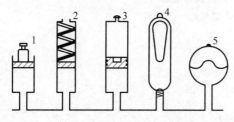

图 5-1　各种形式蓄能器
1—重力式;2—弹簧式;3—活塞式;4—气囊式;5—薄膜式

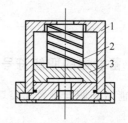

图 5-2　弹簧式蓄能器
1—壳体;2—弹簧;3—活塞

2. 充气式蓄能器

充气式蓄能器是利用密封气体的压缩膨胀来储存、释放能量的,主要有气瓶式、活塞式和气囊式三种。

1) 气瓶式蓄能器

如图 5-3(a)所示,这种蓄能器又叫直接接触式蓄能器。气体 1 和油液 2 在蓄能器中是直接接触的。它的特点是容量大,但由于气体容易混入油液中,影响系统工作的平稳性,而且耗气量大,需经常补气,因此仅适用于中、低压大流量的液压系统。

2) 活塞式蓄能器

如图 5-3(b)所示,蓄能器中的气体 1 与油液 3 由一个浮动的活塞 2 隔开。活塞的上部为压缩空气,气体由气阀充入,其下部经油孔通向系统。活塞随下部压力油的储存和释放而在缸筒内来回滑动。为防止活塞上下两腔互通而使气液混合,在活塞上装有 O 形密封圈。这种蓄能器结构简单,工作可靠、寿命长,主要用于大流量;但因活塞有一定的惯性和 O 形密封圈存在较大摩擦力,所以反应不够灵敏。因此只适用于储存能量,或在中、高压系统中吸收压力脉动。另外,密封件磨损后,会使气液混合,影响系统的工作稳定性。

3) 气囊式蓄能器

这种蓄能器目前应用得最为广泛,其结构如图 5-3(c)所示。它主要由充气阀 1、壳体 2、气囊 3 和进油阀 4 组成。气体和油液由气囊隔开,气囊用耐油橡胶制成,固定在耐高压的壳体上部,气囊内充入惰性气体(一般为氮气)。壳体下端的进油阀是一个用弹簧加载的菌形阀,它能使油液进出蓄能器时气囊不会挤出油口。充气阀在蓄能器工作前为气囊充气,充气完毕将自动关闭。另外,充气阀处可作检查气囊内气压大小的接表口。这种蓄能器的结构保证了气液的密封可靠,其主要特点是气囊惯性小,反应灵敏,结构尺寸小,安装容易,克服了活塞式蓄能器的缺点,因此,它的应用广泛,但工艺性较差。

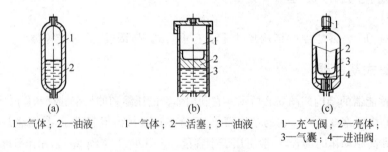

(a)   (b)   (c)

1—气体;2—油液   1—气体;2—活塞;3—油液   1—充气阀;2—壳体;3—气囊;4—进油阀

图 5-3 充气式蓄能器
(a) 气瓶式;(b) 活塞式;(c) 气囊式

3. 蓄能器的职能符号

蓄能器的职能符号如表 5-1 所示。

表 5-1　蓄能器的职能符号

蓄能器一般符号	气体隔离室	重力式	弹簧式
⬭	⬭	⬭	⬭

5.1.3　蓄能器的应用

蓄能器在液压系统中的用途很多,主要有辅助动力源、漏损补偿、应急动力源、系统保压、脉动阻尼器及液压冲击吸收器等。

1. 辅助动力源与应急动力源

蓄能器最常见的用途是作为辅助动力源。图 5-4 所示为压力机液压系统。在工作循环中,当液压缸慢进和保压时,蓄能器把液压泵输出的压力油储存起来,达到设定压力后,卸荷阀打开,泵卸荷;当液压缸在快速进退时,蓄能器与泵一起向液压缸供油,完成一个工作循环。这里,蓄能器的容量要选成其提供的流量加上液压泵的流量能够满足工作循环的流量要求,并能在循环之间重新充够油液。因此,在系统设计时可按平均流量选用较小流量规格的泵。

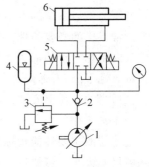

图 5-4　蓄能器作辅助动力源
1—液压泵；2—单向阀；3—卸荷阀；
4—蓄能器；5—换向阀；6—液压缸

当液压系统工作时,由于泵或电源的故障,液压泵突然停止供油,会引起事故。对于重要的系统,为了确保工作安全,就需用一适当容量的蓄能器作为应急动力源。图 5-6 所示为用蓄能器作应急动力源的液压系统,当液压泵突然停止供油时,蓄能器便将其储存的压力油放出,使系统继续在一段时间内获得压力油。

2. 保压装置

应用蓄能器使液压系统保持压力,从而使液压泵卸荷以降低功率的消耗。图 5-5(a)和(b)所示为这种回路,系统的压力可由蓄能器来保持。当系统压力达到所需的数值时,通过压力继电器 A 使液压泵卸荷,或通过顺序阀 C 控制二位二通阀 B 和卸荷溢流阀使液压泵卸荷。

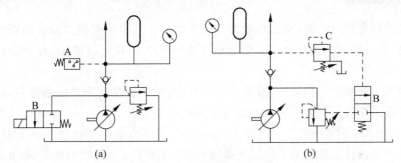

图 5-5　蓄能器作保压装置

3. 吸收压力脉动和液压冲击

在液压系统中安装蓄能器,可以吸收和减小压力脉动峰值,这是防止振动与噪声的措施之一。高压、大流量管路内,若在靠近快速关闭的阀门的管路上安装蓄能器,能够使液体的流速变化减小,冲击压力得到缓冲,从而消除系统中的管路和工作元件遭受损坏的危险。图 5-6 所示为装有作为吸收冲击用蓄能器回路。

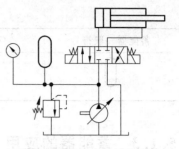

图 5-6 吸收冲击用的蓄能器

5.2 过滤器与热交换器

液压与气压系统的大多数故障是由于介质被污染而造成的,因此,保持工作介质清洁是系统正常工作的必要条件。油液中的污染物会使液压动力元件、液压执行元件和液压控制元件等内部相对运动部分的表面划伤,加速磨损或卡死运动件,堵塞阀口,腐蚀元件,使系统工作可靠性下降,寿命降低。如果杂质将节流阀口或溢流阀阻尼孔堵塞,则会造成系统故障。在适当的部位上安装过滤器可以截留油液中不可溶的污染物,使油液保持清洁,保证液压系统正常工作。

过滤器的主要性能指标是过滤精度。过滤器的过滤精度是指其能从油液中过滤掉的杂质颗粒尺寸大小。过滤器按过滤精度可以分为粗过滤器、普通过滤器和精过滤器。

液压系统所要求的油液过滤精度是杂质的颗粒尺寸小于液压元件运动表面间隙,这样就可以避免杂质颗粒使运动件卡住或者急剧磨损。另外,杂质颗粒尺寸应该小于液压系统中节流孔或缝隙的最小间隙,以免造成堵塞。

5.2.1 过滤器的类型和结构

在液压系统中,常见的过滤器按滤芯的材料和结构形式的不同可分为网式、线隙式、纸芯式、烧结式及磁性过滤器等;按过滤器的连接方式可分为管式、法兰式和板式等;按过滤器安放的位置不同,还可以分为吸滤器、压滤器和回油过滤器。

1. 网式过滤器

网式过滤器为粗过滤器,其结构如图 5-7 所示。在周围开有很多窗孔的塑料或金属筒形骨架上,包着一层或两层铜丝网。过滤精度由网孔大小和层数决定,有 $80\mu m$、$100\mu m$ 和 $180\mu m$ 三个等级。

由于网式过滤器阻力损失小,过滤精度不高,通常安装在液压泵的吸油口,以防止较大的杂质颗粒进入泵内。目前常用的网式过滤器网孔直径为 $0.08\sim0.18mm$ 时,其压力损失不超过 $0.025MPa$;网孔直径为 $0.13\sim0.4mm$ 时,其压力损失不超过 $0.004MPa$。应选择过滤通流能力是液压泵流量的 2 倍以上的过滤器,以保证液压泵吸油充分,防止液压泵泵口吸油阻力过大而产生气蚀。

网式过滤器结构简单、清洗方便、通油能力大,但过滤精度低,常用于吸油管路作吸滤器,对油液进行粗滤。

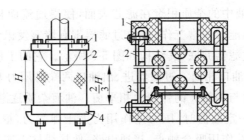

图 5-7 网式过滤器
1—上盖;2—铜丝网;3—骨架;4—下盖

2. 纸质过滤器

纸质过滤器又称纸芯式过滤器,目前应用得最为广泛,其结构如图 5-8 所示。它的结构与线隙式过滤器基本相同,只是滤芯采用了纸芯。纸芯由厚为 0.35~0.7mm 的平纹或皱纹的酚醛树脂或木浆微孔滤纸组成。为了增大滤芯强度,滤芯一般分为三层,外层采用粗眼钢板网,中层为纸质滤芯,折叠成图 5-8(b)所示形状以增大过滤面积,里层由金属丝网与滤纸一并折叠在一起。滤芯的中央还装有支承弹簧。这样就提高了滤芯强度,延长了寿命。纸质过滤器的过滤精度高(5~30μm),通常有 0.1mm 和 0.02mm 两种。其压力损失为 0.01~0.04MPa,可在高压(38MPa)下工作。由于较小的壳体中可装入表面积很大的滤纸芯,因此,其结构紧凑、通油能力大,一般配备壳体后用作压滤器。其缺点是无法清洗,为一次性使用,需经常更换滤芯。

纸质过滤器的滤芯能承受的压力差较小(0.35MPa),为了保证过滤器能正常工作,不致因杂质逐渐聚积在滤芯上引起压差增大而压破纸芯,故过滤器顶部装有堵塞状态发讯装置。

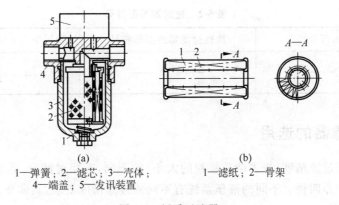

1—弹簧;2—滤芯;3—壳体;
4—端盖;5—发讯装置

1—滤纸;2—骨架

图 5-8 纸质过滤器
(a)过滤器结构图;(b)过滤器纸芯

3. 过滤器发讯装置

过滤器长期工作,油液中的杂质积聚在滤芯表面,使得通流面积逐渐减小,通流阻力逐渐上升。为了保证过滤器能够正常工作,需要过滤器带有堵塞发讯装置。

过滤器发讯装置与过滤器并联,其结构如图 5-9 所示。它的工作原理是其 P_1 口与过滤器进油口相通,P_2 口与出油口相通。过滤器进、出油口两端的压力差 $\Delta p(=p_1-p_2)$ 与发讯装置的活塞 2 上的作用力与弹簧 5 的弹簧力相平衡。油液杂质逐渐堵塞过滤器,使 p_1 压力上升,当压力差 Δp 达到一定数值时,压力差作用力大于弹簧力,推动活塞及永久磁铁 4 右移。这时,干簧管 6 受磁性作用吸合触点,接通电路,使接线柱 1 连接的电路报警,提醒操作人员更换滤芯。电路上若增设延时继电器,还可在发讯一定时间后实现自动停机保护。通常,过滤器堵塞报警压力差值为 0.3MPa 左右。

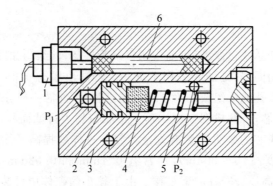

图 5-9 过滤器发讯装置
1—接线柱;2—活塞;3—阀体;4—永久磁铁;5—弹簧;6—干簧管

4. 过滤器的图形符号

根据国家标准,过滤器的图形符号如表 5-2 所示。

表 5-2 过滤器图形符号

一般图形符号	磁性过滤器的图形符号	带污染指示过滤器的图形符号

5.2.2 过滤器的选用

过滤器按其过滤精度(滤去杂质颗粒的大小)的不同,有粗过滤器、普通过滤器、精密过滤器和特精过滤器四种。不同的液压系统有不同的过滤精度要求,具体要求见表 5-3。

表 5-3 各种液压系统的油液清洁度要求

系统类型	润滑系统	传动系统			合服系统
工作压力 p/MPa	0~2.5	<14	14~32	<32	≤21
精度 d/μm	≤100	25~50	≤25	≤10	≤5

过滤器的选用应考虑下列因素：

(1) 有足够的过滤能力。过滤能力即一定压降下允许通过过滤器的最大流量。不同类型的过滤器可通过的流量值有一定的限制，需要时可查阅有关样本和手册。

(2) 能承受一定的工作压力。过滤器壳体耐压能力应能承受其所在管路的工作压力。液压系统中的管路工作压力各有不同，应根据工作压力选取相应的过滤器。

(3) 有足够的过滤精度。过滤精度是指通过滤芯的最大坚硬颗粒的大小，以其直径 d 的公称尺寸(单位 μm)表示。其颗粒越小，精度越高。精度分粗($d \geqslant 100\mu m$)、普通($10\mu m \leqslant d < 100\mu m$)、精($5\mu m \leqslant d < 10\mu m$)和特精($1\mu m \leqslant d < 5\mu m$)四个等级。

(4) 过滤器材质与液压介质的相容性。如果过滤器材质在工作介质的温度和热作用下出现软化和熔融，或者在酸、碱及其他化学制剂影响下出现变质(如变脆、发胀、软化、分解)，则过滤器材质与该种液压介质不相容。为保证过滤器的正常工作，必须根据液压介质的种类选择与之相容的过滤材质。过滤器材质与液压介质的相容性可参照国际标准(ISO 2943)的规定进行验证。

(5) 过滤器滤芯应易于清洗和更换。

(6) 在一定的温度下，过滤器应有足够的耐久性。

5.2.3 过滤器的安装

在液压系统中，过滤器的作用与其在管路中的安装位置有关。通常有以下几种情况。

1. 安装在泵的压油管路上

如图 5-10(a)所示，这种安装方式主要用来滤除可能侵入阀类元件的污染物，保护除泵以外的其他液压元件。一般采用 $10 \sim 15 \mu m$ 过滤精度的过滤器。由于过滤器在高压下工作，壳体应能承受系统工作压力和冲击压力。过滤阻力不应超过 0.35MPa，以减小因过滤所引起的压力损失和滤芯所受的液压力，并应有安全阀或堵塞状态发讯装置，以防泵过载和滤芯损坏。为了防止过滤器堵塞时引起液压泵过载或滤芯裂损，可在压力油路上设置一旁通阀，其阀的开启压力应略低于过滤器滤芯的最大允许压差。

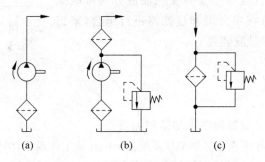

图 5-10　过滤器的安装位置
(a) 在泵的压油管路上；(b) 在回油管路上；(c) 在泵的吸油管路上

2. 安装在回油管路上

如图 5-10(b)所示,这种安装方式可滤去油液流入油箱以前的污染物,为泵提供清洁的油液。由于回油路上压力低,可采用强度和刚度较低但过滤精度较高的精过滤器回油滤油,并允许过滤器有较大的压力降,保证油箱回油的清洁,间接地保护了系统。与过滤器并联的溢流阀起着旁通阀的作用,也可简单地并联一单向阀作为安全阀,以防堵塞或低温启动时高黏度油液流过过滤器所引起的系统压力的升高。

3. 安装在系统的分支油管路上

当泵流量较大时,若仍采用上述各种油路过滤,过滤器可能过大。为此可在只有泵流量 20%～30%左右的支路上安装一小规格过滤器,对油液起滤清作用。

4. 安装在泵的吸油管路上

如图 5-10(c)所示,这种安装方式主要用来保护泵不致吸入较大的机械杂质,一般都采用过滤精度较低的粗过滤器或普通精度过滤器。因为泵从油箱吸油,为了不影响泵的吸油性能,吸油阻力应尽可能小,否则将造成液压泵吸油不畅或出现空穴现象并产生强烈噪声。这时过滤器的通油能力应大于液压泵流量的 2 倍以上,压力损失不得超过 $0.01 \sim 0.035 \mathrm{MPa}$。

5. 单独过滤系统

单独过滤系统是由专用液压泵和过滤器单独组成一个独立于液压系统之外的过滤回路,用于滤除油液中的杂质,以保护主系统。过滤系统连续运转,可以滤掉油箱中油液的杂质,适用于大型机械设备中的液压系统,如图 5-11 所示,滤油车也可起此作用。研究表明,在压力和流量波动下,过滤器的功能会大幅度降低,单独的过滤回路不受系统压力的影响,故过滤效果较好。

安装过滤器时应注意,一般过滤器只能单向使用,进出油口不可反用。因此,过滤器不要安装在液流方向可能变换的油路上。必要时可将单向阀和过滤器进行组合,来组成可以进行双向过滤的过滤装置。

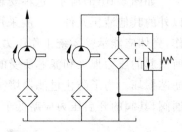

图 5-11 单独过滤系统

5.2.4 热交换器

在液压系统中,热交换器包括冷却器和加热器。

冷却器和加热器的作用在于控制液压系统油液的正常工作温度,保证液压系统的正常工作。液压系统工作时,动力元件和执行元件的容积损失和机械损失、控制调节元件和管路的压力损失以及液体摩擦损失等消耗的能量几乎全部转化为热量。这些热量将使液压系统油温升高。如果油液温度过高,将严重影响系统的正常工作。液压系统的工作温度一般希望保持在 30～50℃的范围之内,最高不超过 65℃,最低不低于 15℃。液压系统如依靠自然冷却仍不能使油温控制在上述范围内时,需使用冷却器对油液进行降温。

液压系统工作前,如果油液温度低于 10℃,油液黏度较大,会使液压泵吸油困难。为保证系统正常工作,必须设置加热器以提高油液温度。

1. 冷却器

根据冷却介质的不同,冷却器分为水冷和风冷两类。

1) 水冷式冷却器

水冷式冷却器分为蛇形管式、多管式和板式等形式。

多管式冷却器的结构如图 5-12 所示,它主要由外壳 1、挡板 2、铜管 3 和隔板 4 等部件组成。工作时,冷却水从管内通过,高温油从壳体内管间流过形成热交换。隔板将铜管束分成两部分,使冷却水每次只能从一部分管子通过,待流到一端后,再进入另一部分管子流出,这样可以增大冷却水的流速,提高水的传热效率。为了增加油液在管间的流动速度,提高油的传热效率,使油液得到充分的冷却,还设置了适当数量的挡板,挡板与铜管垂直安装。这种冷却器由于采用强制对流的方式,散热效率较高、结构紧凑,因此应用较普遍。近来出现一种翅片管式冷却器,水管外面增加了许多横向或纵向的散热翅片,大大扩大了散热面积,改善了热交换效果。图 5-13 所示为翅片管式冷却器的一种形式,它是在圆管或椭圆管外嵌套上许多径向翅片,其散热面积可达光滑管的 8~10 倍。椭圆管的散热效果一般比圆管更好。

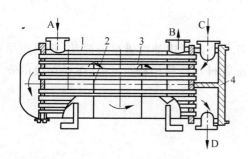

图 5-12 多管式冷却器
1—外壳;2—挡板;3—铜管;4—隔板;
A—进油;B—出油;C—进水;D—出水

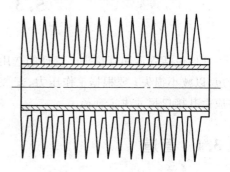

图 5-13 翅片管式冷却器

2) 风冷式冷却器

风冷式冷却器适用于缺水或不使用水的液压装置,如工程机械等。冷却方式可采用风扇强制吹风冷却,也可采用自然风冷却。风冷式冷却器有管式、板式、翅管式和翅片式等形式。这里仅介绍翅片式风冷却器。

图 5-14 所示为翅片式风冷却器,每两层通油板之间设置波浪形的翅片板,因此可以大大提高传热系数。如果加上强制通风,冷却效果将更好。它的结构紧凑,体积小,但易堵塞,难清洗。

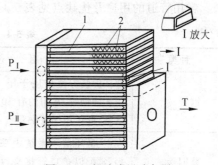

图 5-14 翅片式风冷却器
1—通油板;2—翅片

冷却器通常安装在液压系统的回油路上，这样可以对已经发热的油在回油箱之前进行冷却。另外，也有单独设一台泵仅供冷却器换热用的安装形式。

2. 加热器

在严寒地区使用液压设备，开始工作时油温低，启动困难，效率也低，所以必须将油箱中的液压油加热。对于需要油温保持稳定的液压实验设备、精密机床等液压设备要求在恒温下工作，也必须在开始工作之前，把油温提高到一定值。加热器的安装方式如图 5-15 所示，它用法兰盘水平安装在油箱侧壁上，发热部分全部浸在油液内，加热器应安装在油液流动处，以利于热量的交换。这种加热器结构简单，可根据最高和最低使用油温实现自动调节。电加热器的加热部分必须全部浸入油中，最好横向水平安装在油箱侧壁，避免因蒸发使油面降低时加热器表面露出油面。由于油液是热的不良导体，所以应注意油的对流。

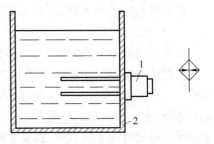

图 5-15　电加热器的安装
1—电加热器；2—油箱

5.3　管　　件

管件包括管道和管接头。管件的选用原则是要保证油管中油液做层流流动，管路应尽量短，以减小损失；要根据工作压力、安装位置确定管材与连接结构；与泵、阀等连接的管件应由其接口尺寸决定管径。

5.3.1　管道

1. 管道的种类及用途

液压传动系统常用的管道分为金属管、橡胶软管两大类。金属管包括无缝钢管、紫铜管等；橡胶软管由钢丝编织缠绕橡胶制成管。

常用管道的用途及优缺点见表 5-4。

表 5-4　管子材料及应用场合

种类	用　　途	优 缺 点
钢管	常在拆装方便处用于压力管道。中压以上用无缝钢管，常用的有 10 号、15 号冷拔无缝钢管，低压用焊接钢管	能承受高压、耐油、抗腐、不易氧化、刚性好、价格低廉，但装配时不易弯曲成形
紫铜管	在中、低压液压系统中采用，机床中应用较多，常配以扩口管接头，可用于仪表和装配不方便的场合	装配时弯曲方便，价高、抗振能力差，易使液压油氧化，但易弯曲成形

续表

种类	用 途	优 缺 点
橡胶软管	高压软管是由耐油橡胶夹以1～3层钢丝编织网或钢丝缠绕层做成,适用于中、高压液压系统。低压胶管由耐油橡胶夹帆布制成,用于回油管道	用于相对运动间的连接,分高压和低压两种。装接方便,能减轻液压系统的冲击,价贵,寿命低

2. 管道尺寸的确定

液压系统油管的选择与计算主要是计算管道的内径和壁厚。

1) 液压油管内径的确定

油管的内径是根据管内允许流速和所通过的流量来确定的,即

$$d = \sqrt{\frac{4q}{\pi v_0}} \tag{5-1}$$

式中 d——油管内径,mm;

q——通过油管的流量,m^3/s;

v_0——油管中允许流速,m/s。

在吸油管道内液体的流速取 $v_0 \leqslant 1.5$m/s,在压力管道内的流速取 $v_0 \approx 5$m/s 为宜,回油管道内液体的流速取 $v_0 \leqslant 2.5$m/s。

由计算所得的油管内径,应按标准管径尺寸相近的油管进行圆整。

2) 液压油管壁厚的计算

管子的壁厚可按下式计算:

$$\delta = \frac{pd}{2[\sigma]} \tag{5-2}$$

式中 δ——油管内径,mm;

d——油管中允许流速,mm;

p——管内油液的最大工作压力,MPa;

$[\sigma]$——许用应力 σ,MPa。

对钢管

$$[\sigma] = \frac{\sigma_b}{n} \tag{5-3}$$

式中 σ_b——材料抗拉强度,MPa;

n——安全系数;当 $p<7$MPa 时,取 $n=8$;$p \leqslant 17.5$MPa 时,取 $n=6$;$p>17.5$MPa 时,取 $n=4$。

对铜管

$$[\sigma] \leqslant 25 \text{MPa} \tag{5-4}$$

选择管子壁厚时,还应考虑到加工螺纹对管子强度的影响。

3. 安装要求

管道的安装要求如下:

(1) 管道应尽量短,最好横平竖直,转弯少。为避免管道皱褶,减少压力损失,管道装配时的弯曲半径要足够大(见表5-5)。管道悬伸较长时要适当设置管夹。

表 5-5 硬管装配时允许的弯曲半径

管子外径 D/mm	10	14	18	22	28	34	42	50	63
弯曲半径 R/mm	50	70	75	80	90	100	130	150	190

(2) 管道尽量避免交叉,平行管间距要大于100mm,以防接触振动并便于安装管接头。

(3) 软管直线安装时要有30%左右的余量,以适应油温变化、受拉和振动的需要。弯曲半径要大于9倍的软管外径,弯曲处到管接头的距离至少等于6倍外径。

5.3.2 管接头

管接头是管道和管道、管道和其他元件(如泵、阀和集成块等)之间的可拆卸连接件。管接头与其他元件之间可采用普通细牙螺纹连接或锥螺纹连接(多用于中低压)。

1. 硬管接头

按管接头和管道的连接方式分类,硬管接头有焊接式管接头、卡套式管接头和扩口式管接头三种。

1) 焊接式管接头

焊接式管接头如图5-16所示,它是把相连管的一端与管接头的接管1焊接在一起,通过螺母2将接管1与接头体4压紧。接管与接头体间的密封方式有球面与锥面接触密封和平面加O形圈密封两种形式,前者有自位性,安装时位置要求不很严格,但密封可靠性稍差,适用于工作压力不高的液压系统(约8MPa以下的系统);后者可用于高压系统。接头体与液压件的连接,有圆锥螺纹和圆柱螺纹两种形式,后者要用组合垫圈加以密封。焊接管接头制造工艺简单,工作可靠,安装方便,对被连接的油管尺寸及表面精度要求不高,工作压力可达32MPa以上,是目前应用最广泛的一种形式。

2) 卡套式管接头

卡套式管接头如图5-17所示,它由接头体4、卡套2和螺母3这三个基本零件组成。卡套是一个在内圆端部带有锋利刃口的金属环,刃口的作用是在装配时切入被连接的油管面起连接和密封作用。这种管接头轴向尺寸要求不严,拆装方便,不需焊接或扩口;但对油管的径向尺寸精度要求较高。采用冷拔无缝钢管,使用压力可达32MPa。油管外径一般不超过42mm。

3) 扩口式管接头

扩口式管接头如图5-18所示,它适用于铜、铝管或薄壁钢管。接管1穿入导套2后扩成喇叭口(约74°~90°),再用螺母3把导套连同接管一起压紧在接头体4的锥面上形成密封。

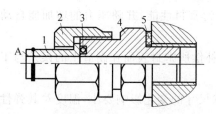
图 5-16　焊接式管接头
1—接管；2—螺母；3—O 形圈；
4—接头体；5—组合垫圈；A—焊接处

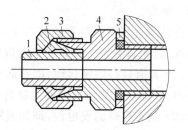
图 5-17　卡套式管接头
1—接管；2—卡套；3—螺母；
4—接头体；5—组合垫圈

2. 胶管接头

胶管接头有可拆式和扣压式两种，各有 A、B、C 三种类型。随管径不同可用于工作压力在 6～40MPa 的系统。扣压式管接头是高压胶管接头常用的一种形式。图 5-19 所示为 A 型扣压式胶管接头，装配时须剥离外胶层，然后在专门设备上扣压而成，它由接头外套和接头芯组成。软管装好再用模具扣压，使其具有较好的抗拔脱和密封性能。

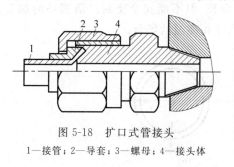
图 5-18　扩口式管接头
1—接管；2—导套；3—螺母；4—接头体

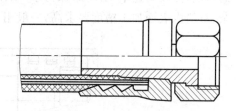
图 5-19　扣压式胶管接头

5.4　密封装置

密封是保证液压系统正常工作的最基本也是最重要的装置。密封装置主要用来防止液体的泄漏。良好的密封是液压系统能够传递动力、正常工作的保证。如果密封不好，将会造成系统和元件的泄漏加大，使系统压力和容积效率降低，浪费能量，严重时将导致系统不能正常工作。对于液压系统，密封不良导致油液外泄污染环境，因此正确地使用密封装置是非常重要的。

根据两个需要密封的耦合面间有无相对运动，可把密封分为动密封和静密封两大类。常用的液压系统密封材料有以下几种：

(1) 丁腈橡胶是一种最常用的耐油橡胶，具有良好的弹性与耐磨性，工作温度一般为 −20～100℃，有一定的强度，摩擦系数较大。

(2) 聚氨酯的耐油性能比丁腈橡胶好，既具有高强度又具有高弹性。拉断强度比一般橡胶高。它有很好的耐磨性，目前被广泛用作动密封的密封材料，适用温度范围为

$-30\sim90$℃。

设计或选用密封装置的基本要求是具有良好的密封性能,并随压力的增加能自动提高密封性,对密封装置的具体要求可以概括为:

(1) 具有良好的密封性,即有适宜的弹性,能补偿所密封表面在制造上的误差与工作中的磨损,并随压力的增大自动地提高密封程度。

(2) 具有良好的安定性,即油液浸泡对其形状尺寸的变化影响要小,温度对其弹性和硬度的变化影响也要小。

(3) 摩擦力小,运动灵活,工作寿命长。

(4) 结构简单,制造、使用、维修简便。

5.4.1 常见的密封方法

1. 活塞环密封

活塞环密封依靠装在活塞环形槽内的弹性金属环紧贴缸筒内壁实现密封,如图5-20所示。它的密封效果比间隙密封好,适用的压力和温度范围很宽,能自动补偿磨损和温度变化的影响,能在高速中工作,摩擦力小,工作可靠,寿命长,但不能完全密封。活塞环的加工复杂,缸筒内表面加工精度要求高,一般用于高压、高速和高温的场合。

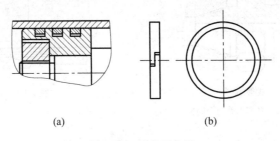

图 5-20 活塞环密封
(a) 活塞环的安装;(b) 活塞环

2. 密封圈密封

密封圈密封是液压系统中应用最广泛的一种密封方法。密封圈有 O 形、V 形、Y 形及组合式等几种,其材料为耐油橡胶、尼龙等。

5.4.2 密封件的类型

1. O 形密封圈

O 形密封圈的截面为圆形,具有结构简单、截面尺寸小、密封性能好、摩擦系数小、容易制造等特点,主要用于静密封和滑动密封(转动密封用得较少)。其结构简单紧凑,摩擦力较其他密封圈小,安装方便,价格便宜,可在 $-40\sim120$℃温度范围内工作。但与唇形密封圈(如 Y 形圈)相比,其寿命较短,密封装置机械部分的精度要求高,启动阻力较大。O 形圈的使用速度范围为 0.005～0.3m/s。

O 形圈密封原理如图 5-21 所示。O 形圈装入密封槽后,其截面受到压缩后变形。在无压力时,靠 O 形圈的弹性对接触面产生预接触压力,实现初始密封;当密封腔充入压力工作介质后,在压力的作用下,O 形圈挤向沟槽一侧,密封面上的接触压力上升,提高了密封效果。

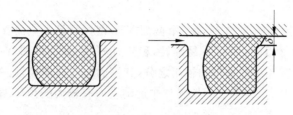

图 5-21 O 形圈密封原理

任何形状的密封圈在安装时,必须保证适当的预压缩量,过小不能密封,过大则摩擦力增大,且易于损坏。因此,安装密封圈的沟槽尺寸和表面精度必须按有关手册给出的数据严格保证。在动密封中,当压力大于 10MPa 时,O 形圈就会被挤入间隙中而损坏,为此需在 O 形圈低压侧设置聚四氟乙烯或尼龙制成的挡圈,如图 5-22 所示,其厚度为 1.25～2.5mm。双向受高压时,两侧都要加挡圈。

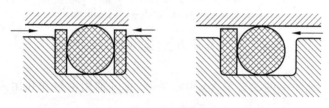

图 5-22 O 形圈密封挡圈设置

2. 唇形密封圈

Y 形密封圈的截面为 Y 形,属唇形密封圈。它是一种密封性、稳定性和耐压性较好,摩擦阻力小,寿命较长的密封圈,故应用也很普遍。Y 形密封圈主要用于往复运动的密封,如液压缸活塞和活塞杆处的动密封。根据截面长宽比例的不同,Y 形密封圈可分为宽截面和窄截面两种形式,图 5-23 所示为宽截面 Y 形密封圈。因受油压的作用,工作时 Y 形密封圈的两唇边紧紧地贴压在缸筒和活塞壁上而起密封作用。

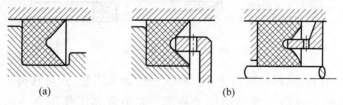

图 5-23 宽截面 Y 形密封圈
(a) Y 形密封圈;(b) 带支承的 Y 形密封圈

Y 形密封圈的密封作用依赖于它的唇边对耦合面的紧密接触,并在压力作用下产生较大的接触压力,达到密封目的。当压力升高时,唇边与耦合面贴得更紧,接触压力更高,密封性能更好。

Y形密封圈安装时,唇口端应对着压力高的一侧。当压力变化较大、滑动速度较高时,要使用支承环,以固定密封圈,如图 5-23(b)所示。

宽截面 Y 形密封圈一般适用于工作压力 $p \leqslant 20$MPa、工作温度 $-30 \sim 100$℃、使用速度 $v \leqslant 0.5$m/s 的场合。

窄截面 Y 形密封圈如图 5-24 所示。窄截面 Y 形密封圈是宽截面 Y 形密封圈的改型产品,其截面的长宽比在 2 以上,因而不易翻转,稳定性好,它有等高唇 Y 形密封圈和不等高唇 Y 形密封圈两种。后者又有孔用和轴用之分,其短唇与密封面接触,A 为环腔,δ 为间隙,滑动摩擦阻力小,耐磨性好,寿命长;长唇与非运动表面有较大的预压缩量,摩擦阻力大,工作时不窜动。

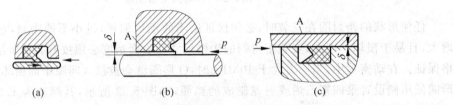

图 5-24 窄截面 Y 形密封圈
(a) 等高唇通用型;(b) 孔用型;(c) 轴用型

窄截面 Y 形密封圈一般适用于工作压力 $p \leqslant 32$MPa,使用温度为 $-30 \sim 100$℃ 的条件下工作。

此外,还有 Y 形密封圈的改造型 Yx 形密封圈,它分轴用密封和孔用密封,目前应用得也较普遍。

3. V 形密封圈

图 5-25 所示的 V 形密封圈截面形状为 V 形,它有夹织物橡胶和聚氯乙烯两种制品。V 形夹织物橡胶密封由多层涂胶织物压制而成。它是由形状不同的支承环、密封环和压环三种密封件组合在一起来使用。它的优点是耐高压,通过调节压环压力使密封效果最佳,多用于液压缸端盖与活塞杆之间的动密封。当工作压力高于 10MPa 时,可增加 V 形密封圈的数量,提高密封效果。安装时,V 形密封圈的开口应面向压力高的一侧。

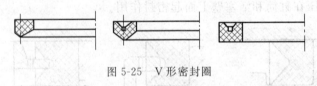

图 5-25 V 形密封圈

V 形密封圈密封性能良好,耐高压,寿命长,通过调节压紧力,可获得最佳的密封效果,但 V 形密封装置的摩擦阻力及结构尺寸较大。它适宜在工作压力 $p \leqslant 50$MPa、温度为 $-40 \sim 80$℃ 的条件下工作。

4. 组合式密封

上述各种形状的密封圈和各种不同的密封材料均有其各自的优点。新近出现的组合密封结构就是基于利用其各自优点而制成的。例如,聚四氟乙烯是一种新型塑料材料,它的摩擦系数极低,耐磨性好,但是弹性差;而丁腈橡胶弹性很好。将两者结合起来,互相取长补短、构成新式的组合式密封,如图 5-26 所示。图中 1 为液压缸筒;2 为聚四氟乙烯密封环,它与缸筒内壁摩擦;3 为丁腈橡胶 O 形密封圈,它对聚四氟乙烯密封环起增加弹力的作用;4 为活塞,在缸筒内往复运动。这种密封结构可以耐高压,而且摩擦力很小。

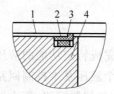

图 5-26 组合式密封
1—液压缸筒;2—聚四氟乙烯密封环;3—O 形密封圈;4—活塞

第 6 章

液压基本回路

由多个液压元件所构成的用来完成特定功能的液压回路,称为液压基本回路,工程应用中的液压系统可以视为由一个或多个液压基本控制回路所组成的液压控制系统。液压基本回路按功能可分为速度控制回路、方向控制回路、压力控制回路和其他液压回路等。熟悉和掌握这些回路的组成、工作原理和性能,是分析和设计液压系统的重要基础。

6.1 速度控制回路

速度控制回路是调节和变换执行元件运动速度的回路。它包括调速回路和速度切换回路,其中调速回路是液压系统用来传递动力的,它在基本回路中占有重要地位。

6.1.1 调速回路

液压缸与液压马达是两类主要的液压执行机构,其中液压缸的运动速度 v 由流量 q 和缸的有效作用面积 A 决定,即 $v=q/A$;液压马达的转速 n 由输入流量 q 和马达的排量 V 决定,即 $n=q/V$,因此要调节运动速度,可通过改变输入的流量 q,或改变液压缸的有效面积 A 和马达的排量 V 的方法来实现。大部分情况下,液压缸一旦加工完成,改变液压缸的有效面积 A 是不容易的,因此,常通过改变输入流量 q 或马达的排量 V 的方法来进行调速,由此构建调速回路主要有以下方式。

(1) 节流调速回路:采用流量控制阀(即节流阀与调速阀)调节流量,以实现速度调节。
(2) 容积调速回路:改变变量泵和/或变量马达的排量,以实现速度调节。
(3) 容积节流调速回路:上述两种方法组成的联合调速回路。

1. 节流调速回路

节流调速回路是由定量泵、溢流阀、节流阀和执行元件等组成的。根据节流阀在液压回路中的位置不同,调速回路有三种形式。

(1) 进口节流调速:节流阀串接在进入液压缸的进油路中;
(2) 出口节流调速:节流阀串联在液压缸的回油路上;
(3) 旁路节流调速:节流阀装在与执行元件并联的支路上。

1) 进口节流调速回路

如图 6-1(a)所示,节流阀串接在液压缸的进油路上,用它来控制进入液压缸的流量,调节液压缸的运动速度。多余流量经溢流阀流回油箱。泵的供油压力由溢流阀调定。下面分析进口节流调速回路的静态特性。

液压缸在稳定工作时,活塞的运动速度取决于进入液压缸的流量 q_1 和活塞的有效面积 A_1,即

$$v = \frac{q_1}{A_1} \tag{6-1}$$

进入液压缸的流量 q_1 等于通过节流阀的流量,而通过节流阀的流量可由节流阀的流量特性方程决定,即

$$v = \frac{q_1}{A_1} = \frac{C_q A_T \sqrt{p_p - p_1}}{A_1} \tag{6-2}$$

式中 C_q——流量系数;
A_T——节流阀节流口通流截面积;
p_p——泵的出口压力;
p_1——液压缸进油腔压力。

当液压缸以稳定的速度运动时,作用在活塞上的力的平衡方程式为

$$p_1 A_1 = p_2 A_2 + F \tag{6-3}$$

式中 p_2——液压缸回油腔压力;
F——液压缸承受的负载;
A_1, A_2——液压缸的有效面积。

由式(6-2)、式(6-3)联立可得

$$v = \frac{C_q A_T}{A_1} \sqrt{p_p - \frac{A_2 p_2}{A_1} - \frac{F}{A_1}} \tag{6-4}$$

式(6-4)即为进口节流调速回路的速度负载特性方程。它反映了速度和负载 F 之间的关系。若以活塞运动速度为纵坐标,负载为横坐标,将式(6-4)按不同通流截面积 A_T 作图,可得一组抛物线,即进油口节流调速回路的速度负载特性曲线,如图 6-1(b)所示。

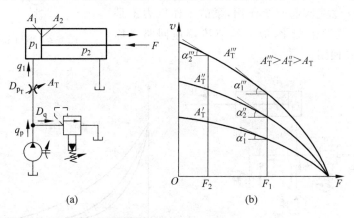

图 6-1 进口节流调速回路
(a)调速回路;(b)进口节流速度负载特性

由式(6-4)和图 6-1(b)可以看出,当其他条件不变时,活塞的运动速度与节流阀通流截面积成正比,故调节节流阀通流截面积就能调节执行元件的运动速度。由于薄壁节流小孔的最小稳定流量很小,故能得到较低的稳定流速。这种调速回路的调速范围(最高速度与最

低速度之比)很宽,一般可达 100 以上。

由图 6-1(b)可得出,当节流阀通流截面积一定时,随着负载的增加,节流阀两端压差减小,活塞运动速度按抛物线规律下降。当 $F=p_\mathrm{p}A$ 时,节流阀两端压差为零,活塞停止运动,液压泵的流量全部经溢流阀回油箱。故这种调速回路的速度负载特性较软,通常用速度刚度 k_v 来表示负载变化对速度的影响程度,即

$$k_\mathrm{v}=-\frac{\mathrm{d}F}{\mathrm{d}v}=\frac{2(Ap_\mathrm{p}-F)}{v} \tag{6-5}$$

由式(6-5)可以看出,当节流阀通流截面积一定时,负载越小,速度刚度越大,曲线越平稳;当负载一定时,节流阀通流截面积越小(即执行元件速度越低),速度刚度越大。根据以上分析,这种调速回路在轻载低速时有较高的速度刚度,但在这种情况下功率损失较大,效率较低。

在液压泵出口压力调定的情况下,不论节流阀通流截面积怎样改变,其最大承载能力都是不变的。故这种调速回路为恒推力调速(执行元件为液压马达时为恒转矩调速)。由于存在节流阀和溢流阀,所以功率损失由两部分组成:溢流损失($\Delta P=p_\mathrm{p}\Delta q$)和节流损失($\Delta P=\Delta pq_1$)。由于两种损失存在,故进口节流调速回路效率较低。

2) 出口节流调速回路

出口节流调速回路如图 6-2 所示。它是将节流阀放置在回油路上,用它来控制从液压缸回油腔流出的流量,也就控制了进入液压缸的流量,达到调速的目的。出口节流调速回路的静态特性及推导过程与进口节流调速回路相同,这里不再重复。

3) 旁路节流调速回路

旁路节流调速回路如图 6-3(a)所示。它是将节流阀安放在与执行元件并联的支路上,用它来调节从支路流回油箱的流量,以控制进入液压缸的流量来达到调速的目的。回路中溢流阀起安全作用,泵的工作压力不是恒定的,它随负载发生变化,故旁路节流调速回路又称变压式节流调速回路。

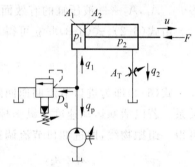

图 6-2 出口节流调速回路

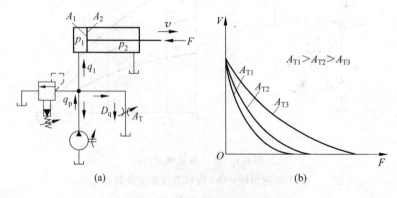

图 6-3 旁路节流调速回路
(a)调速回路;(b)旁路节流速度负载特性

对于旁路节流调速回路,速度负载特性方程为

$$v = \frac{q_p - C_q A_T \sqrt{\dfrac{F + p_2 A_2}{A_1}}}{A_1} \quad (6-6)$$

速度刚度为

$$k_A = -\frac{\mathrm{d}F}{\mathrm{d}v} = \frac{2AF}{q_p} - A \quad (6-7)$$

式中　q_p——液压泵的流量;

其余符号意义同前。

旁路节流调速回路的速度负载特性曲线如图 6-3(b)所示,可以看出,当节流阀通流截面积一定而负载增加时,速度显著下降;当节流阀通流截面积一定时,负载越大,速度刚度越大;当负载一定时,节流阀通流截面积减小(即活塞运动速度越高),速度刚度越大。

旁路节流调速回路在速度较高、负载较大时,速度刚度较大,这与前两种调速回路恰好相反。应该注意的是,在这种调速回路中,泵的泄漏对运动速度有影响。当负载增加时,p_1 增加,泵的泄漏增加,泵的实际流量减少,使活塞运动速度也相应下降。由于泵的泄漏比液压缸和阀的泄漏要大得多,它对执行元件运动速度的影响不能忽略,因此旁路调速回路中,除节流阀的特性外,泵的容积效率变化也影响其速度负载特性,其速度刚度比前两种调速回路低,调速范围小。

由图 6-3(b)可以看出,旁路节流调速回路能够承受的最大负载随着节流阀通流截面积的增加而减小。当 $F_{\max} = A(q_p/KA_T)^2$ 时,液压缸速度为零,这时泵的全部流量都经节流阀回油箱,$F_{\max}$ 即为其最大承载能力。继续增大节流阀面积已不再起调节速度的作用,只是使系统压力降低,其最大承载能力也随之下降。因此这种调速回路在低速时承载能力低。由于旁路节流调速回路中的溢流阀是常闭状态,因此回路功率损失只有节流损失($\Delta P = p_1 \Delta q$)而无溢流损失,故比前两种调速回路功率损失小,效率较高。

根据以上分析,旁路节流调速回路速度负载特性较差,调速范围小,但效率较高。一般用于功率较大且对速度稳定性要求不高的场合。采用节流阀的节流调速回路,在负载变化时,液压缸的运动速度随节流阀的前后压差而变化,导致了其速度稳定性较差。如果用调速阀来代替节流阀,其回路的速度稳定性将大为改善,但功率损失将会增大。

2. 容积调速回路

容积调速回路是通过改变液压泵或液压马达的排量来实现调速的。其主要优点是功率损失小(没有溢流损失和节流损失),系统效率高,广泛应用于大功率液压系统中。

容积调速回路通常有三种形式,即变量泵和定量马达容积调速回路、定量泵和变量马达容积调速回路、变量泵和变量马达容积调速回路。

1) 变量泵和定量马达容积调速回路

变量泵和定量马达组成的容积调速回路如图 6-4 所示。在这种回路中,液压泵转速和液压马达排量都是恒量,改变液压泵排量 V_p 就可使液压马达转速 n_M 和输出功率 P_M 随 V_p 成正比变化。而马达的输出转矩 T_M 是由负载决定的,不因调速而发生变化,所以这种回路通常叫做恒转矩调速回路。这种调速回路的调速范围很大,一般可达 40。

$$n_M = \frac{q}{V_M} \tag{6-8}$$

$$pq\eta = T_M n_M \tag{6-9}$$

在如图 6-4 所示的变量泵和定量马达调速回路中,由变量泵 3 和定量马达 5 组成闭式回路,高压管路上的溢流阀 4 起安全阀的作用,低压管路上连接一小流量补油泵 1,补油压力(一般为 0.3MPa)由溢流阀 6 调定,补油的流量一般为回路中主泵最大流量的 10%~15%。

2) 定量泵和变量马达容积调速回路

定量泵和变量马达组成的容积调速回路如图 6-5 所示。在这种回路中,液压泵转速和排量都是恒量,改变液压马达排量 V_M,可使液压马达转速 n_M 随 V_M 成反比变化,马达输出转矩 T_M 随 V_M 成正比变化。而马达的输出功率 P_M 不因调速而发生变化,所以这种回路通常叫做恒功率调速回路。这种回路的调速范围很小,一般小于 3。由于液压泵和液压马达的泄漏损失和摩擦损失,这种回路当 V_M 很小时,n_M、T_M 和 P_M 的实际值也都等于零,以致无力带动负载,造成液压马达停止转动的"自锁"现象,故这种调速回路很少单独使用。

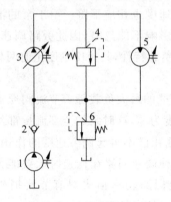 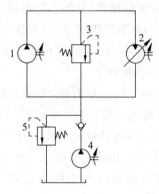

图 6-4 变量泵+定量马达容积调速回路
1—小流量补油泵;2—单向阀;3—变量泵;
4、6—溢流阀;5—定量马达

图 6-5 定量泵+变量马达容积调速回路
1—定量泵;2—变量马达;
3、5—溢流阀;4—流量补油泵

3) 变量泵和变量马达容积调速回路

由双向变量泵和双向变量马达组成的容积调速回路如图 6-6 所示。通过调节变量泵和变量马达均可调节液压马达的转速,所以这种回路的工作特性是上述两种回路工作特性的综合。这种回路的调速范围很大,等于泵的调速范围和马达调速范围的乘积。这种回路适用于大功率的液压系统。

在如图 6-6(b) 所示的变量泵和变量马达容积调速回路中,变量泵 2 可以正反向供油,双向变量马达 10 便可以正反向旋转。图 6-6(b) 中溢流阀 12 的调定压力应略高于溢流阀 9 的调定压力,以保证换向阀动作时,回路中的部分热油经溢流阀 9 排回油箱,此时由补油泵 1 向回路输送冷却油液。

6.1.2 快速运动回路

快速运动回路的功用是加快工作机构空载运行时的速度,以提高系统的工作效率。下

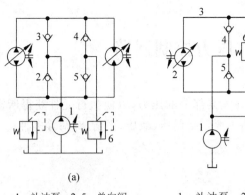 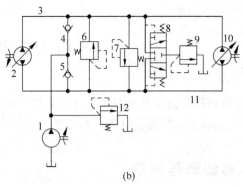

(a) 　　　　　　　　　　　　　(b)

1—补油泵；2~5—单向阀；
6—溢流阀

1—补油泵；2—双向变量泵；3、11—管路；
4、5—单向阀；6、7、9、12—溢流阀；8—换向阀；10—双向变量马达

图 6-6　变量泵＋变量马达容积调速回路

面介绍几种常见的快速运动回路。

1. 液压缸差动连接快速回路

图 6-7 是利用液压缸差动连接获得快速运动的回路。液压缸差动连接时，相当于减小了液压缸的有效面积，即有效工作面积仅为活塞杆的面积。这样，当相同流量进入液压缸时，其速度提高。当然，此时活塞上的有效推力相应减小，因此它一般用于空载。图 6-7 中用一个二位三通电磁阀来控制快慢速的转换。

2. 用双泵供油的快速运动回路

图 6-8 是采用双泵供油以实现快速运动的回路。当系统中执行元件空载快速运动时，大流量泵 1 的压力油经单向阀 4 后和小流量泵 2 的供油汇合，共同向系统供油；当工作进给时，系统压力升高，液控顺序阀 3 打开，大流量泵 1 卸荷，单向阀 4 关闭，系统由小流量泵 2 供油作慢速工作进给运动。图 6-8 中溢流阀 5 控制小流量泵 2 的供油压力，它根据系统工作时所需最大压力来调整；液控顺序阀 3 则使大流量泵 1 在快速空程时供油，工作进给时卸荷，它的调整压力应高于快速空程，而低于工作进给时所需的压力。这种回路比单泵供油时功率损失小，效率较高，常用于组合机床液压系统。

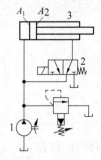 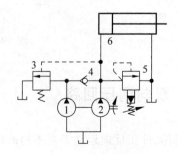

图 6-7　液压缸差动连接快速回路
1—油泵；2—二位三通阀；3—液压缸

图 6-8　双泵供油回路
1—大流量泵；2—小流量泵；3—顺序阀；
4—单向阀；5—溢流阀；6—活塞液压缸

6.2 压力控制回路

压力控制回路是控制液压系统整体或某部分的压力,以使执行元件获得所需的力或力矩,或保持受力状态的回路。这类回路主要包括调压、减压、平衡、卸荷等多种。

6.2.1 多级调压回路

在定量泵系统中,液压泵的供油压力可以通过溢流阀来调节。在变量泵系统中,用安全阀来限定系统的最高压力,防止系统过载。在不同的工作阶段,液压系统需要不同的工作压力,多级调压回路便可实现这种要求。

如图 6-9 所示,假设 PY1=3MPa,PY2=2MPa,PY3=4MPa,那么图 6-9(a)中,由于1、2 是先导式溢流阀,3 是直动式溢流阀,根据溢流阀工作原理可知,随着油压升高,PY1 的远程调压口压力也一起升高,达到 PY2 的调定压力 2MPa,因此 PY2 被打开,PY1 的远程调压口直接与油箱连接,即系统中油压不会超过 2MPa。图 6-9(b)中,随着油压升高,由于只有 PY3 连接着油箱,所以系统油压会一直升高,直到达到 9MPa(三者压力之和)后,系统压力将不再继续增长。图 6-9(c)中,由于 PY2 的远程调压口直接与油箱相连接,所以只要有一点压力就会打开,PY2 处于卸荷状态,系统压力被调定在 7MPa(PY1 与 PY3 之和)。

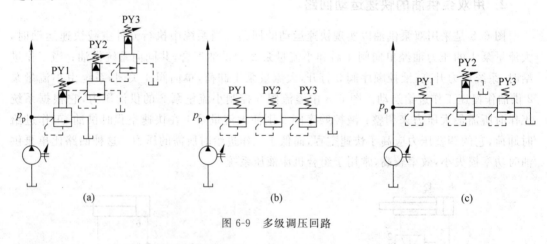

图 6-9 多级调压回路

6.2.2 双向调压回路

当执行元件正反向运动需要不同的供油压力时,可采用双向调压回路,如图 6-10 所示。图 6-10(a)中,当换向阀在左位工作时,活塞为工作行程,泵出口压力较高,由溢流阀 A 调定。当换向阀在右位工作时,活塞作空行程返回,泵出口压力较低,由溢流阀 B 调定。

图 6-10(b)所示回路在图示位置时,溢流阀 B 的出口高压油封闭,即溢流阀 A 的远控口被堵塞,故泵压由溢流阀 A 调定为较高压力。当换向阀在右位工作时,液压缸左腔通油箱,压力为零,溢流阀 B 相当于溢流阀 A 的远程调压阀,泵的压力由溢流阀 B 调定。

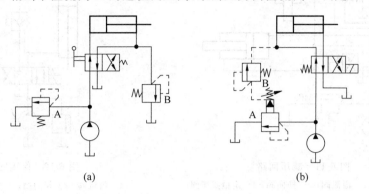

图 6-10 双向调压回路

6.2.3 减压回路

减压回路的功用是使系统中的某一部分油路具有较低的稳定压力。最常见的减压回路通过定值减压阀与主油路相连,如图 6-11 所示。回路中的单向阀供主油路压力降低(低于减压阀 4 的调整压力)时防止油液倒流,起到短时保压作用。减压回路中也可以采用比例减压阀来实现无级减压。

为了使减压回路工作可靠,减压阀的最低调整压力应不小于 0.5MPa,最高调整压力至少应比系统压力小 0.5MPa。当减压回路上的执行元件需要调速时,调速元件应装在减压阀的后面,这样才可以避免减压阀泄漏(指由减压阀泄油口流回油箱的油液)对执行元件的速度产生影响。

6.2.4 保压回路

保压回路的功用是使系统在液压缸不动或仅有极微小的位移下稳定地维持住压力。最简单的保压回路是使用密封性能较好的液控单向阀的回路,但是阀类元件的泄漏使这种回路的保压时间不能维持很久。如图 6-12 所示为一种采用液控单向阀和电接触式压力表的自动补油式保压回路,其工作原理如下:当换向阀 2 右位接入回路时,液压缸上腔成为压力腔,在压力到达预定上限值时电接触式压力表 5 发出信号,使换向阀切换成中位,这时液压泵卸荷,液压缸由液控单向阀 3 保压。当液压缸上腔压力下降到预定下限值时,电接触式压力表又发出信号,使换向阀 2 右位接入回路,这时液压泵给液压缸上腔补油,使其压力回升。换向阀 2 左位接入回路时,活塞快速向上退回。这种回路保压时间长,压力稳定性高,适用于保压性能较高的高压系统,如液压机。

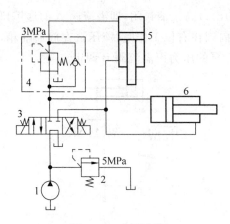 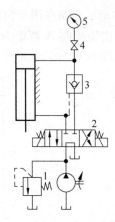

图 6-11 减压回路　　　　　　　　　图 6-12 保压回路

1—液压泵；2—溢流阀；3—换向阀；4—定值减压阀；　　　1—溢流阀；2—换向阀；3—液控单向阀；
5—减压油路液压缸；6—主油路液压缸　　　　　　　　　4—截止阀；5—压力表

6.2.5 卸荷回路与启停回路

1. 卸荷回路

卸荷回路的功用是在液压泵驱动电机不需要频繁启闭的情况下，使液压泵在零压或很低压力下运转，以减少功率损耗，降低系统发热，延长液压泵和电机的使用寿命。图 6-13(a) 为二位二通阀卸荷回路。由图可知，换向阀位于右位时，系统正常工作；换向阀位于左位时，液压泵卸荷。图 6-13(b) 为采用 M 型电液换向阀的卸荷回路，换向阀位于中位时液压泵开始卸荷。这种回路切换时压力冲击小，但回路中必须设置单向阀，以使系统保持 0.2～0.3MPa 的压力，供操纵控制油路之用。

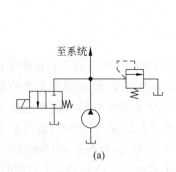 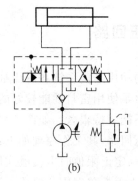

图 6-13 卸荷回路

2. 启停回路

在执行元件需要频繁地启动或停止的液压系统中，一般不采用启动或停止液压泵和电机的方法来使执行元件启动、停止，因为这对泵、电机和电网都是不利的。因此在液压系统中经常采用启动、停止回路来实现这一要求。

如图 6-14(a)、(b)所示为分别用二位二通电磁阀和二位三通电磁阀切断压力油源来使执行元件停止运动。其差别在于,图(a)在切断压力油路时,泵输出的压力油从溢流阀回油箱,泵压较高,消耗功率较大,不经济;图(b)在切断压力油源的同时,泵输出的油液经二位三通电磁阀回油箱,使泵在很低的压力工况下运转(称为卸荷),也可采用中位机能为 O 型、Y 型、K 型的三位四通换向阀来使执行元件停止运动。在上述回路中,由于换向阀要通过全部流量,故一般只适用于小流量系统。

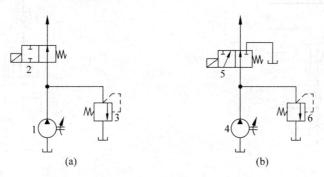

图 6-14 启停回路
1、4—液压泵;2、5—换向阀;3、6—溢流阀

6.3 方向控制回路

在液压系统中,工作机构的启动、停止或变换运动方向等是利用控制进入执行元件油流的通、断及改变流动方向来实现的。实现这些功能的回路称为方向控制回路。本节主要介绍换向回路和锁紧回路。

6.3.1 换向回路

如图 6-15 所示,该换向回路是由一个二位四通电磁阀控制的,油液由液压泵 1 进入回路,经过一个节流阀 2。当控制阀 4 处于左位时,高压油注入液压缸 5 左侧,使活塞向右移动。当控制阀 4 换向右位时,高压油注入液压缸 5 右侧,使活塞向左移动,即达到换向效果。

6.3.2 锁紧回路

锁紧回路可使液压缸活塞在任一位置停止,并可防止其停止后窜动。如图 6-16 所示,该回路采用液控单向阀,在液压缸的两侧油路上串接液控单向阀(液压锁),并且采用 H 型中位机能的三位四通换向阀。当换向阀位于左位时,油液经由单向阀注入液压缸左侧,活塞右移;当换向阀位于右位时,油液经由右侧单向阀注入液压缸右侧,活塞左移;当换向阀位于中位时,液压锁使活塞停止。液控单向阀的控制油道中无液压油,液控单向阀关闭,活塞可以在行程的任一位置锁紧,左右都不能窜动。

当换向阀的中位机能为 O 型或 M 型等时,似乎不需要液控单向阀也能使液压缸锁紧,但由于换向阀存在较大的泄漏,锁紧功能较差,因此只适用于锁紧时间短且要求不高的回路中。

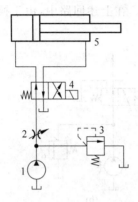

图 6-15 换向回路

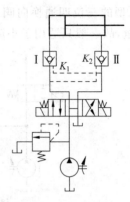

图 6-16 锁紧回路

1—液压泵;2—节流阀;3—溢流阀;4—控制阀;5—液压缸

6.4 顺序动作回路

顺序动作回路的功用是使多缸液压系统中的各个液压缸严格地按规定的顺序动作。按控制方式的不同,有行程控制和压力控制两类。

6.4.1 压力控制的顺序动作回路

压力控制顺序动作回路的原理是当一个液压缸达到尽头之后,促使回路中压力上升(相当于负载无穷大),利用上升的压力触发顺序阀或压力继电器动作。

1. 压力继电器控制的顺序动作回路

图 6-17 所示为压力继电器控制顺序动作回路,由两个液压缸组成执行机构,其运动顺序如图中所示,按启动按钮,电磁铁 1Y 得电,电磁换向阀 3 的左位接入回路,缸 1 活塞前进到右端点后,回路压力升高,压力继电器 1K 动作,使电磁铁 3Y 得电,电磁换向阀 4 的左位接入回路,缸 2 活塞向右运动;按返回按钮,1Y、3Y 同时失电,且 4Y 得电,使阀 3 中位接入回路、阀 4 右位接入回路,导致缸 1 锁定在右端点位置、缸 2 活塞向左运动,当缸 2 活塞退回原位后,回路

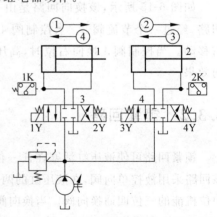

图 6-17 继电器控制的顺序动作回路

压力升高,压力继电器 2K 动作,使 2Y 得电,阀 3 右位接入回路,缸 1 活塞后退直至起点。

2. 顺序阀控制的顺序动作回路

图 6-18 所示为顺序阀控制顺序动作回路,其控制回路的工作过程如下:回路工作前,夹紧缸 1 和进给缸 2 均处于起点位置,当换向阀 5 左位接入回路时,夹紧缸 1 的活塞向右运动使夹具夹紧工件,夹紧工件后会使回路压力升高到顺序阀 3 的调定压力,阀 3 开启,此时缸 2 的活塞才能向右运动进行切削加工;加工完毕,通过手动或操纵装置使换向阀 5 右位接入回路,缸 2 活塞先退回到左端点后,引起回路压力升高,使阀 4 开启,缸 1 活塞退回原位将夹具松开,这样就完成了一个完整的多缸顺序动作循环,如果要改变动作的先后顺序,需要对两个顺序阀在油路中的安装位置进行相应的调整。

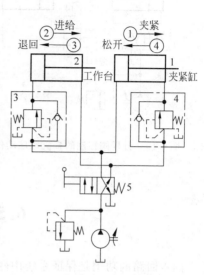

图 6-18 顺序阀控制的顺序动作回路

需要注意的是,在压力控制的顺序动作回路中,顺序阀或压力继电器的调定压力必须大于前一动作执行元件的最高工作压力的 10%~15%,否则在管路中的压力冲击或波动下会造成误动作,引起事故。

6.4.2 行程控制的顺序动作回路

行程控制顺序动作回路的基本原理是在固定行程距离上安置机动装置,利用机械触碰来产生控制动作,主要包括行程阀控制和行程开关控制。

1. 行程阀控制的多缸顺序动作回路

如图 6-19 所示,图示位置两液压缸活塞均退至左端点。当电磁阀 3 左位接入回路后,缸 1 活塞先向右运动,当活塞杆上的行程挡块压下行程阀 4 后,缸 2 活塞才开始向右运动,直至两个缸先后到达右端点;将电磁阀 3 右位接入回路,使缸 1 活塞先向左退回,在运动当中其行程挡块离开行程阀 4 后,行程阀 4 自动复位,其下位接入回路,这时缸 2 活塞才开始向左退回,直至两个缸都到达左端点。这种回路动作可靠,但要改变动作顺序较为困难。

2. 行程开关控制的顺序动作回路

如图 6-20 所示,按启动按钮,电磁铁 1Y 得电,缸 1 活塞先向右运动,当活塞杆上的行程挡块压下行程开关 2S 后,使电磁铁 2Y 得电,缸 2 活塞才向右运动,直到压下 3S,使 1Y 失电,缸 1 活塞向左退回,而后压下行程开关 1S,使 2Y 失电,缸 2 活塞再退回。在这种回路中,调整行程挡块位置,可调整液压缸的行程,通过电控系统可任意改变动作顺序,方便灵活,应用广泛。

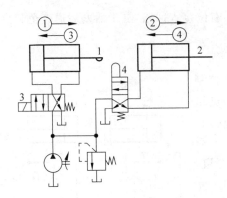

图 6-19 行程阀控制的多缸顺序动作回路

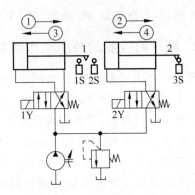

图 6-20 行程开关控制的顺序动作回路

6.5 同步回路

同步回路的功用是保证系统中两个或两个以上液压缸在运动中位移量相同或以相同的速度运动。影响同步精度的因素很多,例如,液压缸外负载、泄漏、摩擦阻力、制造精度、结构弹性变形以及油液中含气量等。同步回路要尽量克服或减少这些因素的影响。

6.5.1 采用分流集流阀的同步回路

分流集流阀是流量控制阀当中的一种类型,它能自动地对其输入(或输出)油液的流量等量或按比例地进行分配。采用分流集流阀的同步回路如图 6-21 所示,由等量分流阀 2 将液压泵输出的流量等量地分配给两个结构及尺寸都相同的液压缸,实现同步运动。

分流集流阀的同步精度一般为 2‰~5‰(同步精度是两个液压缸间最大位置误差与行程的百分比)。这种同步回路简单经济,且两缸在承受不同负载时仍能实现同步。

6.5.2 带补偿装置的串联液压缸同步回路

图 6-22 所示为一种带有补偿功能的同步回路,由两个双活塞杆液压缸 5 与 6 串联组成执行机构,注意左边液压缸的出油口为右边液压缸的进油口,因此,理论上讲如果两个液压缸尺寸一样,那么两者就是同步的,然而实际中存在泄漏以及两个液压缸不可能完全一致,因此在每一次往复运动中必然会存在少许误差,当运行次数较多时这些误差累计会导致同步动作被破坏。此回路是通过误差补偿来保证液压缸在长时间运作情况下仍能保持同步,回路中有两个三位四通阀,其中下方的换向阀 2 用来控制液压缸运动方向,而换向阀 3 则用来消除误差,当两缸每次下行至底端时,若液压缸 5 活塞先到达行程底端,而液压缸 6 未达到,挡块触发行程开关 1S,而 2S 未被触发,电磁铁 3YA 得电,换向阀 3 切换至高压油流至单向阀 4,注意单向阀 4 允许压力油进入缸 6 上腔,进行补油,使其液压缸 6 继续下行到达行程端点,消除误差,当 2S 也被触发时,电磁铁 3YA 失电,换向阀 3 回到中位;相反,若液

压缸 6 活塞先到达行程底端,而液压缸 5 未达到,此时 1S 未被触发而 2S 被触发,换向阀 3 处于右位,高压油通向单向阀的液控口,强制打开单向阀,使液压缸 5 中的剩余油液经过单向阀流回至油箱,当液压缸 5 也到达底端 1S 也被触发,2YA 失电,换向阀 3 回到中位。如上所述,在两个液压缸每次下行至底端时都对其进行一次误差消除,从而保证了液压缸的同步动作。

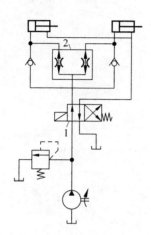

图 6-21 分流集流阀同步回路
1—换向阀;2—分流阀

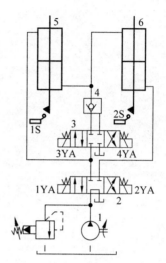

图 6-22 带补偿装置的串联液压缸同步回路
1—液压泵;2、3—换向阀;4—单向阀;5、6—液压缸

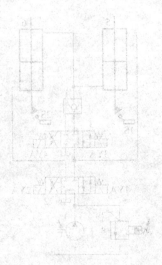

第三部分

液力传动技术

第 7 章

液力传动基本原理

与液压传动非常类似,液力传动也是一种利用液体作为介质的流体传动形式,但不同的是,液力传动是利用液力流动时的动能来进行传动,因此也被称为"动液传动"。据文献记载,首台液力传动装置是 19 世纪初由德国 Fottinger 教授研制并投入使用,用于在大吨位的船舶发动机与螺旋桨之间的减速传动,到了 20 世纪 30 年代之后,开始在工程机械、交通运输等领域上广泛应用。液力传动具有许多独特的优势,从本章开始,我们逐步学习液力传动的基本知识、工作原理及其在汽车工程中的应用。

7.1 液力传动基本方式

液力传动的基本原理可以用图 7-1 所示的例子简单说明。如图 7-1 所示,如果我们将两个风扇对立放置,其中一个风扇插上电,很显然只要风力足够大,那么另一个风扇也会跟着转起来,这是因为电能带动插电风扇叶片旋转并吹出高速气流,而当这些高速气流吹到不插电风扇的叶片时,气流推动叶片并带动其旋转,从能量传递的角度看,这个过程中先是叶片旋转的机械能转化为了气体动能,而后气体动能又转化为了机械能。

如果我们将上述例子中的插电风扇替换为一个由外力拖动的水泵,将不插电的风扇替换为一个水轮机,而被风扇吹出来的流动空气则替换为流动的液体,如图 7-2 所示,这就形成了液力传动的基本形式。在外力的作用下,水泵持续旋转将液体不停地搅动产生高速流动的液体,这部分液体抵达远处的水轮机并推动水轮机叶片转动,从而实现了动力的传递。传动的过程是依靠液体所携带的动能来实现的,其能量转换方式为:机械能→液体动能→机械能。在这个过程中,水泵负责将外部注入的机械能转化为液体动能,属于动力元件,水轮机则将传递过来的液体动能转化为机械能对外输出,属于执行元件。

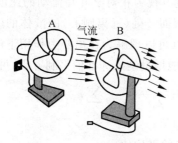

图 7-1 对立风扇示意图

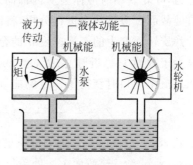

图 7-2 水轮机示意图

虽然液力传动不像机械传动和电力传动一样普及,但是与其他传动方式相比,液力方式也具有许多自身的技术优势,简要概括如下:

1. 传动效果具有自适应性

液力变矩器的输出力矩能够随着外负载的增大或减小而自动地增大或减小,转速能自动地相应降低或增高,在较大范围内能实现无级调速,这就是它的自动适应性。自动适应性可使车辆的变速器减少挡位数,简化操作。

2. 具有防振、隔振性能

因为工作介质是液体,它们之间的连接是非刚性的,所以可吸收来自发动机和外界负载的冲击和振动,具有过载保护的能力,防止内燃机熄火,可以使机器启动平稳、加速均匀、延长零件寿命。

液力传动也有一定的缺点,例如传动效率较低、高效范围较窄,需要增设冷却补偿系统,结构复杂、成本高等。但是鉴于液力传动所具备的诸多技术优势,其在工程机械、交通运输等领域发展迅速,现如今,液力传动已广泛应用于汽车、拖拉机、工程机械、建筑机械、铁路机车、坦克装甲车辆、石油钻探机械、起重运输机械等领域。

7.2 液力传动的流体力学基础

在明确了上述液力传动基本原理的基础上,本节介绍液力传动系统的流体力学基础。

7.2.1 欧拉方程

欧拉方程是叶片式机械的基本方程,是能量守恒定律应用于液力机械的又一表现形式,也是液力传动的基本理论依据。在前面章节我们已经学习了伯努利方程,并且知道伯努利方程其实是反映能量守恒的表达形式,但是由于在这里有外部能量的注入,因此我们需要对第 2 章所学的标准伯努利方程进行修正,将流过叶轮所获得的能量以及能量损失考虑在内。

在叶轮搅动使液体高速流动的过程中,液体流动如图 7-3 所示,由于圆周运动使液体产生离心力,叶轮转动时液体会从内部向外部甩动,除了叶轮能量注入之外,取入口处截面 1 与出口处截面 2 液体状态进行分析,将液体的绝对速度 v 视为相对于叶片流动的速度 w 与由于叶片旋转而产生的牵连速度 u 的合成,可以看到截面 2 处(远离圆心)的液体的牵连速度明显大于截面 1(靠近圆心)处,这导致液体动能增加(可以理解为在离心力作用下液体从泵轮入口流至出口时获得了一定的能量),将这部分动能增量纳入标准伯努利方程,可得

$$Z_1 + \frac{p_1}{\gamma} + \frac{w_1^2}{2g} + \left(\frac{u_2^2}{2g} - \frac{u_1^2}{2g}\right) = Z_2 + \frac{p_2}{\gamma} + \frac{w_2^2}{2g} + \sum h \tag{7-1}$$

式中 Z_1、Z_2——截面 1、2 处单位质量液体位能的平均值;

p_1/γ、p_2/γ——截面 1、2 处单位质量液体压力能的平均值;

$V_1^2/2g$、$V_2^2/2g$——截面 1、2 处单位质量液体动能的平均值;

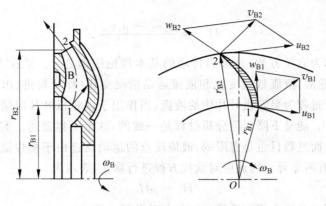

图 7-3 叶轮机中流体运动学示意图

p_1、p_2——液流在叶轮进、出口处的压力;
γ——液体重度,重度=重力/体积;
v_1、v_2——液流在叶轮进、出口处的速度;
g——重力加速度;
$\sum h$——单位质量液体由截面 1 流至截面 2 时的能量损失总和。

在液力传动中,相比于动能的变化量,液体的位能 Z_1 与 Z_2、压能 p_1 与 p_2 相差不大,可近似认为其差值为零,因此由上式可得能量损失为

$$\sum h = \left(\frac{w_1^2}{2g} - \frac{w_2^2}{2g}\right) + \left(\frac{u_2^2}{2g} - \frac{u_1^2}{2g}\right) \tag{7-2}$$

式中 w_1、w_2——液流在叶轮进、出口处的相对速度;
u_1、u_2——液流在叶轮进、出口处的牵连速度。

假设单位质量液体流过叶轮后所获得的能量为 $H_{t\infty}$,单位重量的液体在进入叶轮之前所具有的总能量为 e_1 与出口处单位重量液体所具有的总能量为 e_2,则能量平衡关系表示为

$$e_1 + H_{t\infty} - \sum h = e_2 \tag{7-3}$$

其中

$$\begin{cases} e_1 = Z_1 + \dfrac{p_1}{\gamma} + \dfrac{v_1^2}{2g} \\ e_2 = Z_2 + \dfrac{p_2}{\gamma} + \dfrac{v_2^2}{2g} \end{cases}$$

根据式(7-2)与式(7-3),可得

$$H_{t\infty} = \frac{v_2^2 - v_1^2}{2g} - \frac{w_2^2 - w_1^2}{2g} + \frac{u_2^2 - u_1^2}{2g} \tag{7-4}$$

由叶轮进出口速度三角形关系求 w_1、w_2,即

$$\begin{cases} w_1^2 = v_1^2 + u_1^2 - 2v_1 u_1 \cos\alpha_1 = v_1^2 + u_1^2 - 2u_1 v_{1u} \\ w_2^2 = v_2^2 + u_2^2 - 2v_2 u_2 \cos\alpha_2 = v_2^2 + u_2^2 - 2u_2 v_{2u} \end{cases} \tag{7-5}$$

式中 α_1、α_2——液流在叶轮进、出口处的绝对速度与牵连速度的夹角。

代入式(7-4),可得液体流经叶轮所获得的理论能头(理论能头的含义是不考虑液力损失时工作液体流经叶轮后能量的增量)为

$$H_{t\infty} = \frac{u_2 v_{2u} - u_1 v_{1u}}{g} \tag{7-6}$$

式(7-6)被称为欧拉方程,是液力传动的基本理论依据之一。欧拉方程说明液体流经无穷多叶片的叶轮后,液流数量变化和液流运动情况变化(即叶轮进、出口速度)之间的关系,注意上述分析过程为泵轮机叶片中的液流,当作用于涡轮机叶片时情况相反,即液体从外端流入内端流出(能量下降),但分析过程是一致的,这里不再赘述。实际情况中,叶轮的叶片是有厚度的,而且数目也是有限的,液流质点的运动轨迹由于惯性流动和黏性的影响,必然和叶轮形状有所差异。因此应对欧拉方程进行修正,表示为

$$H_t = \mu H_{t\infty} \tag{7-7}$$

式中 μ——有限叶片能头修正系数,$\mu < 1$,与叶片数 z 有关。

7.2.2 动量矩方程

动量是指液体质点的质量 m 与绝对速度 v 的乘积 mv,由于速度是矢量,所以动量也是矢量。动量矩是指动量与该点到旋转轴的垂直距离 r 的乘积,以 L 表示,如图7-4所示。

$$L = mv\cos\alpha \cdot r = mv_u r \tag{7-8}$$

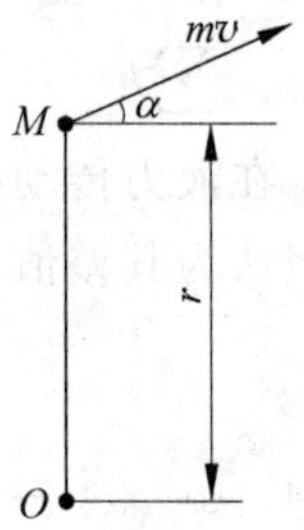

所以,液体质点的动量矩实际上等于该点的质量与其绝对速度的圆周速度分量和该点半径的乘积。当叶轮在液流中作旋转运动时,叶轮的作用力矩可根据动量矩定理求得。叶轮的力矩为

$$M = \frac{\gamma Q}{g}(v_{2u} r_2 - v_{1u} r_1) \tag{7-9}$$

图7-4 质点的动量矩示意图

下面推导式(7-9),用无穷多理论能头来表示叶轮的功率 P,公式为

$$P = pQ = \gamma H_{t\infty} Q \tag{7-10}$$

用转速(角速度)和力矩所表示的功率 P 为

$$P = \omega M \tag{7-11}$$

即有

$$M = \frac{\gamma Q}{\omega} H_{t\infty} = \frac{\gamma Q}{2\pi n} H_{t\infty} \tag{7-12}$$

如将欧拉方程(7-6)代入

$$M = \frac{\gamma Q}{\omega} \cdot \frac{u_2 v_{2u} - u_1 v_{1u}}{g} = \frac{rQ}{\omega} \cdot \frac{\omega r_2 v_{2u} - \omega r_1 v_{1u}}{g} \tag{7-13}$$

得式(7-9)。

动量矩方程是欧拉方程的另一种表现形式,它确定了外力矩同液流的流量以及速度之间的关系。动量矩方程的优点在于知道了循环流量和叶轮进出口液流运动情况,即可求出叶轮的力矩 M。在一个叶轮的出口边缘到下一个叶轮的进口边缘的空间中,没有外力矩作用下

$$M = \frac{\gamma Q}{g}[(v_{2u} r_2)_i - (v_{1u} r_1)_{i+1}] = 0 \tag{7-14}$$

所以

$$(v_{1u} r_1)_{i+1} = (v_{2u} r_2)_i \tag{7-15}$$

7.3 液力传动在汽车中的应用

液力传动在汽车中有着非常重要的应用,事实上,正是得力于液力传动技术才有了现在的自动变速器汽车。汽车诞生之时是没有变速器的,1889年法国标致推出了世界上的首款车用变速器,这款变速器只有两个挡位,驾驶者需要与发动机转速配合操作进行手动换挡。1908年亨利·福特为福特T型车装备了全世界第一款两挡自动变速箱,但是这款变速器还算不上完全意义上的自动变速箱,因为它依然需要驾驶者根据发动机的转速和油门的配合选择合适的换挡时机。美国通用汽车公司于1940年制造出了自动变速箱Hydra-Matic,并用于奥兹莫比尔轿车,如图7-5所示。这款变速器配置了采用液力传动技术的液力耦合器,可以实现四个前进挡和一个倒挡,是真正意义上的第一款自动变速器。由于正值第二次世界大战期间,所以首批Hydra-Matic变速器绝大部分被用在了军车上,发挥了极其重要的作用,M5斯图尔特和M24霞飞轻型坦克都配备了这款自动变速箱。当时之所以在军车上配置自动变速器不仅仅是为了驾驶方便,更主要的目的是为了使汽车在战场上不容易熄火。随后,通用汽车公司又研制出了液力变矩器,这个重要的部件彻底为自动变速箱奠定了发展基础。由于液力耦合器只能传递力矩却不能改变力矩的大小,这使得自动变速器的行星齿轮部分不得不增加挡位设置,后期液力耦合器很快被液力变矩器所全面取代。

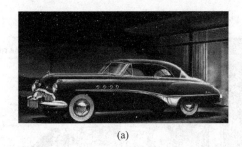 

(a) (b)

图7-5 奥兹莫比尔轿车及变速器
(a) 奥兹莫比尔轿车;(b) Hydra-Matic变速器

现代汽车上的自动变速器以及大部分的无级变速器中,都采用了以液力传动为原理的液力变矩器,在下面两个章节中我们会逐一学习液力耦合器与液力变矩器的工作原理。

第 8 章

液力耦合器

液力耦合器是利用液体的动能而进行能量传递的一种液力传动装置,通过泵轮和涡轮将机械能和液体的动能相互转化,从而在原动机与执行机构之间实现动力的传递,可以视其为一种以液体为介质的柔性联轴器。

8.1 液力耦合器在自动变速器中的位置

图 8-1 是第一款使用液力耦合器的自动变速器,也就是我们前面所提及的奥兹莫比尔汽车上所使用的自动变速器 Hydra-Matic。从图中可以看到液力耦合器所在的位置,这个位置介于变速器与发动机之间,容易想到这正是离合器本应该存在的位置。液力耦合器利用液力传动的柔性连接特点,可以实现发动机的平稳起步,同时还可以吸收来自发动机和外界负载的冲击和振动,具有过载保护的能力,防止内燃机熄火。

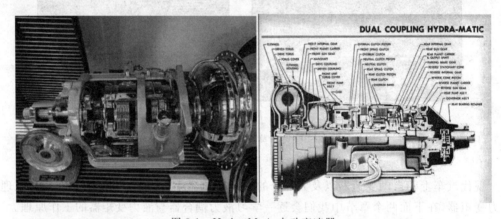

图 8-1 Hydra-Matic 自动变速器

8.2 液力耦合器基本结构与工作原理

根据用途的不同,液力耦合器分为基本液力耦合器、限矩型液力耦合器和调速型液力耦合器。其中限矩型液力耦合器主要用于对电机减速机的启动保护及运行中的冲击保护、位置补偿及能量缓冲;调速型液力耦合器主要用于调整输入/输出转速比,其他的功能和限矩型液力耦合器基本一样。鉴于液力耦合器在汽车中的用途,我们这里只学习基本液力耦合器。

8.2.1 液力耦合器结构

首先思考一个问题：在前面的例子中，如果我们用一个插电的风扇去吹动一个不插电的风扇，虽然不插电的风扇会被吹动，但是其转动的速度却远远低于插电的风扇。原因是插电风扇吹出的高速气体流向不插电风扇的过程中能量会有损失，主要表现为两个方面：一是高速气体在流动过程中受到了阻力，二是因为一部分高速气体在这个过程中会向四周发散。如果我们想要提高不插电风扇的转速就必须尽可能消除这些损失，可以采取什么措施呢？容易想到：①将两个风扇离得尽可能近一些；②用外壳将风流动的路线包住以免其向四周流窜。这样就形成了液力耦合器的基本结构。如图 8-2 所示，将泵轮与涡轮布置得非常靠近并包在耦合器壳体内，其内部充有工作油液，泵轮和涡轮组成一个可使液体循环流动的密闭工作

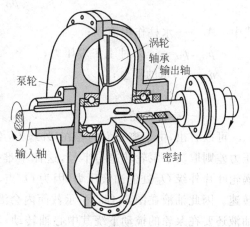

图 8-2 液力耦合器基本形式

腔，泵轮装在输入轴上，涡轮装在输出轴上，两轮为沿径向排列着许多叶片的半圆环，它们相向耦合布置，互不接触，泵轮与涡轮叶片端相对留有 3～4mm 间隙，形成环形空腔。

图 8-3 所示为其结构拆分示意图，其中发动机曲轴 1 与耦合器外壳 2 刚性连接并通过轴承固定在输出轴 5 上，耦合器外壳 2 与泵轮 3 安装固定，因此泵轮 3、耦合器外壳 2 与发动机曲轴 1 共同转动，是液力耦合器的主动元件，泵轮 3 与涡轮 4 之间没有刚性连接，泵轮 3 通过液力传动带动涡轮 4 旋转，涡轮 4 与输出轴 5 刚性连接。其动力传递路线为：发动机曲轴 1→耦合器外壳 2→泵轮 3→（液体传动）→涡轮 4→输出轴 5。

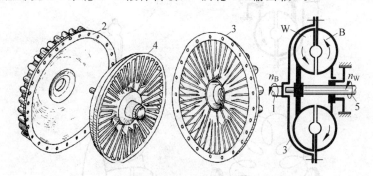

图 8-3 液力耦合器的结构示意图
1—发动机曲轴；2—耦合器外壳；3—泵轮；4—涡轮；5—输出轴

8.2.2 工作原理

液力耦合器是通过液体的流动实现能量从泵轮到涡轮的传递，首先分析液体的流动特性，为了便于理解，我们在液力耦合器的工作界面上选取了 3 个点：O_1、O_2 与 O_3，如

图 8-4(a)所示。思考这 3 点处的液体压力大小关系：当发动机带动泵轮旋转时泵轮中的液体被叶片搅动，叶片带动油液绕中心轴(输出轴)旋转，迫使这些油液被甩向泵轮叶片边缘，可以将这个过程类比于一个绕中心甩动的水瓶加以理解，如图 8-4(b)所示，如果以瓶子中的水为研究对象，有下式成立：

$$(p_{O_2} - p_{O_1})A_S = m_w \frac{v_w^2}{r} \tag{8-1}$$

式中　A_S——水柱作用面积；

　　　p_{O_2}，p_{O_1}——水柱上下端压力；

　　　m_w——水的质量；

　　　v_w——线速度；

　　　r——旋转半径。

可以看出，由于离心力的存在，外缘 O_2 处的压力大于 O_1 处的压力，而 O_2 处与 O_1 处的压力差则取决于泵轮转速与半径，这样不难分析泵轮叶片外缘 O_2 处的油液压力一定大于涡轮叶片外缘 O_3 处的油液压力，因为 O_2 点与 O_3 点的半径相等，而泵轮的转速超前于涡轮转速。因此油液在图 8-4(a)所示截面内会沿着 $O_1 \rightarrow O_2 \rightarrow O_3 \rightarrow O_1$ 循环回路流动，与此同时，油液还要在泵轮的搅动下绕其中心轴转动，其流动路线如图 8-4(c)所示，是一个首尾相连的环形螺旋线，这个螺旋线可以理解为两种运动的合成，一种是绕中心轴的转动，称为"环流"，另一种是我们刚才分析的在泵轮和涡轮的截面上的流动，称为"涡流"，如图 8-4(d)所示。环流是外部机械能注入的表现，而涡流则保证液力传动能够从泵轮到达涡轮。

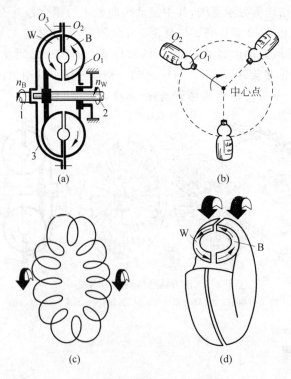

图 8-4　液力耦合器的工作原理

8.3 液力耦合器特性分析

液力耦合器工作的时候,能量可以顺利地由泵轮传递到涡轮的一个前提是 O_3 点的压力一定要高于 O_2 点,这样才可以保证涡流的存在,也就是说,液力耦合器工作的必要条件是泵轮转速大于涡轮转速,即

$$n_B > n_W \tag{8-2}$$

否则,假设涡轮的转速能够达到与泵轮一致,那么涡流就不会存在,如果仅有环流存在,那么被泵轮搅动而产生能量的液体就不会传递到涡轮,这是不可能的,因为这样的话,涡轮失去了动力来源,转速就会立刻下降。

对力矩特性进行分析,将液力耦合器中的液体作为一个整体研究对象,这些液体受到两部分力矩作用:一是泵轮对液体的主动力矩 M_B,二是液体推动涡轮旋转所受到的反作用力矩 M_W,有如下平衡关系:

$$M_B - M_W - M_\sigma = I_c \frac{d\omega_s}{dt} \tag{8-3}$$

式中 M_σ——力矩损失;
 I_c——液体转动惯量;
 ω_s——液体绕中心轴旋转角速度。

与整车质量相比,液力耦合器中的液体质量很小,因此其转动惯量可以近似为零,忽略损失,由式(8-2)可得

$$M_B \approx M_W \tag{8-4}$$

式(8-1)与式(8-3)为液力耦合器转速与转矩特性关系,即耦合器的泵轮转速永远大于涡轮转速,耦合器的泵轮转矩等于涡轮转矩。

定义三个表征液力传动特性的参数如下。

(1) 变矩比:涡轮力矩与泵轮力矩之比

$$K = \frac{M_W}{M_B} \tag{8-5}$$

(2) 转速比:涡轮转速与泵轮转速之比

$$i = \frac{n_W}{n_B} \tag{8-6}$$

(3) 传动效率:涡轮功率与泵轮功率之比

$$\eta = \frac{M_W n_W}{M_B n_B} \tag{8-7}$$

根据上面的分析可知,液力耦合器的变矩比 $K \approx 1$,而传动效率则约等于其转速比,因此涡轮与泵轮的转速差越大,其传动效率就越低;反之,当涡轮速度与泵轮速度越接近时,其传动效率就越高。液力耦合器效率特性曲线如图 8-5 所示,当发动机刚刚起步带动泵轮旋转时,由于外部负载的存在,涡轮并不会立刻跟随,此时耦合器效率很低,但也正是因为如

此,才相当于切断了发动机与外部负载之间的关联(类似于离合器的分离状态),使发动机平稳启动;随着发动机转速升高、力矩增大,当涡轮获得的力矩可以克服外部阻力之后,汽车起步,涡轮转速逐渐上升,转速比与传动效率迅速升高。但是需要注意的是,涡轮的转速永远都不会追上泵轮(转速比$i<1$),所以效率曲线中横坐标接近于1的部分是没有意义的,一般液力耦合器的效率最大值可达到97%左右。

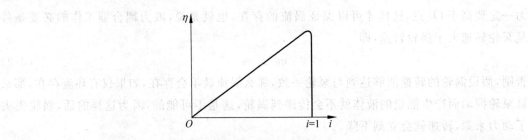

图 8-5 液力耦合器效率特性曲线

第 9 章

液力变矩器

9.1 液力变矩器的组成

液力变矩器与液力耦合器相比增加了导轮,其基本零部件主要有变矩器壳体、泵轮、导轮、涡轮、导轮固定套管和从动轴,如图 9-1 所示。其中,泵轮安装在液力变矩器壳体上,由于其与发动机输出轴呈刚性连接,泵轮的工作状态由发动机输出轴控制;涡轮与变速器输入轴直接相连,将动力提供给输出轴(从动轴);导轮位于涡轮和泵轮之间,通过导轮固定套固定于变速器壳体上,并与涡轮和泵轮之间保持一定的轴向间隙。液力变矩器用途广泛,其中汽车所用液力变矩器的工作轮一般是由钢板冲压焊接而成,而工程机械所用液力变矩器的工作轮则是由铝合金铸造而成。

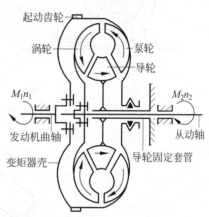

图 9-1 液力变矩器结构图

液力变矩器中的液体流动特点与液力耦合器有些类似,除了有绕变矩器轴向旋转的环流之外,还有在工作腔截面内的涡流,二者的合成形成了首尾相连的螺旋线;但与耦合器不同的是,液力变矩器不仅能传递转矩,而且它在泵轮转矩不变的情况下,随着涡轮转速的不同自动地改变涡轮所输出的转矩值,即实现变矩。液力变矩器之所以能起变矩作用,就是因为在结构上比耦合器多了一个导轮机构。在液体循环流动的过程中,固定不动的导轮给涡轮一个反作用力矩,使涡轮输出的转矩不同于泵轮输入的转矩。

9.2 液力变矩器工作原理

为了便于说明其工作原理,现以变矩器工作轮的展开图来分析其动力学和运动学特性,如图 9-2 所示,首先说明一下展开图的理解方法:B 表示泵轮,W 表示涡轮,D 表示导轮,由于涡流的存在,液体会沿 B→W→D→B→…的路线持续流动。这里需要发挥一些空间想象力,首先如果我们沿图中流线方向,将 B、W、D 依次展开,会得到绕着变矩器轴线中心对称的环形条,如图 9-2(b)所示,将此环形条连同变矩器轴线一起旋转 90°,即得到一个平行于纸面的扇形平面,且其中可以看到叶片的轮廓角度,最终的展开结果如图 9-2(a)所示。接下来,我们对其中的液体进行分析,如图 9-3 所示,首先,变矩器里的油液在泵轮力矩 M_B 的带动下做环流运动,油液将以一定的速度沿图中箭头 1 的方向冲向涡轮叶片,并对涡轮有一个作用力,这会产生一个使其绕涡轮轮轴的转矩,此即为液力变矩器的输出转矩,同时受到叶片的反作用力矩 M_W,液体离开涡轮之后进入导轮冲击导轮叶片,因而受到导轮的反作用力矩 M_D,容易得到液体在绕轴线方向上的受力关系,见式(9-1)。

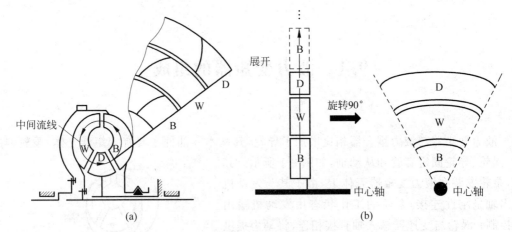

图 9-2 液力变矩器工作轮展开图
(a) 工作轮展开示意图;(b) 展开过程说明图

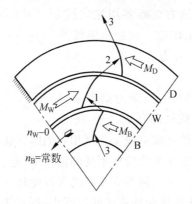

图 9-3 液力变矩器受力分析

$$M_B + M_D - M_W = H\alpha \qquad (9-1)$$

式中　H——变矩器中油液转动惯量;
　　　α——油液角加速度。

由于变矩器中油液转动惯量很小,可近似忽略,因此有如下力矩平衡关系:

$$M_W = M_B + M_D \qquad (9-2)$$

所以,涡轮输出转矩等于泵轮转矩与导轮转矩之和,显然,此时涡轮转矩 M_W 大于泵轮转矩 M_B,即液力变矩器起到了变矩的作用。

接下来我们对变矩器中液流的运动学关系进行分析。当发动机运转而汽车还未起步时,涡轮转速 n_W 为零,随着发动机转速升高,当经传动系传到驱动轮上所产生的牵引力足以克服汽车起步阻力时,汽车即起步并开始加速,与之相连的涡轮转速 n_W 逐渐增加。定义液流沿叶片方向流动的速度为相对速度 w,在叶轮的作用下所具有的沿圆周方向运动的速度为牵连速度 u,二者的矢量和为绝对速度 v。涡轮转速 n_W 不为零时,液流在涡轮出口处不仅具有相对速度 w,而且具有牵连速度 u,故冲向导轮叶片的液流的绝对速度认为是两者的合成速度,如图 9-4 所示。随着涡轮转速的增加,液流的牵连速度 u 增大,因此液流绝对速度 v 的方向会逐渐向左倾斜,之后必然会有一个时刻液流从两个导轮叶片的夹缝中冲过(液流既不会冲击到该导轮叶片的正面,也不会触碰前一个导轮叶片的背面),我们称这个时刻为"偶合点",因此此时的导轮完全不对液流起作用,导轮转矩 M_D 为零,这时的液力变矩器与液力耦合器无异,即涡轮转矩与泵轮转矩相等 $M_W=M_B$。在偶合点之后,如图 9-4 中 v_3 所示方向,液流将会冲击前一个导轮叶片的反面,这将导致导轮转矩方向与泵轮转矩方向相反,则涡轮转矩为前二者转矩之差

$$M_W = M_B - M_D \tag{9-3}$$

图 9-5 所示为泵轮、涡轮、导轮之间转矩关系随涡轮转速的变化。假设泵轮输入转矩固定,从图中可以看出,当汽车刚刚起步,即涡轮转速为零时,液力变矩器具有最大的变矩比,随着车速的增加,涡轮转速上升到某一值时,由涡轮流出的液流经导轮出口直接流回泵轮,导轮对液流不起作用,此时涡轮和泵轮转矩相同,液力变矩器变矩比 $K=1$(偶合点)。偶合点之后,涡轮转速继续增加,其转矩不断减小,导轮起到减小转矩的作用,此时变矩器不但没有增矩,反而进行了减矩,变矩器的效率将变得很低。为了解决这一问题,现在的变矩器中导轮都是通过一个单向离合器来安装在固定套管上,单向离合器允许液流冲击叶片正面时获得一个反力,但是当液流冲击叶片背面时,叶片处于自由旋转状态,不会对液流产生反作用力。

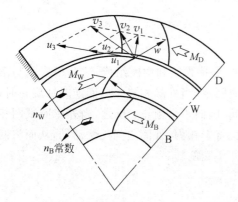

图 9-4 液力变矩器工作原理

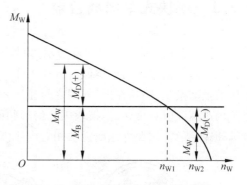

图 9-5 液力变矩器各部分转矩关系

9.3 单向离合器

本节介绍单向离合器的结构与工作原理。单向离合器也称为超越离合器,常见的单向离合器形式有滚柱式单向离合器、楔块式单向离合器以及棘轮式单向离合器。

9.3.1 滚柱式单向离合器

滚柱式单向离合器如图9-6所示,由外座圈、内座圈、滚柱和不锈钢叠片弹簧组成,导轮用铆钉或花键固定在外座圈上,内座圈与导轮固定套管用花键连接,导轮固定套管被固定在齿轮变速器的壳体上,外座圈上有若干偏心的圆弧面,叠片弹簧将滚柱压向内外座圈之间滚道比较窄的一端,而将内外座圈楔紧,外座圈可以相对内座圈逆时针自由转动,但是不能顺时针转动。

结合前面所学知识,我们进一步分析其工作过程:

图9-6 滚柱式单向离合器
1—铆钉;2—滚柱;3—叠片弹簧;
4—内座圈;5—外座圈;6—导轮

(1) 当涡轮转速较低,与泵轮转速差较大时,从涡轮流出来的液流冲击导轮叶片正面。但由于此时滚柱被楔紧在滚道的窄端,导轮和单向离合器外座圈一起被卡紧在内座圈上不动(图9-6中虚线方向),液流可获得导轮的反作用力矩,液力变矩器起到增大转矩的作用。

(2) 当涡轮转速升高到一定值时,叶轮冲击导轮背面,使导轮相对于内座圈按实线箭头方向移动,滚柱被挤向滚道宽的一端,单向离合器内外座圈松开,导轮成为自由轮(图9-6中实线方向),与涡轮作同向旋转,对液流不再有反作用力。此时,液力变矩器如同液力耦合器,只有涡轮和泵轮工作。

9.3.2 楔块式单向离合器

楔块式单向离合器如图9-7所示,由外圈、楔块、保持弹簧和内圈组成,这些楔块以与滚子式单向离合器中的滚子类似的方式工作。内座圈固定,当外圈相对于内圈逆时针旋转时,楔块被推动发生倾斜,在内、外圈之间让出一定空间,因而不会锁止;反之,当外座圈试图相对于内座圈顺时针旋转时,楔块因几何形状的缘故,将卡在内、外圈之间无法活动,从而将两者锁死在一起。因此外座圈无法相对内座圈阻止外座圈旋转。

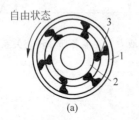
(a)

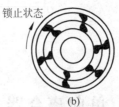
(b)

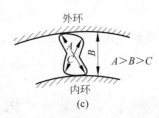
(c)

图9-7 楔块式单向离合器
1—外环;2—内环;3—锁止块

9.3.3 棘轮式单向离合器

棘轮式离合器如图 9-8 所示,它是单向离合器的一种,分为外啮合和内啮合棘轮离合器两类。传统的棘轮离合器通过一个棘轮和多个棘爪组成的机构实现一个旋转方向传递转矩和另一个方向进行空转的功能。

通常,用于自动变速器的单向离合器具有相对旋转的外圈和内圈,通过在外圈和内圈之间传递转矩的挡圈和滚子等与设置于外圈或内圈的轨道面的凸轮面啮合,从而仅沿一个方向传递旋转转矩。此外,在反方向上进行空转。在这样的单向离合器中,有使用棘轮作为在外圈和内圈之间传递转矩的转矩传递部件的棘轮式单向离合器。棘轮式单向离合器由如下部件构成:在内周具有凹部的外圈;与外圈配置在同一轴上并在外周具有缺口的内圈;收纳于凹部,与内圈的缺口嵌合,使单向离合器成为锁定状态,并在内圈和外圈之间传递转矩的爪部件;将爪部件推向内圈的弹簧。

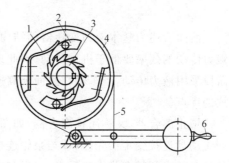

图 9-8 棘轮式离合器
1—弹簧;2—棘爪;3—棘轮;
4—带轮;5—闸带;6—手柄

在以上结构的棘轮式单向离合器中,当单向离合器沿一个方向旋转时,爪部件相对于内圈的外周自由地滑动,因此,外圈和内圈相对地进行空转。而当单向离合器想要沿另一个方向旋转时,爪部件与缺口嵌合,单向离合器成为锁定状态,能够在内外圈之间传递转矩。

常见的棘轮式离合器由棘轮、离合器支撑销、离合器销子、离合器弹簧、棘爪和拨轮组成。其工作原理:在弹簧的作用下,棘爪前端始终朝上,嵌在棘轮的齿槽中。当发动机启动时,在连接轴作用下棘轮开始顺时针旋转,并带动棘爪一起旋转。在离合器销子的作用下,棘爪带动拨轮旋转,此时棘轮离合器处于接合状态;当发动机启动后,拨轮和棘爪达到一定的转速,在离心力的作用下,棘爪末端甩出,以离合器销子为圆心旋转,棘爪前端克服离合器弹簧的弹力后与棘轮齿槽槽底分离,棘爪处于脱开状态,棘轮和拨轮以各自的转速旋转,互不干涉。此时离合器处于分离状态。

在以上结构的棘轮式单向离合器中,当单向离合器沿空转的方向旋转时,棘爪在棘轮齿顶面的末端滑过后在弹性元件的作用下撞击棘轮表面,并发出响声,然后棘爪继续滑到下个棘轮齿顶面,并继续滑过下个棘轮齿顶面的末端,因此当棘轮式单向离合器沿空转的方向旋转时,棘爪会不断撞击棘轮表面并发出响声,弹性元件随之不断伸缩并产生能量损耗,此过程会增加棘爪与棘轮的磨损并降低弹性元件的使用寿命。

要使棘轮式单向离合器稳定地工作,需要使推压爪部件的弹簧的动作和姿势稳定。在啮合时若爪部件被弹开,有时会发生弹簧沿弯曲方向运动并被夹在外圈和爪部件之间而产生变形的情况。一旦这样,则有可能使弹簧的姿势变得不稳定,不能向爪部件施加稳定的推压力。

另外,还有可能在工作中弹簧的动作变得不稳定,弹簧不能向爪部件施加设定的推压力。

通常,推压爪部件的弹簧从固定的方向稳定地与爪部件规定的部位接触,并施加规定的推压力,但如果像上述那样弹簧的动作变得不稳定,则不能在爪部件的正确位置上施加推压力。一旦出现这种状态,则有可能导致啮合性能降低,棘轮式单向离合器的耐久性降低。

因此弹簧的推压力应稳定,使棘轮式单向离合器的啮合性能提高,从而使棘轮式单向离合器的耐久性提高。

9.4 带锁止离合器的液力变矩器

前面所述为基本液力变矩器的结构与原理。尽管液力传动具有许多独特的优点,但是液力传动的效率要低于机械传动,因此现有的车用液力变矩器普遍加装锁止离合器,在起步阶段采用液力传动,当车辆在路面上高速行驶时则由机械传动来接管,充分发挥两种传动方式的优点。

锁止离合器(又称闭锁离合器)如图9-9所示,由主动盘和从动盘两个主要部分组成,其中主动盘连接变矩器壳体(即与泵轮连接),从动盘是可在轴间移动的压盘,为了减少冲击,从动盘的内圈带有弹性减振盘,然后与涡轮输出轴相连,主动盘和从动盘相接触的工作面上有摩擦片。当通过液压控制系统将锁止离合器的主动盘与从动盘压紧在一起时,就实现了泵轮与涡轮之间的机械锁止,这时泵轮与涡轮将以同步转动,此时液力传动将不起任何作用,变矩器直接以机械传动的形式实现传动。

图 9-9 带锁止离合器的液力变矩器实物分解图
(a)带锁止离合器的液力变矩器;(b)锁止离合器结构示意图;(c)液力变矩器结构分解图

锁止离合器的从动盘右边的油液与涡轮、泵轮中的压力油相通,左边的油路通过变矩器输出轴中间的控制油道与控制系统中的锁止控制阀相通,锁止动作的控制是由液压控制系统来实现的,当锁止控制阀接通变矩器压力油路时,压盘左右两侧保持相同的压力,锁止离合器处于分离状态,如图9-10(a)所示。动力必须经过液力变矩器传递,可充分发挥液力传动减振吸振、自动适应行驶阻力剧烈变化的优点,适合于汽车起步、换挡或在不良路面上行驶工况使用。当锁止控制阀接通变矩器回油路时,压盘左侧的油压降低。而压盘右侧的油液压力仍较高,在此压差的作用下,压盘通过摩擦片压紧上主动盘,如图9-10(b)所示。锁止离合器接合,动力经过锁止离合器实现机械传动,变矩器输入(泵轮)轴与输出(涡轮)轴成为刚性连接,传动效率较高,提高了汽车的行驶速度和燃油经济性。

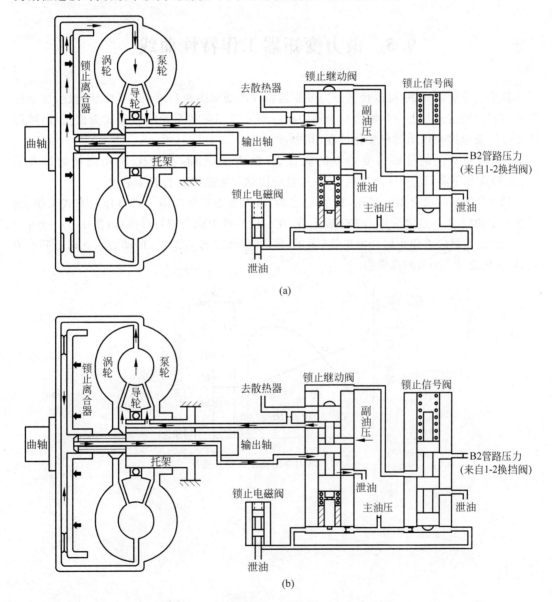

图9-10　锁止离合器液压控制系统
(a)锁止离合器分离状态；(b)锁止离合器接合状态

接下来分析液压控制原理：锁止离合器的操作直接受控于锁止电磁阀。锁止电磁阀的操作，通常是根据车速、节气门参数按比例转换的液压信号进行控制，现在较多采用的是根据车速、节气门参数按比例转换的电压位号，由 ECU 进行控制。缺省状态下，锁止电磁阀不上电，在其顶端弹簧作用下关闭泄油口，因此从主油路来的油压将锁止离合器继动阀和锁止信号阀的阀芯都顶在最上端位置，如图 9-10(a) 所示，副油压流到锁止离合器左侧，锁止离合器处于分离状态。如果 ECU 发送指令控制锁止电磁阀上电，电磁阀吸合，压缩弹簧使得阀芯上升，泄油口打开，来自主油路的高压油被卸荷，这时锁止信号阀阀芯在顶端弹簧作用下向下移动，导致来自 1-2 挡换挡阀的油压流至锁止继动阀顶端，进而推动锁止继动阀阀芯下移，如图 9-10(b) 所示，此时副油压的流通方向发生了换向，推动锁止离合器接合。

9.5　液力变矩器工作特性曲线

基于上述所学知识，可以得到液力变矩器特性曲线如图 9-11 所示，其中转速比、变矩比和传动效率的定义与上一章液力耦合器中相一致。以涡轮和泵轮的转速比为横坐标，可得变矩器的变矩比和传动效率变化过程，其中：

(1) N 点对应的是液力变矩器的偶合点，在 N 点之前，变矩比 K 由最初的最大值（约 2.2）逐步下降，到达 N 点处时，$K=1$，对应传动效率曲线上的 P 点；

(2) 由于单向离合器的存在，在 N 点之后，液力变矩器将以液力耦合器的方式工作，所以在效率曲线上 P 点之后将沿 PQ 线上升，这一段与液力耦合器特性曲线（图 8-5）一致；

(3) Q 点对应着锁止离合器生效（锁止）状态，因此在 Q 点之后，传动效率立刻上升至 R 点，保持接近于 100% 的高效率。

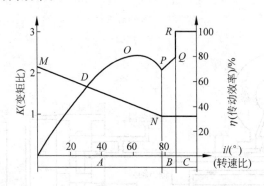

图 9-11　液力变矩器工作特性曲线

第四部分

液压与液力传动在汽车中的应用

第 10 章

工程车辆液压控制系统

10.1 汽车起重机液压控制系统

汽车起重机是一种常见的工程机械,它是将起重机安装在汽车底盘上的一种可移动的设备,机动性好,易于快速行动,承载能力大,可在有冲击、振动和环境较差的条件下工作。汽车起重机的执行元件需要完成的动作较为简单,位置精度要求不高,控制阀通常采用手动控制,但液压传动系统工作压力较高,对液压传动系统的安全性要求较高。图 10-1 所示为 Q2-8 型汽车起重机,主要由载重汽车 1、回转机构 2、支腿 3、吊臂变幅缸 4、吊臂伸缩缸 5、起升机构 6 和基本臂 7 等组成。Q2-8 型汽车起重机的最大起重量为 80kN,最大起升高度为 11.5m,起重装置可连续回转。

汽车起重机液压传动系统包含支腿收放机构、回转机构、伸缩与变幅机构、工作机构四个部分,其工作原理如图 10-2 所示。其中,前、后支腿收放控制由双联手动换向阀组 9 实现,其余动作由四联手动换向阀组 25 来实现。各液压换向阀均为 M 型中位机能三位四通手动液压换向阀,相互串联组合,可实现多液压缸卸荷。根据起重工

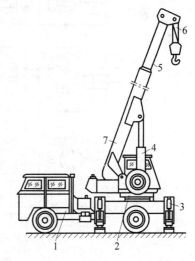

图 10-1 Q2-8 型汽车起重机结构简图
1—载重汽车;2—回转机构;3—支腿;
4—吊臂变幅缸;5—吊臂伸缩缸;
6—起升机构;7—基本臂

作的具体要求,操纵各液压换向阀不仅可以分别控制各执行元件的运动方向,还可以通过控制阀芯的位移量实现节流调速。该液压传动系统属于中高压系统,液压泵 6 的动力由汽车发动机通过安装在底盘变速箱上的取力箱 5 提供。液压泵 6 的额定压力为 21MPa,液压泵 6 通过中心回转接头 4、截止阀 3 和过滤器 2 从液压油箱 1 中吸油,输出的压力油经双联手动换向阀组 9 和四联手动换向阀组 25 串联地输送到各个液压执行元件。安全阀 12 用于防止液压传动系统过载。汽车起重机液压传动系统分为上车部分和下车部分,液压泵 6、安全阀 12、双联手动换向阀组 9 和支腿部分安装在下车部分,其余部分安装在上车部分。液压油箱 1 安装在上车部分,兼作配重。上车部分和下车部分油路通过中心回转接头 4 连通。根据其工作过程,液压控制回路可以分为支腿收放回路、回转回路、伸缩回路、变幅回路和起升回路。

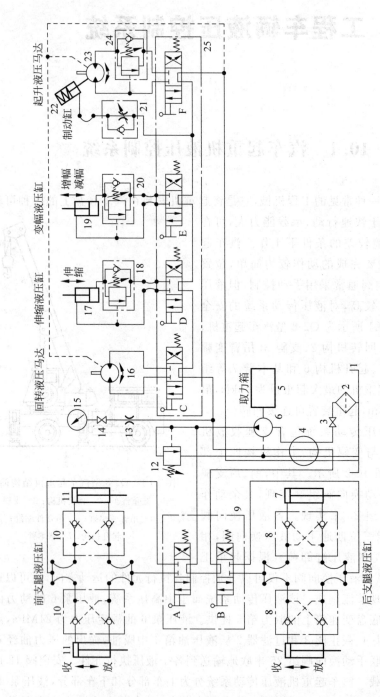

图 10-2 Q2-8 型汽车起重机液压传动系统工作原理图

1—液压油箱；2—粗过滤器；3,14—截止阀；4—安全阀；5—取力接头；6—液压泵；7—后支腿液压缸；8,10—双向液压锁；9—双联手动换向阀组；11—前支腿液压缸；12—安全阀；13—节流阀；15—压力表；16—回转液压马达；17—伸缩液压马达；18,20,24—单向顺序阀；19—变幅液压；21—单向节流阀；22—制动液压缸；23—起升液压马达；25—四联手动换向阀组

Q2-8型汽车起重机液压传动系统具有如下特点：

（1）采用了三位四通手动换向阀串联组合，不仅可以灵活方便地控制各机构换向动作，还可以通过手柄操纵来控制流量，以实现节流调速。在起升作业中，将此节流调速方法与控制发动机转速方法相结合，可以实现各工作机构微速动作。另外，在空载或轻载吊重作业时，可以实现各工作机构任意组合并同时动作，以提高生产率。

（2）采用中位机能为M型的三位四通手动换向阀，能使液压传动系统卸荷，减少功率损失，适合于汽车起重机间歇工作。

（3）液压传动系统采用了单向顺序阀的平衡回路，以及先导式双单向阀的锁紧回路和带制动缸的制动回路，保证了汽车起重机操作安全，工作可靠和运行平稳。

（4）在调压回路中，用安全阀限制液压传动系统最高压力。

10.1.1 支腿收放机构液压控制回路

由于汽车起重机轮胎支承能力有限，在进行吊装作业前必须放下前后支腿，使汽车轮胎架空，用支腿承载。汽车起重机的底盘前、后端各有两条支腿，每条支腿均配有液压缸。两条前支腿和两条后支腿分别由三位四通手动换向阀A和B控制其伸出和缩回。液压换向阀采用M型中位机能，因此各部分油路是串联的。每个液压缸的油路上均设有双向锁紧回路，以保证支腿被可靠地锁住，防止在起重作业时发生"软退"现象或行车过程中支腿自行滑落。

当三位四通手动换向阀A左位工作时，前支腿放下，其油路如下。

进油路：液压泵6→手动换向阀A左位→双向液压锁10→前支腿液压缸11无杆腔。

回油路：前支腿液压缸11有杆腔→双向液压锁10→手动换向阀A左位→手动换向阀B中位→手动换向阀C中位→手动换向阀D中位→手动换向阀E中位→手动换向阀F中位→液压油箱1。

当三位四通手动换向阀A右位工作时，前支腿收回，其油路如下。

进油路：液压泵6→手动换向阀A右位→双向液压锁10→前支腿液压缸11有杆腔。

回油路：前支腿液压缸11无杆腔→双向液压锁10→手动换向阀A右位→手动换向阀B中位→手动换向阀C中位→手动换向阀D中位→手动换向阀E中位→手动换向阀F中位→液压油箱1。

后支腿收、放液压缸用三位四通手动换向阀B控制，其油路路线与前支腿回路相同。

10.1.2 回转机构液压控制回路

回转机构采用一个液压马达作为执行机构，它通过蜗轮蜗杆减速箱和一对内啮合的齿轮来驱动转盘回转。转盘可以1～3r/min的低速进行转动，三位四通手动换向阀C控制马达正转、反转、停止三种工况，其工作过程描述如下。

进油路：液压泵6→手动换向阀A中位→手动换向阀B中位→手动换向阀C左位（中位、右位）→液压马达16反转（停止、正转）。

回油路：液压马达16→手动换向阀C左位（中位、右位）→手动换向阀D中位→手动换向阀E中位→手动换向阀F中位→液压油箱1。

10.1.3 伸缩回路与变幅回路

汽车起重机的吊臂由基本臂和伸缩缸组成,伸缩缸套入基本臂之中,其中基本臂的长度是固定的,但是可以在俯仰平面上摆动,称之为"变幅",是由安装在下面的变幅缸实现的,而伸缩臂则可以实现伸出、缩回和停止动作。从液压控制的角度而言,伸缩回路和变幅回路拥有完全相同的液压回路图,如图10-5所示。以伸缩回路为例来进行分析,当三位四通手动换向阀D左位工作时,吊臂缩回,其油路如下。

进油路:液压泵6→手动换向阀A中位→手动换向阀B中位→手动换向阀C中位→手动换向阀D左位→伸缩液压缸17有杆腔。

回油路:伸缩液压缸17无杆腔→平衡阀18(中的顺序阀)→手动换向阀D左位→手动换向阀E中位→手动换向阀F中位→液压油箱1。

当三位四通手动换向阀D右位工作时,吊臂伸出,油路如下。

进油路:液压泵6→手动换向阀A中位→手动换向阀B中位→手动换向阀C中位→手动换向阀D右位→平衡阀18(中的单向阀)→伸缩液压缸17无杆腔。

回油路:伸缩液压缸17有杆腔→手动换向阀D右位→手动换向阀E中位→手动换向阀F中位→液压油箱1。

这里需要特别分析一下图中的平衡阀18,它是由一个(外控式)液控顺序阀和单向阀组成的,作用是防止起重机的吊臂在重物自重的作用影响下下落。当液压缸17外伸时,油液经由单向阀进入无杆腔,此时平衡阀不起任何作用,但是当液压缸内缩时,由于单向阀的存在,油液必须从顺序阀中通过才能允许液压缸内缩,注意到顺序阀的液控口连接在液压缸有杆腔通道上,因此,除非液压缸内缩是由驾驶员主观操纵(使换向阀D处于左位),否则不论外部负载有多大,顺序阀液控口都不会有高压,顺序阀也就不会被开启,这样就有效避免了吊臂在重物自重的作用下下落。

平衡阀在起升机构中也存在,将不再重复论述。

10.1.4 起升回路

吊重起升回路是汽车起重机系统中的主要工作回路。吊重的提升和落下是由一个大转矩起升液压马达23带动卷扬机来完成的。三位四通手动换向阀F控制起升液压马达23的正转和反转。起升液压马达23的转速可通过改变发动机的转速来进行调节,油路中设置单向顺序阀24,用以防止外负载因自重而下落。考虑到起升液压马达23的内泄漏因素,在起升液压马达23的驱动轴上设置了制动液压缸22,制动液压缸22油路设置了单向节流阀21,当驾驶员有任何起升动作时,不论换向阀F位于左位还是右位,高压油都会经由单向节流阀21中的节流阀缓慢流向制动器,对抗弹簧作用力,实现制动缸内缩(松闸),而驾驶员停止起升(换向阀F位于中位)时,制动缸在弹簧作用力下外伸,将内部油液通过单向节流阀21中的单向阀快速排出,实现制动缸外伸(上闸),整个过程体现了制动回路的"上闸快、松闸慢"动作要求。

外负载起升油路如下。

进油路：液压泵 6→手动换向阀 A 中位→手动换向阀 B 中位→手动换向阀 C 中位→手动换向阀 D 中位→手动换向阀 E 中位→手动换向阀 F 右位→单向顺序阀 24→起升液压马达 23 正转，外负载提升。

回油路：起升液压马达 23→手动换向阀 F 右位→液压油箱 1。

外负载下落油路如下。

进油路：液压泵 6→手动换向阀 A 中位→手动换向阀 B 中位→手动换向阀 C 中位→手动换向阀 D 中位→手动换向阀 E 中位→手动换向阀 F 左位→起升液压马达 23 反转，外负载下落。

回油路：起升液压马达 23→单向顺序阀 24→手动换向阀 F 左位→液压油箱 1。

10.2 挖掘机液压控制系统

挖掘机的发展历史较为悠久，19 世纪三四十年代美国进行大规模西部开发，产生了以蒸汽机作为动力，模仿人体大臂、小臂和手腕构造，能行走和扭腰的挖掘机，这些早期的挖掘机主要用于矿山开采。随后的 100 余年中挖掘机并没有得到很大发展，发展迟缓的原因主要是挖掘机作业装置动作多、运动范围大、采用多自由度机构，机械传动对它不太适合。20 世纪 60 年代开始，液压传动技术得到了很快发展，逐渐成为成熟的传动技术，为挖掘机的发展建立了强有力的技术支撑。挖掘机具有较长的臂和杆、能装上各种各样工作装置，会行走、能回转，可实现多自由度动作，既能切削垂直壁面，又可以挖掘深的基坑和沟，是一种万能型的工程机械，得到了迅速的发展。目前挖掘机已成为工程机械中无可争议的第一主力机种，在世界工程机械市场上已占据首位，并且仍在发展扩大。挖掘机和液压传动是紧密地联系在一起的，现代挖掘机主要是指液压挖掘机，机械式挖掘机已很少见。

液压技术是挖掘机的技术基础，反过来由于挖掘机对液压技术的高要求，从而大大地推动了液压技术的发展。液压挖掘机是一个很大家族，目前向小型化和大型化两个方向发展。挖掘机的发展促使液压元件的高压化、小型化和大型化，其液压系统是工程机械液压系统中最复杂的，很多液压传动的先进技术体现在挖掘机上。现代液压挖掘机作业动作复杂、功能齐全，要求多功能的多路阀和复杂控制的液压泵，泵、阀和马达都要采用电子控制，挖掘机的发展使最初对各元件的个别控制发展到智能化的综合控制。先进的液压挖掘机被称为土建机械手，是建设机器人的代表。

10.2.1 工作机构液压控制回路

挖掘机工作机构控制回路如图 10-3 所示。该系统是一双泵系统，两泵同轴在同一壳体内，整个系统由两个独立的回路组成。行驶机构与回转机构采用液压马达作为执行元件，两个液压缸作为推土板的执行元件，四个液压缸相互配合作为挖掘铲斗的执行元件。其中，泵 A 经多路阀组 2 驱动回转马达、副臂缸、铲斗缸和右行走马达；泵 B 经多路阀组 1 驱动动臂缸、斗杆缸、推土缸和左行走马达。两个回路均为独立的串联回路，两个溢流阀分别控制两个回路工作压力。当阀组 2 各阀都处于中位时，可接合合流阀使双泵合流，加快工作速度，变速阀可使行走马达串联实现高速小转矩输出，或并联实现低速大扭矩输出。

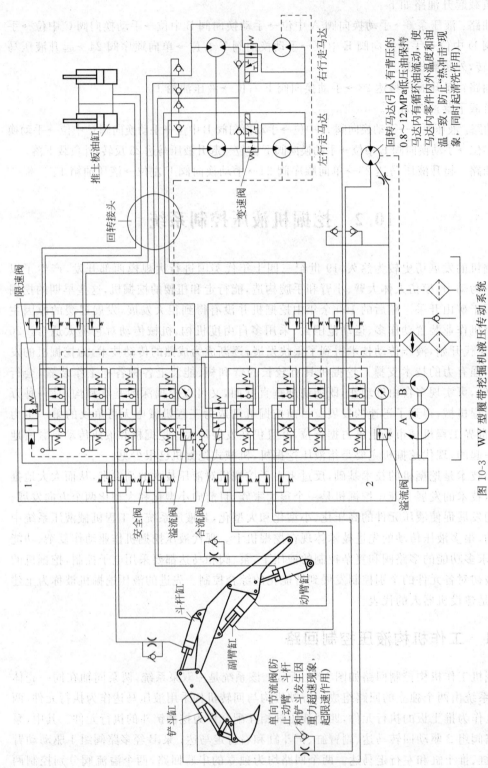

图 10-3　WY 型履带挖掘机液压传动系统
1,2—多路阀组；A,B—液压泵

下面进一步分析工作铲斗的液压控制原理。

10.2.2 铲斗控制原理

工作铲斗的控制包含多级机械臂，每一环节的控制方法是相同的，包含方向控制和速度控制，其中方向控制如图 10-4 所示，控制阀为一个三位四通换向阀，执行机构为双作用单活塞杆式液压缸，当需要使铲斗上抬时，手臂顺时针转动，此时主控阀如图 10-4(a)所示，液压缸内缩；当需要使铲斗下降时，拉杆逆时针转动，此时主控阀如图 10-4(b)所示，液压缸外伸；当需要使铲斗静止时，拉杆到达中位并保持不动，此时主控阀如图 10-4(c)所示，液压缸中停。

机械臂运动速度的控制有两种方法，如图 10-5 所示，一是利用调速阀（节流阀）来控制，即通过调节液体流入液压缸的速度来控制机械臂运动速度；另一种方法是利用变量泵，通过调节液体输出速度来控制机械臂运动速度。

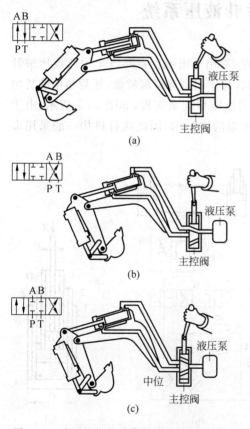

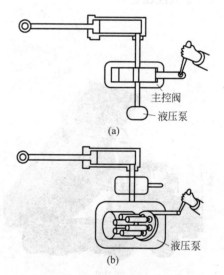

图 10-4 液压挖掘机动作的液压控制示意图
(a) 液压缸内缩，手臂顺时针转动；
(b) 液压缸外伸，手臂逆时针转动；
(c) 液压缸中停，手臂静止

图 10-5 液压挖掘机铲斗速度控制示意图
(a) 利用节流阀实现速度控制；
(b) 利用变量泵实现速度控制

10.2.3 回转机构液压控制原理

回转机构的控制如图 10-6 所示，依靠换向阀控制回转马达，这部分控制原理与汽车起重机完全一致,此处不再赘述。

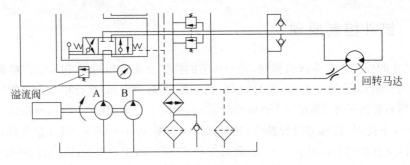

图 10-6　回转机构液压控制图

10.3　汽车货箱举升液压系统

自卸汽车由汽车底盘、液压举升机构、取力装置、货箱等组成。自卸汽车中的液压举升机构与汽车起重机中的臂架变幅液压回路较为相似,其作用是支撑起货箱,使货箱中的货物依靠重力自行卸下。汽车货箱的举升装置通常使用液压系统来实现,如图 10-7 所示,由于要求液压缸外伸行程较长而内缩后又可以容纳在有限的空间内,因此执行机构一般采用多级伸缩式液压缸。

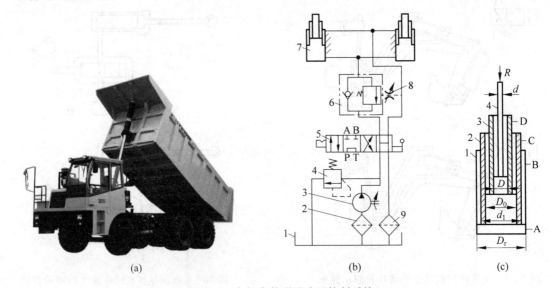

图 10-7　自卸车外形及液压控制系统
(a) 自卸车;(b) 液压控制系统原理图;(c) 多级伸缩式液压缸
1—油箱;2—过滤器;3—油泵;4—溢流阀;5—换向阀;
6—单向顺序阀;7—多级液压缸;8—节流阀;9—过滤器

自卸车翻斗起升过程中,在货物被卸掉之前,速度的逐级变化如式(10-1)所示,对于采用定量泵的液压系统,由于伸缩式液压缸工作面积逐级变小,因此速度逐级增大。

$$\begin{cases} v_1 = \dfrac{4q\eta_v}{\pi D_1^2} \\ v_2 = \dfrac{4q\eta_v}{\pi D_2^2} \\ v_3 = \dfrac{4q\eta_v}{\pi D_3^2} \\ \vdots \end{cases} \tag{10-1}$$

同理,液压缸泵油压力变化如式(10-2)所示,随着伸缩式液压缸的推进,假设液压缸的外部负载 F 恒定,则液体压力逐级变大。但是,实际上,随着货箱的逐渐倾斜,F 逐渐变小,所以回路中油压先由大变小,在切换液压内缸时又突然增大,然后再逐渐减小,如此往复。

$$\begin{cases} p_1 = \dfrac{4F}{\pi D_1^2 \eta_m} \\ p_2 = \dfrac{4F}{\pi D_2^2 \eta_m} \\ p_3 = \dfrac{4F}{\pi D_3^2 \eta_m} \\ \vdots \end{cases} \tag{10-2}$$

换向阀的操控方式描述如下:

(1) 停止工位:手控换向阀置于右1位,液压缸不工作,液压系统处于卸荷状态。

(2) 上升工位:手控换向阀置于左1位,压力油经平衡阀至液压缸的下腔,推动液压缸逐级外伸。

(3) 中停工位(锁止工位):手控换向阀置于左2位,液压缸处于中停状态,液压系统处于卸荷状态。

(4) 下降工位:手控换向阀置于右2位,压力油至液压缸的上腔,同时开启平衡阀中的顺序阀,使下腔中的液压油沿平衡阀流回油箱。

第11章

汽车变速器液压控制系统

自动变速器通常来说是一种不需要驾驶员控制离合器以及换挡动作的变速器,它可以在车辆行驶过程中根据节气门开度以及当前车速自动改变挡位,同样也适用于大型设备、铁路机车。

汽车自动变速器常见的有四种形式:液力自动变速器(AT)、机械式无级变速器(CVT)、电控机械式自动变速器(AMT)、双离合自动变速器(DCT)。严格来说,AT、AMT、CVT、DCT都具有自动变速控制的能力,我们所说的"自动变速器",通常是指液力自动变速器(AT),是由液力变矩器和行星轮组成的变速器。在美国,AT变速器占有绝对优势,这主要是因为,消费者要求汽车必须操控简单,驾乘舒适,但对油耗并不敏感,这种消费习惯造就了美国以AT为主的自动变速器市场。欧洲消费者注重驾驶体验和驾驶乐趣,喜欢手动操控机械带来的感觉,并且对油耗非常看重,所以,自动变速器发展空间一直不大。但具有节能和运动特性的DCT出现后,立刻成为欧洲市场上的宠儿。日本则是世界上CVT装车率最高的国家,日本消费者对CVT变速器青睐有加。结合本书具体情况,本章主要介绍AT变速箱和CVT变速箱。

11.1 液力自动变速箱

液力自动变速器的品牌型号很多,外部形状和内部结构也有所不同,但它们的组成基本与图11-1所示自动变速器剖面图相同,都是由液力变矩器和齿轮式自动变速机构组合起来的。自动变速器系统一般包括电控系统、液压系统、机械系统,其中电控系统由TCU(变速器控制单元)、电路等组成,液压系统由液力变矩器、离合器、油泵、油路、阀体、滤清器等组成,机械系统由变速器壳体、轴齿、换挡机构、驻车机构等组成。本节主要以动力流向为顺序分别介绍各部件。

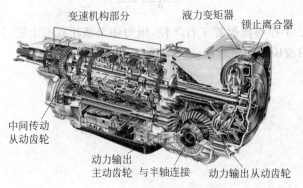

图11-1 自动变速器剖面图

11.1.1 离合器

1. 离合器的结构

离合器是切断或传递发动机向变速器输入动力的元件。其一边连接输入轴,另一边连接行星齿轮机构。按工作原理的不同,可以分为片式离合器和爪型离合器。其中片式离合器较为常用,爪型离合器使用较少。

多片湿式离合器通常由离合器鼓、离合器活塞、复位弹簧、弹簧座、一组钢片、一组摩擦片、调整垫片、离合器毂及几个密封圈组成。其实体结构如图 11-2 所示。

图 11-2　湿式多片离合器

离合器活塞安装在离合器鼓内,它是一种环状活塞,由活塞内外圆的密封圈保证其密封性,从而和离合器鼓一起形成一个封闭的环状液压缸,并通过离合器内圆轴颈上的进油孔和控制油道相通。一般离合器毂为主动件,离合器鼓为从动件。即液力变矩器传过来的动力带动离合器毂转动,摩擦片和钢片按照"摩擦片-钢片-摩擦片-钢片"这种形式交错排列。摩擦片的内花键齿与离合器毂的外花键齿连接,同时也可沿键槽做一定的轴向移动,离合器毂转动可以带动摩擦片转动。钢片的外花键齿安装在离合器鼓的内花键环齿圈上,可沿环齿圈键槽做轴向移动,钢片转动可以带动离合器鼓转动。摩擦片的两面均为摩擦系数较大的铜基粉末冶金层或合成纤维层。

2. 离合器的工作原理

离合器的操作过程如图 11-3 所示,当来自控制阀的液压油进入离合器液压缸时,作用在离合器活塞上的液压油的压力推动活塞,使之克服复位弹簧的弹力而移动,将所有的钢片和摩擦片相互压紧在一起;钢片和摩擦片之间的摩擦力使离合器鼓和离合器毂连接为一个整体,于是输入轴和行星排也因此被连接在一起,此时离合器处于接合状态。

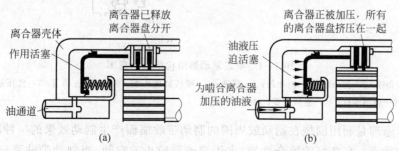

图 11-3　行星齿轮离合器啮合工作原理

当液压控制系统将作用在离合器液压缸内的液压油的压力解除后,离合器活塞在复位弹簧的作用下回到液压缸的底部,并将液压缸内的液压油从进油孔排出。此时钢片和摩擦片相互分离,两者之间无压力,离合器鼓和离合器毂可以朝不同的方向或以不同的转速旋转,离合器处于分离状态。离合器活塞和离合器片或离合器片和卡环之间有一定的轴向间隙,以保证钢片和摩擦片之间无任何轴向压力,这一间隙称为离合器的自由间隙,其大小可以用挡圈的厚度来调整。一般离合器自由间隙的标准为0.5~2.0mm,离合器自由间隙标准的大小取决于离合器的片数和工作条件,通常离合器片数越多或该离合器的交替工作越频繁,其自由间隙就越大。

11.1.2 制动器

制动器是一种起制动约束作用的机构,它将行星齿轮机构中的太阳轮、环齿圈和行星架这三个基本元件之一与变速器壳体相连,使该元件被约束固定而不能旋转。制动器的结构形式较多,目前最常见的是带式制动器和片式制动器两种。

1. 带式制动器

带式制动器又称为制动带,它主要由制动鼓、制动带液压缸及活塞等组成,如图11-4所示。

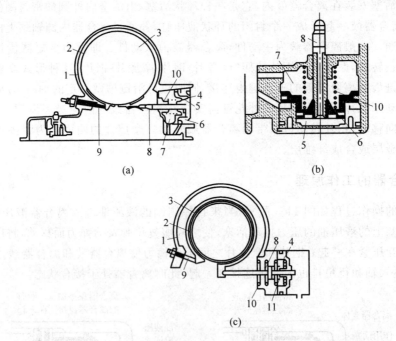

图11-4 带式制动器结构组成示意图

1—变速器壳体;2—制动带;3—制动鼓;4—活塞;5—液压缸施压腔;6—液压缸端盖;7—液压缸释放腔;
8—推杆;9—调整螺钉;10—复位弹簧;11—内弹簧

其工作原理是利用围绕在制动鼓周围的制动带收缩而产生制动效果的一种制动器。带式制动器的优点:有良好的抱合性能,占用变速器较小的空间,当制动带贴紧旋转时,会产生一个使制动鼓停止旋转的所谓自增力作用的楔紧作用。

带式制动器中的制动带是其中的关键元件之一,它是由在卷绕的钢带底板上粘接摩擦材料所制成的,钢带的厚度为 0.76～2.64mm。厚的钢带能产生大的夹紧力,用于发动机功率大的汽车自动变速器。薄的钢带能施加的夹紧力小,但因其柔性好,自增力作用强,所以能产生较大的制动力。

粘接在钢带内表面上的摩擦材料,其摩擦性能对自动变速器的性能来说是十分重要的。用于自动变速器的摩擦材料有多种类型,在商用汽车上一般采用硬度较高的铜基粉末冶金材料和半金属摩擦材料,在小客车上采用纸基摩擦材料。纸基摩擦材料由纤维素纤维、酚醛树脂和填充剂组成。酚醛树脂作为粘接剂,纤维素纤维连接成连续的基体。填充剂用来增加材料的强度、提高摩擦性能和耐磨性。自动变速器摩擦材料的填充剂有石墨、金属和陶瓷材料的粉末。现代的纸基摩擦材料已经可以用作重载下工作的摩擦元件,摩擦性能稳定,且纤维素纤维资源丰富,成本低,制造摩擦材料的工艺也较简单,可以降低自动变速器的造价,因而得到广泛的应用。

带式制动器的制动鼓与行星齿轮机构的某一个基本元件相连接,并随之一起转动。制动带的一端支承在变速器壳体上的制动带支架或制动带调整螺钉上,另一端与液压缸活塞上的推杆连接。液压缸被活塞分隔为施压腔和释放腔两部分,分别通过各自的控制油道与控制阀相通。制动带的工作由作用在活塞上的液压油压力所控制。当液压缸的施压腔和释放腔内均无液压油时,带式制动器不工作,制动带与制动鼓之间有一定的间隙,制动鼓可以随着与它相连接的行星排基本元件一同旋转。当液压油进入制动器液压缸的施压腔时,作用在活塞上的液压油压力推动活塞,使之克服复位弹簧的弹力而移动,活塞上推杆随之向外伸出,将制动带箍紧在制动鼓上,于是制动鼓被固定住而不能旋转,此时制动器处于制动状态。在制动器处于制动状态且有液压油进入液压缸的释放腔时,由于释放腔一侧的活塞面积大于施压腔一侧的活塞面积,活塞两侧所受的液压压力不相等,释放腔一侧的压力大于施压腔一侧的压力,因此活塞在这一压力差及复位弹簧弹力的共同作用下后移,推杆随之回缩,制动带被放松,使制动器由制动状态转成释放状态。这种控制方式可以使控制系统得到简化。当带式制动器不工作或处于释放状态时,制动带与制动鼓之间应有适当的间隙,间隙太大或太小都会影响制动器的正常工作。这一间隙的大小可用制动带调整螺钉来调整。在装复时,一般将螺钉向内拧紧至一定力矩,然后再退回规定的圈数(通常为 2～3 圈)。带式制动器结构简单、轴向尺寸小,维修方便,在早期的自动变速器中应用较多;但它的工作平顺性较差。为了克服这一缺陷,可在控制油路中设置缓冲阀或减振阀,使之在开始接合时液压缸内的油压能缓慢上升,以缓和制动力的增长速度,改善工作平顺性。

2. 片式制动器的结构与工作原理

片式制动器由制动鼓、制动器活塞、复位弹簧、钢片、摩擦片及制动毂等部件组成,其基本件组成如图 11-5 所示。

它的工作原理和多片湿式离合器基本相同,但片式制动器的制动鼓(相当于离合器鼓)固定在变速器壳体上,如图 11-6 所示。钢片通过外花键齿安装在固定于变速器壳体上的制动鼓内花键环齿圈中,或直接安装在变速器壳体上的内花键环齿圈中,摩擦片则通过内花键齿和制动鼓上的外花键齿连接。当制动器不工作时,钢片和摩擦片之间没有压力,制动毂可

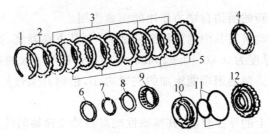

图 11-5　片式制动器的基本组成零部件

1、7—卡簧；2—法兰；3—摩擦片；4—活塞套筒；5—钢片；6—推力垫；
8—弹簧座；9—复位弹簧；10—活塞；11—O形圈；12—制动毂

以自由旋转。当制动器工作时，来自控制阀的液压油进入制动毂内的液压缸中，油压作用在制动器活塞上，推动活塞将制动器摩擦片和钢片夹紧在一起，与行星排某一基本元件连接的制动毂就被固定住而不能旋转。

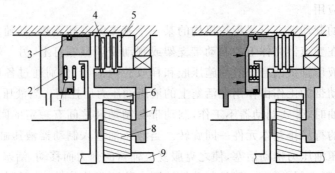

图 11-6　片式制动器结构及工作过程示意图

1—复位弹簧；2—活塞；3—密封圈；4—摩擦片；5—钢片；6—齿圈；7—行星架；8—行星齿轮；9—太阳轮

片式制动器的工作平顺性优于带式制动器，因此近年来在轿车自动变速器中，采用片式制动器的越来越多。另外，片式制动器也易于通过增减摩擦片的片数来满足不同排量发动机的要求。

11.1.3　行星齿轮机构

行星齿轮机构通常装在液力变扭器的后面，共同组成液力自动变速器。行星齿轮机构因类似于太阳系而得名。它的中央是太阳轮，太阳轮的周围有几个围绕它旋转的行星轮，行星轮之间，有一个共用的行星架。行星轮的外面，有一个大齿圈。

1. 行星齿轮机构的类型

按照齿轮的啮合方式分为内啮合和外啮合。外啮合行星齿轮机构体积大，传动效率低，故在汽车上已经被淘汰。内啮合行星齿轮机构体积紧凑，传动效率高，故在自动变速器中广为使用。按照齿轮的排数不同，行星齿轮机构可以分为单排和多排两种。多排行星齿轮机构是由几个单排行星齿轮机构组成的。汽车自动变速器中，行星排的多少因挡位数的多少而有所不同，一般三挡位有两个行星排，四挡位（具有超速挡的）有三个行星排。双行星齿轮机构在太阳轮和环齿圈之间有两组互相啮合的行星齿轮，其外面一组行星齿轮和环齿圈啮合,里面一组行星齿轮和太阳轮啮合。它与单行星齿轮机构相比,在其他条件相同的情况下,环齿圈可以得到反向传动。

用行星齿轮机构作为变速机构,由于有多个行星齿轮同时传递动力,而且常采用内啮合式,充分利用了环齿圈中部的空间,故与普通齿轮变速机构相比,在传递同样功率的条件下,可以大大减小变速机构的尺寸和质量,可实现同向、同轴减速传动;另外,由于采用常啮合传动,动力不间断,加速性好,工作也可靠。

2. 行星齿轮机构的基本结构

行星齿轮机构是自动变速器的重要组成部分之一,主要由太阳轮(也称中心轮)、环齿圈、行星架和行星齿轮等元件组成。其为实现变速的机构,变速比的改变是通过以不同的元件作主动件和限制不同元件的运动而实现的。在变速比改变的过程中,整个行星齿轮组还存在运动,动力传递没有中断,因而实现了动力换挡。

最简单的行星齿轮机构是由一个太阳轮、一个环齿圈、一个行星架和支承在行星架上的几个行星齿轮组成的,如图11-7所示。行星齿轮机构中的太阳轮、环齿圈及行星架有一个共同的固定轴线,行星齿轮支承在固定于行星架的行星齿轮车轴上,并同时与太阳轮和环齿圈啮合。当行星齿轮机构运转时,空套在行星架上的行星齿轮轴上的几个行星齿轮,一方面可以绕着自己的轴线旋转,另一方面又可以随着行星架一起绕着太阳轮回转,兼有自转和公转两种运动状态。

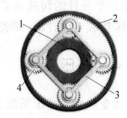

图 11-7 单排行星齿轮结构示意图
1—太阳轮;2—环齿圈;
3—行星架;4—行星轮

3. 单排行星齿轮机构

由于单排行星齿轮机构有两个自由度,因此,它没有固定的传动比,不能直接用于变速传动,也就不能传递功率。所以,行星排在传递功率时,三元件中的一个必须被锁止,使其他两个元件中的一个为主动件,另一个为从动件。通过这两个元件才能传递功率,也才有固定的传动比。另外,行星齿轮机构还有把三元件中任意两元件结合为一体的情况和三元件中任一元件为主动、其余的两元件自由运动两种组合方式。

综上所述,考虑空挡和直接挡在内,其标准啮合关系包含有8种组合方式,如表11-1所示。

表 11-1 行星齿轮标准啮合关系

状态	挡 位	固定部件	输入部件	输出部件	旋转部件
1	降速挡	齿圈	太阳轮	行星架	相同方向
2	超速挡	齿圈	行星架	太阳轮	相同方向
3	降速挡	太阳轮	齿圈	行星架	相同方向
4	超速挡	太阳轮	行星架	齿圈	相同方向
5	倒挡位(降速)	行星架	太阳轮	齿圈	相反方向
6	倒挡位(超速)	行星架	齿圈	太阳轮	相反方向
7	直接挡	没有	任意两个	第三元件	同向同速
8	空挡位	没有	不定	不定	不转动

关于行星齿轮的机械构造与工作原理在前期机械原理课程中已有详细描述，这里不再重复，只简单给出转速耦合关系及传动比的计算方法。

对于单排行星齿轮机构，有太阳轮1、齿圈2和行星架3三个输入/输出元件，用 Z_1、Z_2 与 Z_3 分别表示它们的齿数，假设参数 $k=Z_2/Z_1$（齿圈与太阳轮齿数之比），则三者之间一般运动规律的特性方程如下：

$$n_1 + kn_2 = (1+k)n_3 \qquad (11\text{-}1)$$

式中，n_1、n_2、n_3 分别为太阳轮、齿圈和行星架的转速。

根据上式，可以容易地求出任何情况下的行星齿轮传动比，例如，假设齿圈与太阳轮齿数比 $k=2.6$，如果太阳轮被锁止，行星架作为输入，齿圈作为输出，此时的传动比为（令 $n_1=0$）

$$i = \frac{n_3}{n_2} = \frac{k}{1+k} = 0.72 \qquad (11\text{-}2)$$

从中还可以得到一个有用的推论，即当太阳轮、齿圈和行星架中任意两个元件的转速相同时，第三个元件的转速也必然与之相等。所以，只要将三元件中的两个锁在一起，那么整个行星排就成一体转动，即表中所示的7直接挡。

11.1.4 液压系统

自动变速器的液压系统主要由油泵、调压阀、蓄能器、单向节流阀、节气门阀、手动控制阀、油箱、滤清器及管道等组成。主要作用是为自动变速器提供带有压力的液压油，执行换挡命令，还为自动变速器的离合器、齿轮提供冷却润滑作用。

1. 主压力调节阀

图11-8所示为自动变速器中的主压力调节阀，也称主调压阀，其作用类似于一个特殊的溢流阀，它连接在液压泵的出油口即主油路的进油口处，调节自动变速器液压控制系统主油路的压力。主调压阀主要由阀体、主阀芯、反馈柱塞、调压弹簧等组成，来自主油路的油压通过入口2流入主调压阀并作用在主阀芯上产生向下的压力，与调压弹簧达到平衡，当压力过高时压缩弹簧与回油口3接通，产生泄油使油压下降；反之，如果油压降低则泄油口关闭。如此往复使压力保持稳定，这个过程与溢流阀基本一致。

此外，主调压阀可以根据来自控制系统中其他几个控制阀的反馈油压的变化来改变所调节的主油路油压的大小。当手动阀处于倒挡状态时或油门增大时，来自压力油进口4和5的反馈油压引起上腔的油压增大，主油路压力增加。可以把主调压阀视为一个带有反馈功能的溢流阀，其工作过程如图11-9所示。

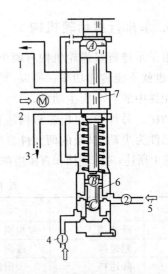

图11-8 主压力调节阀的结构原理图
1—至第二调节阀；2—油泵来油；3—泄油口；4—来自节气门阀的压力油进口；5—来自手动阀R挡位的压力油进口；6—调压柱塞；7—主阀芯；A、B、C—有效作用面积

第 11 章　汽车变速器液压控制系统

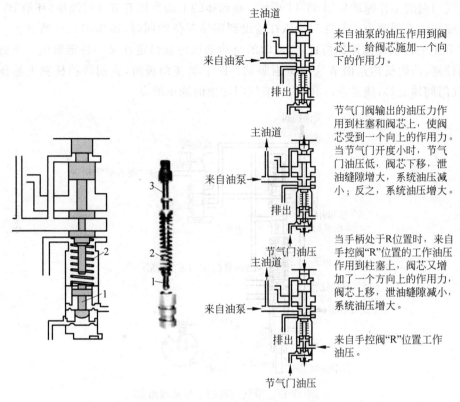

图 11-9　主压力调节阀工作原理示意图
1—柱塞；2—弹簧；3—阀芯

2. 蓄能器

关于蓄能器的内容，我们在第 5 章已经学习过，下面介绍蓄能器在自动变速器中的作用。图 11-10 中的 3 个蓄能器分别与 3 个挡位换挡执行元件的油路相通，对应在各挡起作用。当自动变速器换挡时，主油路压力油进入离合器、制动器的液压缸的同时也进入蓄能器。压力油进入的初期，油压不是很高，不能推动蓄能器活塞下移，因此液压缸油压升高快，这样便于离合器、制动器迅速消除自由间隙。

此后，油压迅速增大，油压克服减振弹簧的弹力将减振活塞下移，容积增大，油路部分压力油进入蓄能器工作腔，使液压缸内压力升高，速度减缓，离合器、制动器接合柔和，减小换挡冲击。

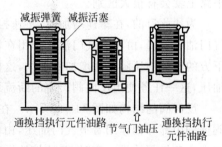

图 11-10　蓄能器

3. 节气门阀

节气门阀是由油门踏板来控制的，驾驶员踩油门踏板的深度不同，节气门阀中阀芯的位置也不同，从而作为一个输入信号，控制液压油路。

节气门阀的工作原理如图 11-11 所示：在阀体的上端作用着节气门油压（环槽B），在阀体的下端作用着弹簧力。节气门油压在输出到用油部位的同时，还作用在环槽B上。作用在环槽B上的油压使阀体保持稳定，此时的负荷油压也就稳定在某一特定数值。下方为强制降挡柱塞，凸轮机构是由节气门拉索驱动。踩下加速踏板时，强制降挡柱塞上移压缩弹簧，节气门阀体上移，使进油口开大，从节气门输出的油压增高。

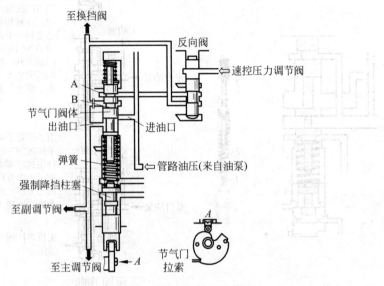

图 11-11 节气门阀的工作原理图

需要注意的是，在节气门阀的上端有一个反向阀，其作用是使节气门油压与速控油压（下文有详细解释）建立某种联系，从而使节气门油压与车速有一定的关联性。

这是因为在自动变速器中，挡位的变换是由速控油压与节气门油压共同控制的，加速踏板的位置相同时，车辆行驶的速度可能不同。例如，节气门开度不变，车辆下坡，车速增加，自动变速器应适时换入高挡。此时，如果节气门油压不随车速有所改变，则车辆换挡时机与平路上就会有很大区别。

为达此目的，在车速增加时，将速控油压引至节气门的上方，产生一向下的作用力，使节气门油压下降，由于节气门油压作用在各换挡阀的上方，从而使得各换挡阀上方的力减小，下方的速控油压随车速增加而加大，这样换挡时刻就提前了，这时也应有与之相应的节气门油压，这一任务便由反向阀产生的断流压力作用在节气门阀上端完成。

反向阀的结构如图 11-12 所示。在阀体的上方作用着速控调节油压，油压力向下；在阀体的中部环槽作用着节气门油压，由于环槽上下截面不相等，即 $A>B$，环槽内的作用力向上。节气门油压一定时，若速控油压升高，反向阀下移，开大进油口，输出的断流压力高，此压力作用在节气门上方，使节气门阀体下移，关小节气门阀的进油口，使节气门油压下降；反之则升高。

4. 强制降挡阀

在节气门阀的下方，还有一个强制降挡阀，其作用是当节气门全开或接近全开时，强制性地将自动变速器降低一个挡位，以获得良好的加速性能，事实上它和反向阀一样可以视为节气门阀的一部分,但由于其功能的特殊性这里单独进行描述。对于手动挡汽车,如果汽车在高速挡行驶过程中突然减速(例如前方有障碍),当驾驶员需要重新加速时,会先降低至低速挡,以获得较大的加速能力。类似的,在自动变速器中我们也需要实现这一功能,如图 11-13 所示,当节气门开度很大时,强制降挡阀阀芯会压缩弹簧移动,从而打开了从 A(主油路)通向 B(换挡阀)的油路,这个油路作用在换挡阀的左侧,强行将换挡阀压至低速挡位。

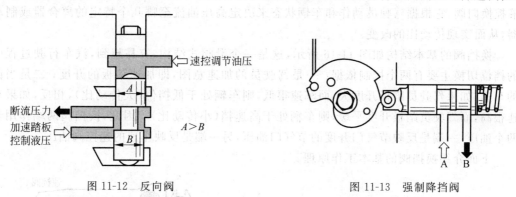

图 11-12 反向阀

图 11-13 强制降挡阀

除了上述机械式强制降挡阀之外,有时也会采用电磁式强制降挡阀,如图 11-14 所示,它的原理也是在踏板开度较大时打开一条由 A 到 B 的油路,不过作用方式是通过在踏板上安置一个位置触发的继电器开关,当踏板开度很大时触发电磁吸合,实现阀芯换向,导通 A→B通路。

5. 速控阀

速控阀(也称调速阀)的作用是产生一个受速度控制的油压,当转速较快时,可以产生一个高油压,反之转速降低时,油压也随之下降,它可以视为一个用来检测自动变速器输出轴速度的信号反馈元件。

速控阀的结构如图 11-15 所示,包括速控阀壳体、阀体、阀轴,以及质量块(重块)和弹簧。在阀体上有两个油路,一个是来自手控阀的工作油压,另一个则是输出的速控阀油压。调速阀安装在变速器输出轴上,与输出轴同步旋转。由于输出轴旋转时产生的离心力作用,使调速阀轴、重块、阀体一起向外甩动,很快速控阀阀轴下方的平台会被壳体卡在壳体上无法继续甩出,而阀体和重块

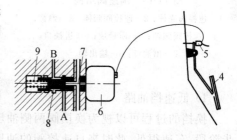

图 11-14 电磁控制式强制降挡阀

则会进一步外甩,连接阀体与阀轴的弹簧被拉伸,随着转速的上升,离心力变大,弹簧拉伸量变大,导致进油口 6 的开度变大(类似于一个减压阀口),从出油口 7 输出的工作油压也就增大,同时油压对阀芯产生一个向内的作用力,并与弹簧的拉力共同对抗离心力。通过上述过程可知,当转速上升时,速控阀油压上升。如果转速下降,那么离心力变小,在油压和弹簧共同作用下,阀体与质量块向中心移动,打开排油口,速控油压下降,下降至与离心力重新平衡之后,达到稳态。

速控阀的输出油压要送到两个位置:一是换挡阀,用来控制变速器换挡;二是节气门

油压,即我们之前提及的节气门反向阀上的反馈油压。

6. 换挡阀(液控换向阀)

在自动变速器中挡位的变换是通过操作行星轮机构中的离合器和制动器来实现的,而这些离合器/制动器的油压控制是由挡阀来执行的。换言之,所谓换挡阀,就是一个特殊的液控换向阀,它根据驾驶员动作和车辆状态来决定高压油流至哪几个特定的离合器或制动器,从而实现传动比的改变。

换挡阀的基本结构如图 11-16 所示,这是一个滑阀式结构,容易想到,汽车行驶过程中的挡位切换主要有两个控制依据:一是驾驶员的加速意图,即加速踏板的开度;二是当前的车速,如果驾驶员踏板开度大,而车速很低,则车辆处于低挡位(大传动比),相反,如果车速很高,而驾驶员踏板开度平缓,则车辆处于高速挡(小传动比)。因此,换挡阀两端作用着两个油压,一端是反映节气门开度的节气门油压,另一端是反映车速的速控阀油压。

下面介绍换挡阀的基本工作原理。

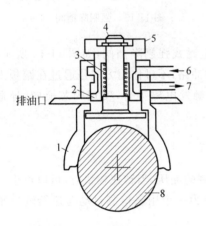

图 11-15 调速阀结构

1—速控阀壳体;2—速控阀阀体;3—弹簧;
4—速控阀阀轴;5—质量块;6—进油口;
7—出油口;8—输出轴

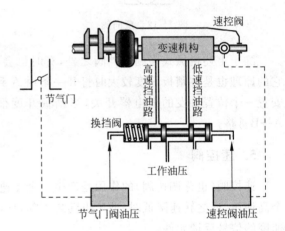

图 11-16 换挡阀结构示意图

1) 低速挡油路

换挡的过程可以视为换挡阀两侧油压抗衡的一个结果,如图 11-17 所示,当车辆处于起步阶段,车速很低,此时来自速控阀的油压远低于弹簧和节气门油压,换挡阀阀芯处于右端,接通低速挡油路。

2) 高速挡油路

随着车速的上升,速控阀油压逐渐升高,而节气门油压则逐渐下降(见节气门阀部分),当速控阀油压大于节气门油压与弹簧压力之后,推动换挡阀阀芯左移,如图 11-18 所示,此时工作油压进入高速挡油路。

7. 手控阀

手控阀相当于油路的总开关,由驾驶室内的换挡手柄控制。驾驶员根据意图需要(前进、后退、空挡、停车)推动换挡手柄。换挡手柄通过拉线带动自动变速器上的手控阀,进而控制不同的液压油路通断以实现变速器的不同功能。

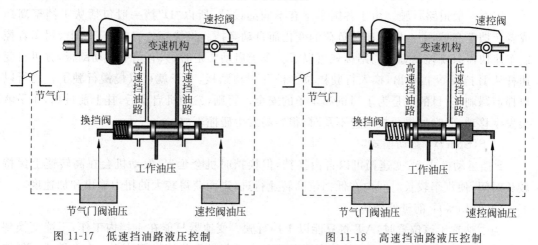

图 11-17　低速挡油路液压控制　　　　图 11-18　高速挡油路液压控制

图 11-19 所示为自动变速器换挡手柄挡位位置与操纵手柄及手动阀的连接结构。

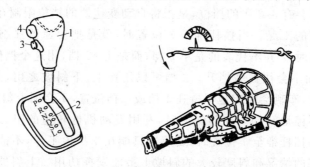

图 11-19　自动变速器换挡手柄与操纵手柄及手动阀的连接
1—手柄；2—挡位；3—超速挡开关或保持开关；4—锁止开关

1) P(Parking)：驻车

手柄置于该位置时可以启动发动机,但发动机运转时车辆不行驶,且车辆无法移动。它是利用机械装置去锁紧汽车的转动部分,使汽车不能移动。当汽车需要在一固定位置上停留一段较长时间,或在停靠之后离开车辆前,应该拉好手制动及将拨杆推进"P"的位置上。要注意的是,车辆一定要在完全停止时才可使用 P 挡,否则自动变速器的机械部分会受到损坏。另外,自动变速轿车上装置空挡启动开关,使得汽车只有在"P"或"N"挡才能启动发动机,以避免在其他挡位上误启动时使汽车突然前窜。

2) R(Reverse)：倒挡

R 倒车挡位,车辆将向后行驶。通常要按下拨杆上的保险按钮,才可将拨杆移至"R"挡。要注意的是,当车辆尚未完全停定时,绝对不可以强行转至"R"挡,否则变速器会受到严重损坏。

3) N(Neutral)：空挡

手柄置于该位置时,可以启动发动机,发动机运转时车辆得不到驱动力,但车辆可以被推动或拉动。将拨杆置于"N"挡上,发动机与变速器之间的动力已经切断分离。如短暂停留可将拨杆置于此挡并拉出手制动杆,右脚可移离刹车踏板稍作休息。

4) D(Drive):前进挡

用在一般道路行驶。由于各国车型有不同的设计,所以"D"挡一般包括从1挡至高挡或者2挡至高挡,并会因车速及负荷的变化而自动换挡。将拨杆放置在"D"挡上,驾车者控制车速快慢只要控制好油门踏板就可以了。车子启动要走时,只有踏下制动踏板,方可将变速杆从P挡或N挡移出,换入行驶挡位。松开制动踏板,车子就可以慢慢行驶了。之所以要提前踩刹车,目的也是为了司机和车子的安全。否则,发动机启动后,挂上前进挡,车子就会发生移动,此时如果司机反应不及时,很容易发生碰撞事故。

5) S(Sport):运动模式

S挡运动模式下,变速箱可以自由换挡,但换挡时机会延迟,发动机会在高转速上保持较长时间,使汽车较长时间内在低挡位高转速行进,进而获得较大的扭力输出和加速度。

6) L(Low):前进低挡位

当手柄置于该位置时,AT将只能以1挡行驶。变速器只能在1挡内工作,不能变换到其他挡位。它在严重交通堵塞的情况和斜度较大的斜坡上最能发挥功用。上斜坡或下斜坡时,可充分利用汽车发动机的扭力。

还有一些挡杆会有3/2/1的挡位,是指将自动变速器的挡位限制在某一个挡位以下,用于满足一些特定的工况。当挡杆推至3位置时,就是把变速器强制限制在3挡以下。当挡杆推至2位置时,2并不代表的是单2挡,而是1~2挡,用这个挡位时变速箱会在1、2挡间自动切换,而不会往更高挡升。2挡可以用作上、下斜坡之用,此挡段的好处是当上斜坡或落斜坡时,车辆会稳定地保持在1挡或2挡位置,不会因上斜的负荷或车速的不平衡而使变速器不停地转挡。在落斜坡时,利用发动机低转速的阻力作制动,也不会令车子越行越快。当挡杆推至1位置时,变速器只能在1挡内工作,不能变换到其他挡位。它在严重交通堵塞的情况和斜度较大的斜坡上最能发挥功用。上斜坡或下斜坡时,可充分利用汽车发动机的扭力。

注意事项:

(1) 发动机在启动时,自动变速箱对挡位也做了限制,这是厂家出于安全的考虑而对变速箱所做的调整。一般只有当变速杆处于挡位P或N的位置,才可以启动发动机。如果变速杆在行驶挡位,诸如D、R等位置,发动机不能启动。这一限制的目的是防止汽车与前后的物体发生碰撞。如果新手启动不了发动机,应该先检查一下是不是挂错了挡。如果不是P或者N挡,应该先调整过来,再启动车子。

(2) 利用N挡启动的方法:当车辆发动后,不需要倒车而直接向前行驶时,可以先接通电源,踩住刹车把挡位推到N,再点火,之后挂入D挡直接前行,这样可以避免在P挡打火后,需要经过R挡,使变速箱经过一次反向冲击。

如图11-20与图11-21所示,当换挡手柄P-R-N-D-S-L变换时,通过拉线带动手控阀滑阀移动至相应的位置,使进入手控阀的主油路与不同的控制油路相连通,或者直接将主油路压力油送入相应的换挡执行元件(如进入前进离合器、倒挡离合器等),并使不参加工作的控制油路与泄油孔相连通,这些油路中的压力油泄空,从而使控制系统及自动变速器处于不同挡位的工作状态。

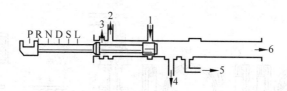

图 11-20 手控阀结构示意图

1—主油路;2—倒挡油路;3、6—泄油口;4—前进挡油路;5—前进低挡油路

图 11-21 6位6通换向阀

11.1.5 液压控制回路

液压控制系统按控制机构形式的不同分为两大类:液控液压式、电控液压式。从自动变速器诞生起至20世纪60年代,所采用的液压控制系统都是液控液压式。1969年,法国雷诺公司首先在轿车上采用了电控液压系统的自动变速器。

1. 液控液压式

液控式控制过程:通过机械方式将车速和节气门开度信号转换成控制油压→控制换挡阀→改变离合器接通和切断的状态、制动器的油路→控制升挡和降挡。

本节以日本自动变速器公司生产的3N71B型自动变速器为例,说明自动变速器液压控制系统的工作过程。

3N71B型自动变速器是由日本自动变速器公司生产,采用辛普森二挡行星齿轮变速器的自动变速器,曾被日产汽车公司用于Datsun牌轿车。它共有三个前进挡和一个倒挡。其液压控制系统包括液压泵、主油路调压阀、手控制阀、真空式节气门阀、离心调速阀、2个换挡阀、强制低挡阀等。执行元件有4个:倒挡及高挡离合器C_1、前进离合器C_2、2挡制动器B_1、低挡及倒挡制动器B_2。执行元件工作与挡位的关系可参见表11-2。

表 11-2 3N71B型自动变速器挡位与执行元件关系表

选挡手柄位置	挡位	换挡执行元件			
		C_1	C_2	B_1	B_2
D	1		●		
	2		●	●	
	3	●	●		
R	倒挡	●			●

注:●表示该元件处于锁止(接合)状态。

如图11-22所示,液压泵2输出的压力油经主油路调压阀6调压后,送往手动阀7、节气

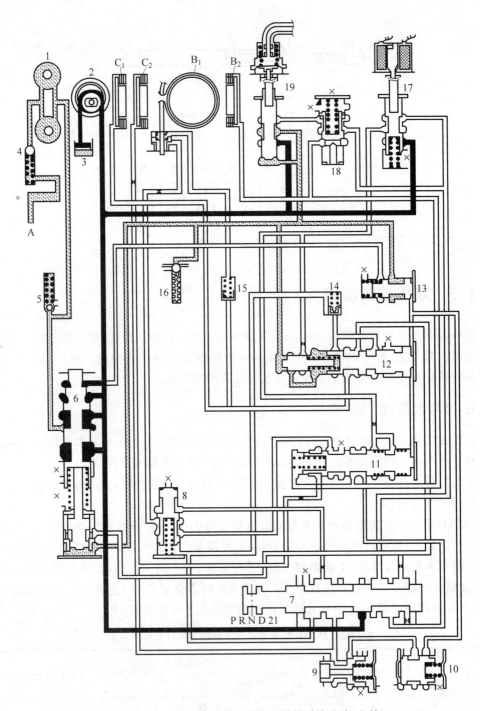

图 11-22 3N71B型自动变速器液压操纵系统油路(空挡)

1—变矩器；2—液压泵；3—油底壳；4—变矩器回油路；5—变矩器限压阀；6—主油路调压阀；7—手动阀；8—2挡锁止阀；9—次级调速阀；10—初级调速阀；11—1～2挡换挡阀；12—2～3挡换挡阀；13—压力校正阀；14、15—单向节流阀；16—节气门限压阀；17—强制降挡阀；18—节气门止回阀；19—节气门阀；A—至行星排；B_1—2挡制动带；B_2—低挡及倒挡制动器；C_1—倒挡及高挡离合器；C_2—前进离合器；×—泄油孔

门阀 19 和强制降挡阀 17。节气门阀产生的节气门阀控制压力油被引至主油路调压阀下端，使主油路油压随节气门开度的增大而升高。主油路调压阀还输出一条油路，经变矩器压力调节阀 5 降压后，进入液力变矩器 1；液力变矩器中的热油则经回油阀 4 进入油冷却器，以进行行星齿轮和轴承的润滑。其他油路的流向，则根据手控制阀所选择的工作位置而定。

1) 空挡

当操纵手柄置于"N"位置时，"空挡"被选取。手控制阀切断主油路通往 1~2 挡换挡阀 11、各换挡执行元件和调速阀置 9、10 的油道，使其不工作，自动变速器处于空挡状态，如图 11-22 所示。

2) 停车挡

当操纵手柄处于"P"位置时，"停车"状态被选取。两条油路被接通：一条经强制降挡阀后作用于 2~3 挡换挡阀 12 左端，使其保持在右侧低挡位置；另一条使主油路压力油作用于 1~2 挡换挡阀 11 左端，也让该换挡阀保持在右侧低挡位置，同时进入低挡及倒挡制动器 B_2，使该制动器接合，如图 11-23 所示。由于此时倒挡及高挡离合器 C_1、前进离合器 C_2 尚未接合，变速器输入轴上的动力不能传到行星齿轮机构，变速器也没有动力输出。与空挡不同的是，此时变速器输出轴被停车挡驻车机构锁止，输出轴与驱动轴均不能转动。

3) 前进挡（D 位）

当操纵手柄在"D"位时，"前进挡"被选取。三条油路被接通：一条是主油路压力油通向离心调速阀 9、10，使调速阀产生调速阀控制油压；同时通往前进离合器 C_2，使其接合；再就是进入 1~2 挡换挡阀 11，为换挡做准备。另一条通至 2 挡锁止阀 8 下端，使该阀处在上位工作；同时通往 2~3 挡换挡阀 12。还有一条油路通往 2 挡锁止阀 8 上端。

当车速较低时，1~2 挡换挡阀和 2~3 挡换挡阀右端的调速阀油压较低，两个换挡阀均处于右侧低挡位置，除前进离合器 C_2 接合外，其他换挡执行元件油路都处于关闭状态，自动变速器挂上 1 挡，如图 11-24 所示。

随着车速的提高，调速器油压也逐渐增大。当车速达到某一数值时，1~2 挡换挡阀右端的调速阀油压力大于左端主油路油压力与弹簧力的合力，换挡阀阀芯左移，接通至 2 挡制动带 B_1 的油路，主油路压力油经 1~2 挡换挡阀、2 挡锁止阀后进入 B_1 的液压缸，使制动带箍紧，产生制动，如图 11-25 所示。自动变速器由 1 挡升至 2 挡。

当车速进一步提高，使 2~3 挡换挡阀右端的调速阀控制油压力大于左端节气门阀油压力与弹簧力之和时，2~3 挡换挡阀左移，主油路压力油经单向节流阀 14、2~3 挡换挡阀和单向节流阀 15 进入 2 挡制动带 B_1 液压缸上腔，因油压作用面积大于下腔而使得制动带松开；这路压力油也通至倒挡及高挡离合器 C_1 使其而接合，如图 11-26 所示。此时，倒挡及高挡离合器 C_1、前进离合器 C_2 同时工作，自动变速器由 2 挡升至 3 挡。

当驾驶员将油门踏板完全踩下时，踏板下的强制低挡开关闭合，强制降挡电磁阀通电，阀芯下移，使主油路压力油通往 2~3 挡换挡阀左端和 1~2 挡换挡阀中部。因 2~3 挡换挡阀左端的油压作用面积较大，可克服右端的调速阀油压力，使阀芯右移，变速器由 3 挡强制降至 2 挡，如图 11-27 所示。

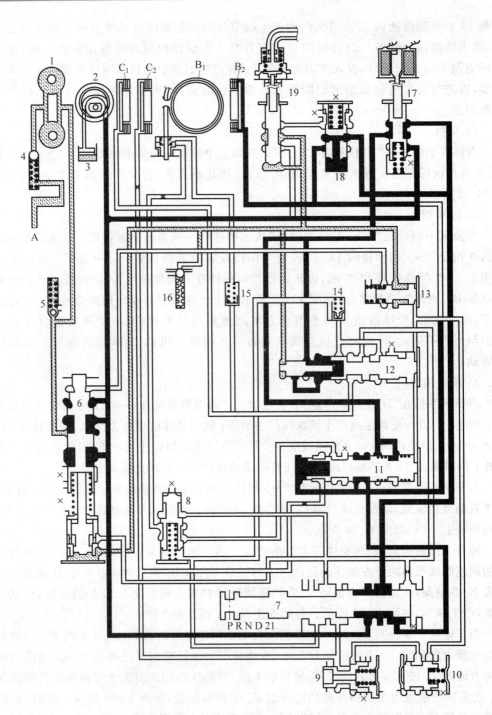

图 11-23 3N71B型自动变速器液压操纵系统油路(停车)

1—变矩器；2—液压泵；3—油底壳；4—变矩器回油路；5—变矩器限压阀；6—主油路调压阀；7—手动阀；8—2挡锁止阀；9—次级调速阀；10—初级调速阀；11—1～2挡换挡阀；12—2～3挡换挡阀；13—压力校正阀；14、15—单向节流阀；16—节气门限压阀；17—强制降挡阀；18—节气门止回阀；19—节气门阀；A—至行星排；B_1—2挡制动带；B_2—低挡及倒挡制动器；C_1—倒挡及高挡离合器；C_2—前进离合器；×—泄油孔

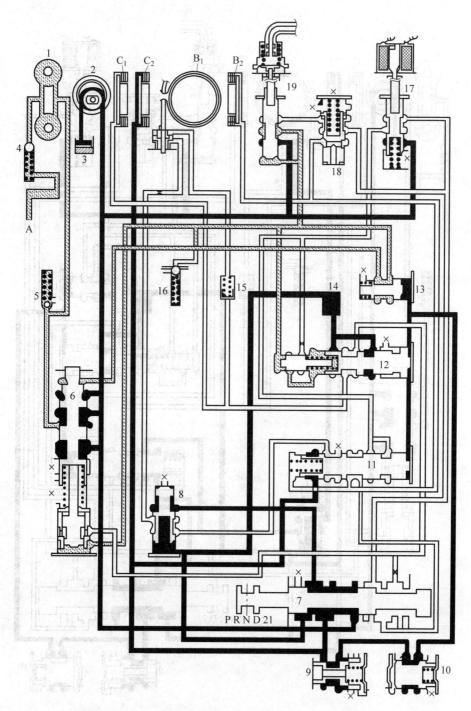

图 11-24 3N71B型自动变速器液压操纵系统油路(D位1挡)

1—变矩器；2—液压泵；3—油底壳；4—变矩器回油路；5—变矩器限压阀；6—主油路调压阀；7—手动阀；8—2挡锁止阀；9—次级调速阀；10—初级调速阀；11—1~2挡换挡阀；12—2~3挡换挡阀；13—压力校正阀；14,15—单向节流阀；16—节气门限压阀；17—强制降挡阀；18—节气门止回阀；19—节气门阀；A—至行星排；B_1—2挡制动带；B_2—低挡及倒挡制动器；C_1—倒挡及高挡离合器；C_2—前进离合器；×—泄油孔

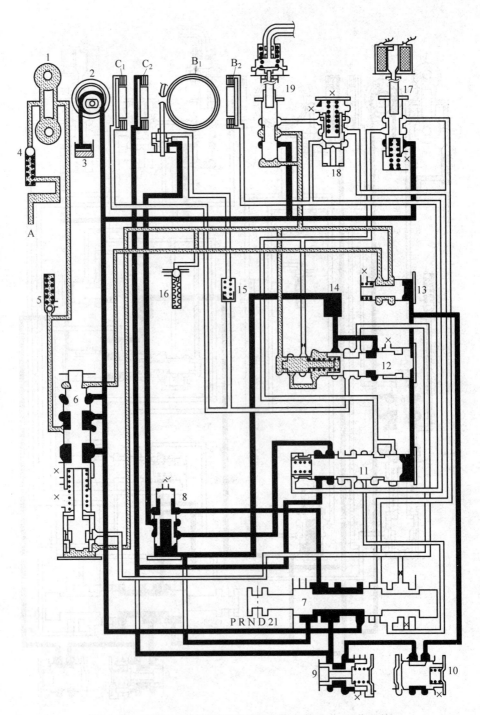

图 11-25 3N71B型自动变速器液压操纵系统油路(D位2挡)

1—变矩器；2—液压泵；3—油底壳；4—变矩器回油路；5—变矩器限压阀；6—主油路调压阀；7—手动阀；8—2挡锁止阀；9—次级调速阀；10—初级调速阀；11—1~2挡换挡阀；12—2~3挡换挡阀；13—压力校正阀；14、15—单向节流阀；16—节气门限压阀；17—强制降挡阀；18—节气门止回阀；19—节气门阀；A—至行星排；B_1—2挡制动带；B_2—低挡及倒挡制动器；C_1—倒挡及高挡离合器；C_2—前进离合器；×—泄油孔

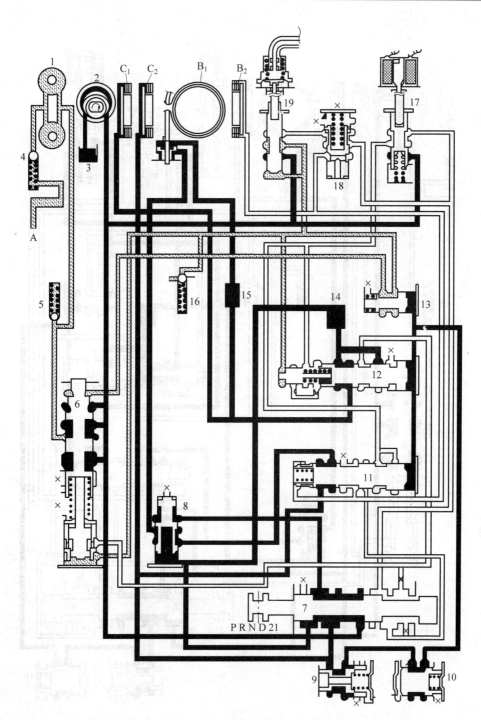

图 11-26　3N71B 型自动变速器液压操纵系统油路(D 位 3 挡)

1—变矩器；2—液压泵；3—油底壳；4—变矩器回油路；5—变矩器限压阀；6—主油路调压阀；7—手动阀；8—2 挡锁止阀；9—次级调速阀；10—初级调速阀；11—1～2 挡换挡阀；12—2～3 挡换挡阀；13—压力校正阀；14、15—单向节流阀；16—节气门限压阀；17—强制降挡阀；18—节气门止回阀；19—节气门阀；A—至行星排；B_1—2 挡制动带；B_2—低挡及倒挡制动器；C_1—倒挡及高挡离合器；C_2—前进离合器；×—泄油孔

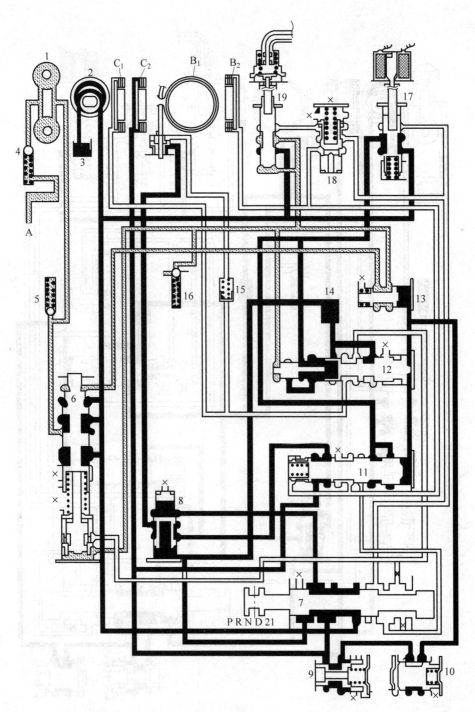

图 11-27 3N71B型自动变速器液压操纵系统油路(强制降挡)

1—变矩器；2—液压泵；3—油底壳；4—变矩器回油路；5—变矩器限压阀；6—主油路调压阀；7—手动阀；8—2挡锁止阀；9—次级调速阀；10—初级调速阀；11—1～2挡换挡阀；12—2～3挡换挡阀；13—压力校正阀；14、15—单向节流阀；16—节气门限压阀；17—强制降挡阀；18—节气门止回阀；19—节气门阀；A—至行星排；B_1—2挡制动带；B_2—低挡及倒挡制动器；C_1—倒挡及高挡离合器；C_2—前进离合器；×—泄油孔

4) 手动2挡(2位2挡)

当操纵手柄置于"2"位时,"手动2挡"功能被选定。此时,强制降挡电磁阀17闭合,手控制阀接通三条油路:一条通往调速阀9、10和前进离合器C_2,产生调速阀控制油压并使前进离合器接合;另一条通至2挡锁止阀8上端,将锁止阀推下,导通压力油到2挡制动带B_1液压缸的油路;还有一条经强制降挡阀通往2~3挡换挡阀左端和1~2挡换挡阀中部,使两个换挡阀均处于右边的低挡位置,没有其他执行元件工作,如图11-28所示。由于此时2挡制动带B和前进离合器C_2的工作与调速阀、节气门阀的状态无关,故无论车速如何变化,自动变速器始终被锁止在2挡。

在这里需要注意的是,有些自动变速器选择"手动2挡"时,变速器可在1~2挡之间随路况自动升降挡。

5) 手动1挡

当操纵手柄置于"1"位时,"手动1挡"被选定,强制降挡电磁阀17同时闭合。手控制阀接通三条油路:一条通往调速阀9、10和前进离合器C_2;另一条通往1~2挡换挡阀11;第三条经强制降挡阀分别通向2~3挡换挡阀12左端和1~2挡换挡阀。如汽车正在以3挡行驶,则2~3挡换挡阀立即被推至右位,倒挡及高挡离合器C_1因接回油路而分离,变速器被强制降为2挡,且不会再升挡,如图11-29所示。

如车速进一步降低,作用在1~2挡换挡阀左端的主油路油压可使换挡阀右移,2挡制动带B_1油缸下腔接回油,手动阀输出的一条压力油经1~2挡换挡阀通至低挡及倒挡制动器B_2,变速器由2挡降至1挡,如图11-30所示,且因手控制阀输出的这条油路也始终作用于1~2挡换挡阀左端,变速器被锁止在1挡位置。

6) 倒挡

当操纵手柄置于"R"位时,"倒挡"被选定。手控制阀接通三条油路:一条经强制降挡阀17后作用于2~3挡换挡阀12左端,使其保持在右侧低挡位置;另一条使主油路压力油作用于1~2挡换挡阀11左端,也让该换挡阀保持在右侧低挡位置,同时进入低挡及倒挡制动器B_2,使该制动器接合;还有一条将压力油引至主油路调压阀6下端,推动阀芯上移,关闭泄压口,使此时的主油路压力相应升高,以满足倒挡时换挡执行元件工作油压要比其他挡位高的要求,同时,这部分压力油又经2~3挡换挡阀分别通往高挡及倒挡离合器C_2、制动带B_1液压缸上腔,使离合器C接合、制动带B_1松开,如图11-31所示。由于高挡及倒挡离合器C_1、低挡及倒挡制动器B_2工作,自动变速器挂倒挡。

在油路中,有一压力校正阀13,其作用是使汽车在起步时有足够大的主油路压力,以防止前进离合器打滑,而当汽车达到一定的车速后,使主油路压力下降,以减小油泵的运行工作阻力。汽车起步时,调速阀油压为0,压力校正阀将通往主油路调压阀上端的节气门阀油路切断(如图11-23所示位置);汽车起步后,当压力校正阀右端的调速阀油压作用力大于左端弹簧力时,压力校正阀左移,接通主油路调压阀上端的节气门阀油路,使主油路调压阀阀芯下移,泄压口略开,主油路压力下降(如图11-24所示位置)。

2. 电控液压式

电控式和液控式基本控制理念和原理是一样的,只不过电控式信号采集方式和油路的控制方式不同,液控式是依靠节气门液压、车速液压和弹簧弹力来控制柱塞从而改变油路实

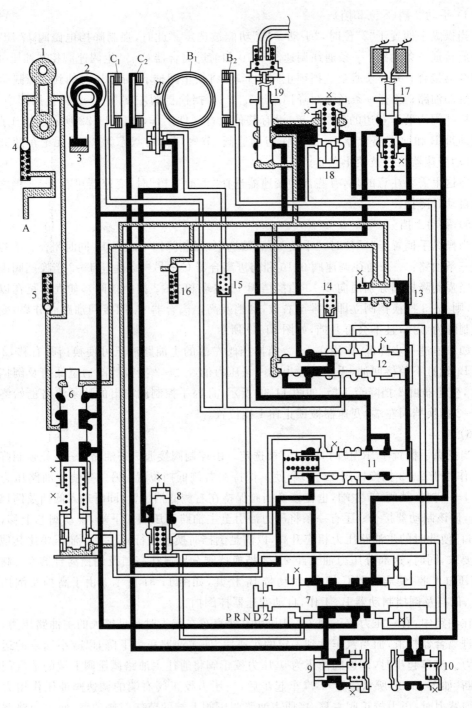

图 11-28 3N71B型自动变速器液压操纵系统油路(2位2挡)

1—变矩器；2—液压泵；3—油底壳；4—变矩器回油路；5—变矩器限压阀；6—主油路调压阀；7—手动；8—2挡锁止阀；9—次级调速阀；10—初级调速阀；11—1～2挡换挡阀；12—2～3挡换挡阀；13—压力校正阀；14、15—单向节流阀；16—节气门限压阀；17—强制降挡阀；18—节气门止回阀；19—节气门阀；A—至行星排；B_1—2挡制动带；B_2—低挡及倒挡制动器；C_1—倒挡及高挡离合器；C_2—前进离合器；×—泄油孔

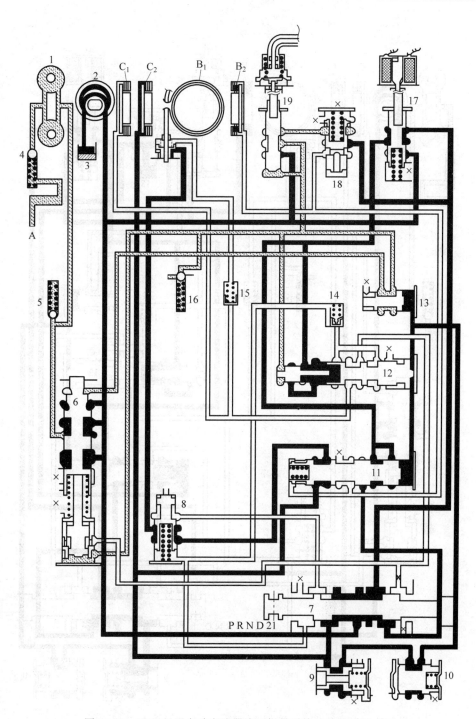

图 11-29 3N71B型自动变速器液压操纵系统油路(1位2挡)

1—变矩器；2—液压泵；3—油底壳；4—变矩器回油路；5—变矩器限压阀；6—主油路调压阀；7—手动阀；8—2挡锁止阀；9—次级调速阀；10—初级调速阀；11—1～2挡换挡阀；12—2～3挡换挡阀；13—压力校正阀；14、15—单向节流阀；16—节气门限压阀；17—强制降挡阀；18—节气门止回阀；19—节气门阀；A—至行星排；B_1—2挡制动带；B_2—低挡及倒挡制动器；C_1—倒挡及高挡离合器；C_2—前进挡离合器；×—泄油孔

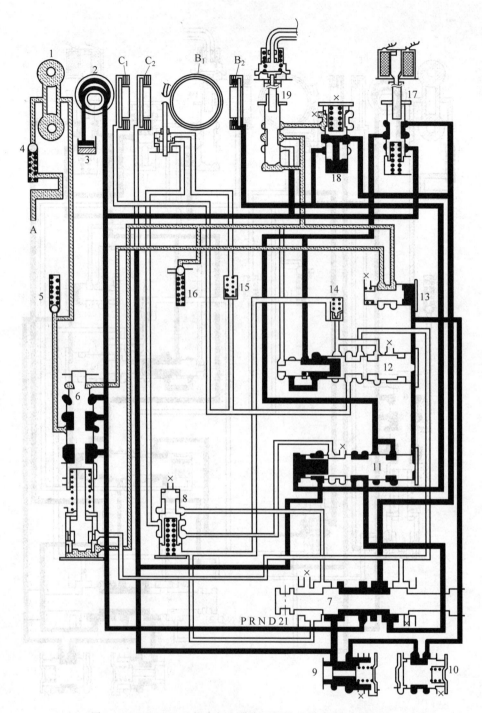

图 11-30 3N71B 型自动变速器液压操纵系统油路(1 位 1 挡)

1—变矩器；2—液压泵；3—油底壳；4—变矩器回油路；5—变矩器限压阀；6—主油路调压阀；7—手动阀；8—2 挡锁止阀；9—次级调速阀；10—初级调速阀；11—1～2 挡换挡阀；12—2～3 挡换挡阀；13—压力校正阀；14、15—单向节流阀；16—节气门限压阀；17—强制降挡阀；18—节气门止回阀；19—节气门阀；A—至行星排；B_1—2 挡制动带；B_2—低挡及倒挡制动器；C_1—倒挡及高挡离合器；C_2—前进离合器；×—泄油孔

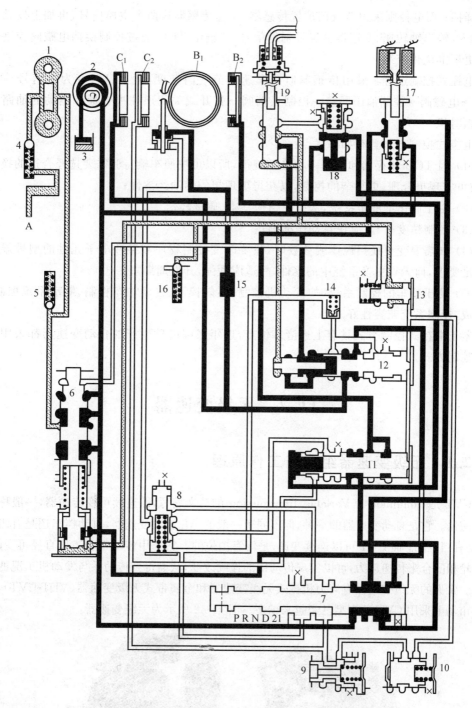

图 11-31　3N71B 型自动变速器液压操纵系统油路(倒挡)

1—变矩器；2—液压泵；3—油底壳；4—变矩器回油路；5—变矩器限压阀；6—主油路调压阀；7—手动阀；8—2 挡锁止阀；9—次级调速阀；10—初级调速阀；11—1～2 挡换挡阀；12—2～3 挡换挡阀；13—压力校正阀；14、15—单向节流阀；16—节气门限压阀；17—强制降挡阀；18—节气门止回阀；19—节气门阀；A—至行星排；B_1—2 挡制动带；B_2—低挡及倒挡制动器；C_1—倒挡及高挡离合器；C_2—前进离合器；×—泄油孔

现升降挡；而电控则采用节气门位置传感器、车速传感器这两个主控信号，再加上发动机转速、输入/输出轴转速、变速器油温等辅助信号，传输给 TCU 通过控制换挡电磁阀控制油路进行更精准优化控制。

电控式控制过程：采用传感器监测车速和节气门开度，将信息转变为电信号输入到 TCU→电磁阀→控制油压回路→控制换挡阀→打开或关闭通往离合器和制动的油路→控制换挡时机。

电控式控制方式具有如下优点：

（1）因 TCU 能存储和处理多种换挡规律，所以可按照车辆行驶需要选择合适的换挡规律，故可实现更合理、更复杂的控制，以获得更理想的燃油经济性；

（2）由于简化了液压系统，从而使结构紧凑、质量轻；

（3）控制精度高、反应快且动作准确；

（4）如需要变更换挡规律或参数时，只要改变控制程序和某些电子元件的型号规格就可满足要求，而无须更换系统中的零件，故适应性强，开发周期短；

（5）便于整车的控制系统（如发动机控制、巡航控制、自动泊车控制、制动系统控制等）的集成，控制系统兼容性好。

鉴于电控式控制方式具有上述诸多优点，近年来国内外生产的自动变速器都采用了电控式控制方式。

11.2 无级变速器

11.2.1 无级变速器组成与工作原理

CVT 是 Continuously Varlable Transmission 的英文缩写，即连续可变传输器，一般称为无级变速器。它是自动变速器的一种，但不同于一般的 AT 自动变速器，自动挡车还是有级变速器，是有挡位的；而 CVT 可以连续变速，是没有挡位的。它采用传动带和工作直径可变的主、从动轮相配合来传递动力，可以实现传动比的连续改变，从而得到传动系与发动机工况的最佳匹配。常见的无级变速器有液力机械式无级变速器和金属带式无级变速器（VDT-CVT），目前国内市场上采用 CVT 的车型已经越来越多。图 11-32 所示为无级变速器。

图 11-32　无级变速器

1. CVT 的组成

CVT 主要包括液力变矩器、金属传动带、主从动工作带轮、行星齿轮、液压控制系统等基本部件。

2. CVT 的工作原理

以金属带式 CVT 为例,其主要结构和工作原理如图 11-33 所示。该系统主要包括主动轮组、从动轮组、金属带和液压泵等基本部件。发动机输出轴输出的动力首先传递到 CVT 的主动轮,然后通过 V 带传递到从动轮,最后经减速器、差速器传递给车轮来驱动汽车。金属带由两束金属环和几百个金属片构成。主动轮组和从动轮组都由可动盘和固定盘组成,与油缸靠近的一侧带轮可以在轴上滑动,另一侧则固定。可动盘与固定盘都是锥面结构,它们的锥面形成 V 形槽与 V 形金属传动带啮合。金属带套在两个滑轮上,可动盘的轴向移动量是由驾驶人根据需要通过控制系统自动调节主动轮、从动轮油泵的油缸压力来实现的,可以视不同的发动机转速进行分开与拉近的动作,V 形凹槽也随之变宽或者变窄,将金属带升高或降低,从而改变金属带与滑轮接触的直径,相当于齿轮变速中切换不同直径的齿轮。两个滑轮呈反向调节,其中一个带轮凹槽逐渐变宽时,另一个带轮凹槽就会逐渐变窄,从而迅速加大传动比的变化,实现了无级自动变速。

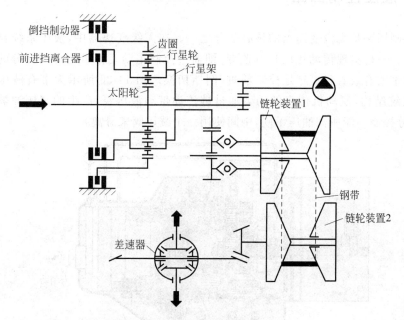

图 11-33 无级变速器传动路线

车辆前进时,前进挡离合器接合,倒挡离合器松开。动力从输入轴传到行星架,再传到与其相连的右支架,经前进挡离合器传至太阳轮,通过太阳轮带动主动带轮,再由 V 形金属传动带将动力传递到从动工作带轮,带轮的可动部分和固定部分形成的 V 形槽与 V 形金属带啮合。在工作中,当主、从动工作带轮的可动部分在油缸内的液压力作用下做轴向移动时,连续改变了金属传动带的工作半径,从而改变了传动比。最后动力经中间减速器、主减速器与差速器传递到车轮。图 11-34 所示为前进时动力传递示意图。

倒挡时,前进挡离合器松开,倒挡制动器接合。行星轮机构的内齿圈被固定,内行星轮与太阳轮啮合,外行星轮与内齿圈啮合,经双行星轮机构后传递到太阳轮的转矩方向发生改变,后面的转矩传递路线与前进时相同。图 11-35 所示为倒挡时动力传递示意图。

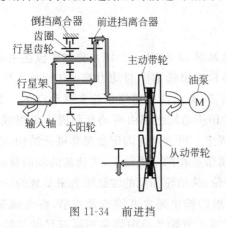

图 11-34 前进挡

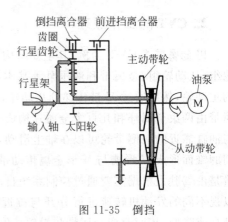

图 11-35 倒挡

11.2.2 液压控制回路

液压控制回路是无级变速器的核心部分之一。在无级变速器中,液压系统要承担两部分控制功能:一是实现传动比的连续改变,即通过控制主动工作带轮可动部分的移动来改变金属传动带的有效直径;二是控制前进/倒挡切换。图 11-36 所示为带有液压回路的无级变速器系统结构,发动机传来的动力通过链传动带动液压泵,产生的高压油被分为两路(由于两部分控制功能所需油压不同,中间使用一个减压阀来分离)。

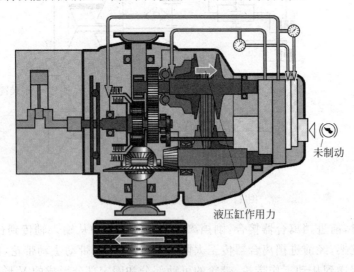

图 11-36 液压控制回路

图 11-37 所示为某 CVT 液压控制回路,液压泵输出的高压油经过主调压阀(溢流阀)后被分为两条油路。

一条为高压油路(传动比控制油路),经过比例溢流阀、从动缸到达速比控制阀,在这里比例溢流阀实现调压作用,达到准确控制传动比的效果,而速比控制阀则用来控制传动比的改变所需的油路。可以将传动比定义为从动轮与主动轮的工作直径之比,速比控制阀为一个三位三通电磁换向阀:①当速比控制阀处于中位时,锁止了主动轮工作缸的油压,传动比不发生改变;②速比控制阀位于左位时,高压油进入主动轮,在液压力作用下,主动轮的可动部分向固定部分靠拢,金属传动带被抬高,工作直径变大,金属工作带的总长度是固定的,所以从动轮的可动部分必然会远离固定部分,从动轮工作直径变小,这个过程中,实现了传动比从大到小的改变;③速比控制阀位于右位时,主动轮油压接回油口,主动轮上的金属带直径变小,从动轮金属带工作直径变大,实现了传动比从小到大的改变。

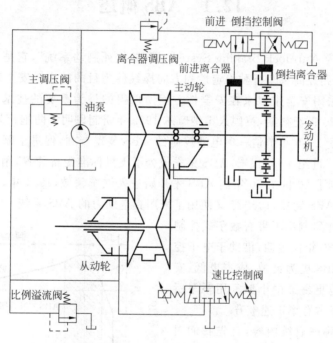

图 11-37　液压控制回路

另一条分支的油路经过离合器调压阀(减压阀)流至前进/倒挡控制阀,这是一个三位四通换向阀,用来控制前进挡离合器与倒挡离合器:①位于中位时,前进挡离合器与倒挡离合器均无油压,CVT处于空挡;②位于左位时,高压油进入啮合前进离合器,而倒挡离合器松开,此时行星轮架与太阳轮被离合器连接在一起,因此整个行星排成一体转动;③位于右位时,高压油进入啮合倒挡离合器,前进挡离合器松开,此时行星轮齿圈被锁住,行星架作为输入,太阳轮作为输出,这种情况下传动比是正数(即同向转动),但是需要注意的是,这里的行星轮是双排行星轮,因此传动方向发生了一次改变,实现了反向传动。

第12章

ABS 液压控制系统

12.1　ABS 概述

ABS 的全称为 Anti-lock Braking System，即"防抱死制动系统"，它是一种防止制动过程中车轮失稳、达到提高汽车行驶稳定性和方向操纵性为目的的主动安全装置。ABS 系统被认为是汽车上采用安全带以来在安全性方面所取得的最为重要的技术成就之一。ABS 的发展可追溯到 20 世纪初期，英国人霍纳摩尔 1920 年研制发明了防抱死装置并申请专利；德国 Bosch 公司于 1936 年申请一项电液控制的 ABS 装置专利，促进了制动防抱死系统在汽车上的应用；20 世纪 40 年代末，ABS 率先成为了飞机标准配备装置，用来改善飞机着陆时的制动效能；到了 20 世纪 50 年代 ABS 才开始进入汽车领域，1954 年，福特汽车公司在林肯车上装用了 ABS 装置，1959 年又使用了采用真空助力的 ABS 系统；1979 年，Bosch 公司与奔驰公司合作研制出了带有数字式控制器的 ABS 系统；80 年代中期，借助于电子控制技术的进步，ABS 更为灵敏、成本更低、安装更方便，价格也更易被中小型家用轿车所接受，ABS 的市场占有率迅速上升。

为了更好地理解后续内容，首先我们对 ABS 原理进行一个简要概述。汽车在制动时，轮胎与地面之间产生的摩擦阻力存在一个上限，称为轮胎-道路的附着力。当制动器所施加的制动力超过了路面附着力时，轮胎将会抱死拖滑，通常用滑移率来评价车轮滑移成分的多少，如图 12-1 所示，可以看到随着车轮滑移率增大地面附着系数的变化规律。

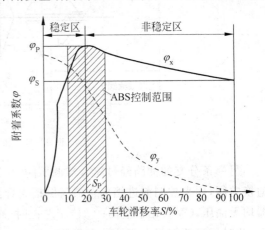

图 12-1　附着系数与车轮滑移率的关系

当滑移率大约在 20% 时，制动附着系数达到最大，车轮与路面之间的附着力就最大，此时的地面制动力也就最大，制动效果最佳，而一旦滑移率继续增大，那么车轮将会抱死拖滑，不仅制动效果下降，还容易引起车轮失稳。因此，防止车轮抱死是十分重要的，ABS 制动防抱死系统防止汽车制动时车轮抱死，并把车轮的滑移率保持在 20% 左右的指定范围内。具体来说，ABS 系统的作用可以概括如下：

（1）充分利用轮胎和地面的附着系数，从而缩短制动距离。制动距离的长短取决于制动过程中制动力的大小。制动防抱死系统能有效地利用各个车轮的最大纵向附着力，使汽车获得更大的制动力。一般情况下都能使制动距离缩短。

(2) 防止后轮抱死侧滑。汽车行驶过程中如果后轮抱死,那么在很小的侧向干扰力下,汽车就会发生甩尾,汽车处于失稳状态,严重危及汽车的行车安全。ABS 使汽车在制动过程中车轮不再被抱死,可以有效地避免此情况发生。

(3) 防止前轮抱死丧失转向能力。汽车行驶过程中如果前轮抱死,车轮将会丧失转向能力,汽车基本上沿直线向前行驶,虽然此时汽车仍然处于一种稳定状态,但驾驶员无法实现转向操纵,容易引发驾驶事故。

(4) 减少汽车制动时轮胎的局部过度磨损。由于制动时车轮抱死,从而导致局部急剧摩擦,将会大大降低轮胎的使用寿命。由于装备 ABS 的车辆制动过程中是采用点刹的方式,以极高的频率"制动-松开-制动"的方式,避免了车轮过度磨损。

一套 ABS 可以单独控制一个车轮,也可以同时控制多个车轮。习惯上每一套 ABS 控制系统称为一个"ABS 通道",ABS 按照通道数目的不同,可以分为四通道、三通道、双通道和单通道四种形式,并且具备较多的布置方式。

12.1.1 四通道 ABS

图 12-2 所示为两种四通道 ABS 的布置形式,为了对四个车轮的制动压力进行独立控制,在每个车轮上各安装一个转速传感器,并在通往各制动轮缸的制动管路中各设置一个制动压力调节装置。四通道 ABS 可以最大程度地利用每个车轮的附着力进行制动,因此汽车的制动效能最好。但在附着系数分离(两侧车轮的附着系数不相等)的路面上制动时,由于同一轴上的制动力不相等,会使得汽车产生较大的偏转力矩而产生制动跑偏。

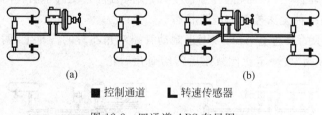

■ 控制通道　 ┗ 转速传感器

图 12-2　四通道 ABS 布局图

12.1.2 三通道 ABS

目前应用较多的是三通道 ABS 系统,对前两轮的制动压力进行单独控制,而对两后轮的制动压力按低选原则(ABS 工作时,轮胎的附着系数有高有低,以系数低的轮胎不抱死为原则制动)来统一控制,其布置形式如图 12-3 所示。图中所示的按对角布置的双管路制动系统中,虽然在通往四个制动轮缸的制动管路中各设置一个制动压力调节分装置,但两个后制动压力调节分装置却是由电子控制装置一同控制的,实际上仍是三通道 ABS。由于三通道 ABS 对两后轮进行一同控制,对于后轮驱动的汽车可以在变速器或主减速器中只设置一个转速传感器来检测两后轮的平均转速。汽车紧急制动时,会发生很大的轴荷转移(前轴荷增加,后轴荷减小),使得前轮的附着力比后轮的附着力大很多(前置前驱动汽车的前轮附着力占汽车总附着力的 70%～80%)。对前轮制动压力进行独立控制,可充分利用两前轮的附着力对汽车进行制动,有利于缩短制动距离,并且汽车的方向稳定性也得到很大改善。

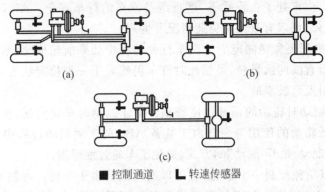

图 12-3 三通道 ABS 布局图

图 12-4(a)所示的双通道 ABS 在按前后布置的双管路制动系统的前后制动管路中各设置一个制动压力调节分装置,分别对两前轮和两后轮进行一同控制。两前轮可以根据附着条件进行高选和低选转换,两后轮则按低选原则一同控制。

对于后轮驱动的汽车,可以在两前轮和传动系中各安装一个转速传感器。当在附着系数分离的路面上进行紧急制动时,两前轮的制动力相差很大,为保持汽车的行驶方向,驾驶员会通过转动转向盘使前轮偏转,以求用转向轮产生的横向力与不平衡的制动力相抗衡,保持汽车行驶方向的稳定性。但是在两前轮从附着系数分离路面驶入附着系数均匀路面的瞬间,以前处于低附着系数路面而抱死的前轮的制动力因附着力突然增大而增大,由于驾驶员无法在瞬间将转向轮回正,转向轮上仍然存在的横向力将会使汽车向转向轮偏转方向行驶,这在高速行驶时是一种无法控制的危险状态。

图 12-4(b)所示的双通道 ABS 多用于制动管路对角布置的汽车上,两前轮独立控制,制动液通过比例阀(p 阀)按一定比例减压后传给对角后轮。

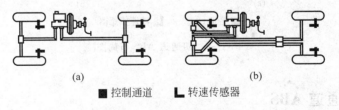

图 12-4 双通道 ABS 布局图

对于采用此控制方式的前轮驱动汽车,如果在紧急制动时离合器没有及时分离,前轮在制动压力较小时就趋于抱死,而此时后轮的制动力还远未达到其附着力的水平,汽车的制动力会显著减小。而对于采用此控制方式的后轮驱动汽车,如果将比例阀调整到正常制动情况下前轮趋于抱死时,后轮的制动力接近其附着力,则紧急制动时由于离合器往往难以及时分离,导致后轮抱死,使汽车丧失方向稳定性。

由于双通道 ABS 难以在方向稳定性、转向操纵能力和制动距离等方面得到兼顾,因此目前很少被采用。

12.1.3 单通道 ABS

所有单通道 ABS 都是在前后布置的双管路制动系统的后制动管路中设置一个制动压力调节装置,对于后轮驱动的汽车只需在传动系中安装一个转速传感器,如图 12-5 所示。单通道 ABS 一般对两后轮按低选原则一同控制,其主要作用是提高汽车制动时的方向稳定性。在附着系数分离的路面上进行制动时,两后轮的制动力被限制在处于低附着系数路面上的

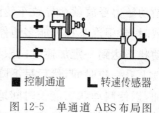

图 12-5 单通道 ABS 布局图

后轮的附着力水平,制动距离会有所增加。由于前制动轮缸的制动压力未被控制,前轮仍然可能发生制动抱死,所以汽车制动时的转向操作能力得不到保障。但由于单通道 ABS 能够显著地提高汽车制动时的方向稳定性,又具有结构简单、成本低的优点,因此在轻型货车上得到广泛应用。

12.2 ABS 的组成与基本原理

ABS 液压控制总成是在普通制动系统的液压装置上加装 ABS 液压调节器而形成的,因此,ABS 液压控制装置除了普通制动系统的液压部件外,还包括 ABS 液压调节器。ABS 系统主要由制动总泵、制动分泵、车轮速度传感器、制动压力调节器、电控单元 ECU 等组成,如图 12-6 所示。其中车轮速度传感器可以产生与车轮转速成正比的信号传给电控单元 ECU,电控单元 ECU 通过计算判断车辆是否趋于抱死,并决定是否开始 ABS 控制;而制动压力调节器则根据来自 ECU 的指令迅速地对汽车制动器轮缸起作用,通过保持、释放或重新提供液压的循环,反复作用,使车轮的滑移率保持在最佳范围,以避免车轮抱死。

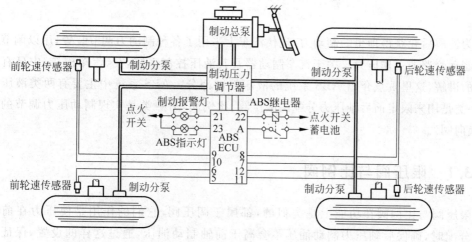

图 12-6 ABS 系统的组成结构

ABS 的基本控制原理如图 12-7 所示。制动的初始阶段,随着汽车驾驶员踏下制动踏板,制动压力上升,车轮产生制动减速度。当车轮达到某一减速度值时,说明车轮有抱死倾

向,车轮状态已处于不稳定的区域。此时,电子控制单元命令制动力矩减小,即进行压力释放。这时车轮由于惯性力及机械系统滞后,仍有一段制动减速度下降,随后制动减速度开始上升,最终产生车轮角加速度。这表明车轮已恢复到稳定的车轮特性区域内,如果继续进行制动压力释放就会导致车轮附着力系数减小,并最终使制动力丧失。而当车轮达到稳定区域时,希望汽车尽可能多地停留在这一区域内,这样制动力和侧向力都较大。所以当车轮运动状态达到一定加速度门限后,制动压力进行保持,这时车轮由于惯性的原因,加速度会继续上升一段时间,然后呈下降的趋势。当加速度下降到某一门限时,制动压力要重新开始增加,以使制动状态能长时间地停留在稳定区域内。综上,采用交替式的增压保压,获得不同的压力增加速率,得到最优的制动效果。

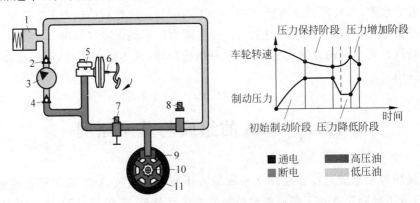

图 12-7　ABS 系统的基本工作原理

1—低压储液器；2—吸入阀；3—液压泵；4—压力阀；5—制动主缸；6—真空助力器；
7—进油阀；8—出油阀；9—制动器；10—车轮转速传感器与脉冲轮；11—车轮

12.3　ABS 液压控制阀

为使前后轮获得理想的制动力,现代汽车上采用了各种制动力调节装置,用以调节前后车轮制动管路的工作压力。关于汽车制动器及其液压控制系统,在《汽车构造》中已有较为详细的讲解,这里重点介绍 ABS 系统的液压控制部分。ABS 系统中主要有两类液压控制阀,一类是用来限定前后轴压力分配的限压阀、比例阀,另一类是实现制动压力调节的电磁阀(换向阀)。

12.3.1　限压阀与比例阀

限压阀与比例阀在功能上是类似的,都属于调压阀,它们的作用是使压力在前后轴之间分配时,确保后轴压力制动油压不会高于前轴制动油压,通过这样的设置,保证了后轴油压受到限制,使制动力分配曲线始终处于理想制动力曲线下方,从而保证后轮不会先抱死。

下面逐一介绍其原理。

1. 限压阀

图 12-8 为液压式限压阀的结构及特性曲线。限压阀的阀体上有三个孔口，A 口与制动主缸连通，B 口通两后轮轮缸。阀体内有滑阀 3 和有一定预紧力的弹簧 2，滑阀将弹簧顶靠在阀体内左端。图中 p_1 为前轴制动油压，p_2 为后轴制动油压，限压阀串联在制动主缸与后轮制动器的管路之间，具体工作原理描述如下：在制动过程中，前、后制动管路压力由零同步增长时，在未达到弹簧调定压力之前，$p_1 = p_2$，这个过程中油液一直对弹簧施加一个油压，但未能克服弹簧预紧力，到一定值后，自动将 p_2 限定在该值不变。随着踏板压力进一步增大，当 p_1 与 p_2 同步增长到弹簧调定压力（即活塞左方压力超过右方弹簧的预紧力）时，滑阀阀芯向右移动，关闭 A 腔与 B 腔的通路，p_1 仍然可以继续增大，但 p_2 不再增大而是保持当前压力不变。

可以说，限压阀的基本结构和原理与前面学习的"顺序阀"非常类似，但不同的是，顺序阀是在控制油压达到调定压力之后开启 A 与 B 之间的油路，而限压阀是在控制油压达到调定压力之后关闭该油路。

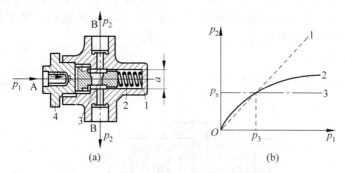

图 12-8 液压式限压阀结构及特性曲线
1—阀体；2—弹簧；3—滑阀；4—接头；A—通制动主缸；B—通制动轮缸

2. 比例阀

比例阀也串联在制动主缸与后轮制动器的管路之间，其功用与限压阀非常类似，区别是当前、后制动油压 p_1 和 p_2 同步增长到调定压力之后，p_2 仍然可以继续增长，但是对 p_2 增长加以限制，使 p_2 的增量小于 p_1 的增量。

图 12-9 为比例阀的结构原理，活塞 2 在弹簧 3 的作用下处于上极限位置，由于在顶端设置有一个支点，所以活塞不会触碰到上腔，同时阀门会被上腔顶开一个开度，因而在输入控制压力 p_1 与输出压力 p_2 同步增长的初始阶段，$p_1 = p_2$。但是由于活塞杆的存在，下腔压力 p_1 的作用面积小于上腔压力 p_2 的作用面积，故活塞上方液压作用力大于活塞下方的液压作用力。在 p_1、p_2 同步增长的过程中，活塞上、下两端液压作用力之差超过调定压力之后（即超过弹簧 3 的预紧力），活塞便开始往下移动，使得 p_2 下降。需要注意的是，在 p_1 的增加过程中，活塞并不会下降到彻底关死阀门，因为如果达到这个状态，随着 p_1 的进一步提高，则活塞就会再次上升，阀门再度开启，油液继续流入出油腔，使 p_2 也升高，当达到平衡状态时，$p_2 A_2$ 等于 $p_1 A_1$ 与 F（平衡状态时的弹簧力）之和。

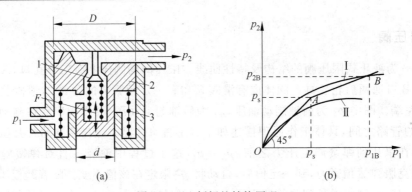

图 12-9 比例阀的结构原理
1—阀门；2—活塞；3—弹簧

12.3.2 电磁阀

电磁阀是 ABS 液压调节器的重要部件，由它完成对 ABS 的控制。ABS 中都有一个或两个电磁阀体，其中有若干对电磁控制阀，分别控制前、后轮的制动。常用的电磁阀有三位三通阀和二位二通阀等多种形式。

1) 三位三通电磁阀

三位三通电磁阀的内部结构如图 12-10 所示。它主要由阀体、进油阀、回油阀、弹簧、电磁线圈等组成。

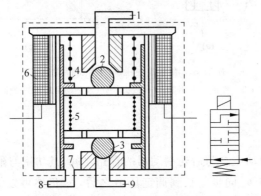

图 12-10 三位三通电磁阀的内部结构
1—进油口；2—进油阀；3—回油阀；4—主弹簧；5—副弹簧；
6—电磁线圈；7—出油口；8—通往制动轮缸；9—通往储液器

三位三通电磁阀的工作过程如图 12-11 所示。当电磁阀线圈中无电流通过时，由于主弹簧力大于副弹簧力，进油阀被打开，卸荷阀关闭，制动主缸和轮缸油路相通；当向电磁阀线圈输入 1/2 最大电流时（保持电流），电磁力使柱塞向上移动一定距离将进油阀关闭。此时，电磁力不足以克服两个弹簧的弹力，柱塞便保持在中间位置，卸荷阀仍处于关闭状态。此状态时，三孔间相互密封，轮缸压力保持一定值；当电子控制单元向电磁线圈输入最大工作电流时，电磁力足以克服主、副弹簧的弹力使柱塞继续上移将卸荷阀打开，此时轮缸通过卸荷阀和储液室相通，轮缸中制动液流入储液室，压力降低。

第 12 章　ABS 液压控制系统

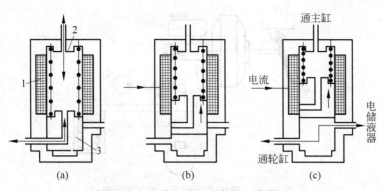

图 12-11　三位三通电磁阀的工作情况
1—线圈；2—固定铁芯；3—柱塞（可动铁芯）

2）二位二通电磁阀

二位二通电磁阀分为二位二通常开电磁阀和二位二通常闭电磁阀。两个电磁阀均由阀门、衔铁、电磁线圈、复位弹簧等组成。常态下，二位二通常开电磁阀阀门在弹簧张力作用下打开，二位二通常闭电磁阀阀门在弹簧张力作用下闭合，如图 12-12 所示。

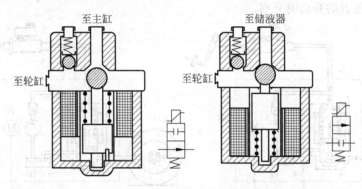

图 12-12　二位二通电磁阀

二位二通常开电磁阀用于控制制动主缸到制动轮缸到制动液通路，又称为二位二通常开进液电磁阀。二位二通常闭电磁阀用于控制制动轮缸到储液器到制动液回路，又称为二位二通常闭出液电磁阀。

12.4　液压控制回路

根据工作原理的不同，液压制动系统采用的制动压力调节装置可以分为循环式和可变容积式。

12.4.1　循环式制动压力调节器

如图 12-13 所示，循环式制动压力调节器是在制动主缸与轮缸之间串联一电磁阀，直接控制轮缸的制动压力。它主要由制动踏板机构、制动主缸、回油泵、储能器、电磁阀、制动轮缸组成。

循环式制动压力调节器的工作过程如下。

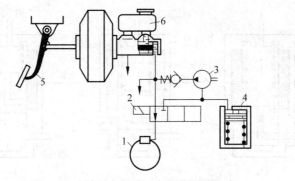

图 12-13 循环式制动压力调节器的组成

1—制动轮缸；2—电磁阀；3—回油泵；4—储能器；5—制动踏板；6—制动主缸

1. 常规制动状态

如图 12-14 所示，在常规制动过程中，ABS 不工作，电磁线圈中无电流通过，电磁阀处于"升压"位置。此时制动主缸与轮缸相通，由制动主缸来的制动液直接进入制动轮缸，制动轮缸压力随主缸压力的升高而升高。

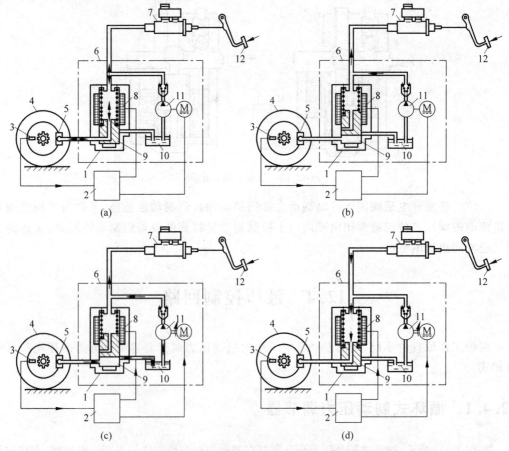

图 12-14 循环式制动压力调节器工作过程

(a) 常规制动状态；(b) 减压制动状态；(c) 保压制动状态；(d) 增压制动状态

1—电磁阀；2—ECU；3—传感器；4—车轮；5—制动轮缸；6—液压部件；7—主缸；
8—线圈；9—阀芯；10—储液器；11—回油泵；12—制动踏板

2. 保压状态

当电子控制单元向电磁线圈输入一个较小的保持电流（约为最大电流的 1/2），电磁阀处于"保压"位置。此时制动主缸、制动轮缸和回油孔相互隔离，轮缸中的制动压力保持一定。

3. 减压状态

当电子控制单元向电磁线圈输入一个最大电流时，电磁阀处于"减压"位置。此时电磁阀将轮缸与回油通道或储液室接通，轮缸中的制动液经电磁阀流入储液室，轮缸压力下降。与此同时，电动机启动，带动液压泵工作，将流回储液室的制动液加压后输送到主缸，为下一个制动周期做好准备。

4. 增压状态

当制动压力下降后，车轮的转速增加，当电控制单元检测到车轮增速太快时，便切断通往电磁阀的电流，使制动主缸与制动轮缸再次相通，制动主缸的高压制动液再次进入制动轮缸，制动力增加。

12.4.2 可变容积式制动压力调节器

如图 12-15 所示，可变容积式制动压力调节器是在汽车原有制动管路上增加一套液压控制装置，用它控制制动管路中制动液容积的增减，从而控制制动压力的变化。它主要由电磁阀、控制活塞、液压泵、储能器等组成。

可变容积式制动压力调节器的工作过程如下。

1. 常规制动状态

常规制动状态的调压过程如图 12-16（a）所示。在制动压力调节装置未进行防抱死制动压力调节时，电磁线圈中没有电流通过，电磁阀中的柱塞位于最左端，将液压控制活塞大端的工作腔与储液器接通，由于液压控制活塞的大端没有受到液压的作用，控制活塞在其复位弹簧的预紧力作用下，处于左端极限位置，控制活塞的顶端有一推杆，将止回阀顶开，使制动主缸与制动轮缸的管路相互沟通，制动主缸的制动液直接进入制动轮缸，制动轮缸的制动压力随制动主缸的输出压力而变化。

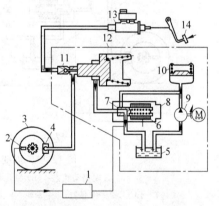

图 12-15 变容积式制动压力调节器的组成
1—ECU；2—传感器；3—车轮；4—制动轮缸；
5—储液器；6—线圈；7—柱塞；8—电磁阀；
9—液压泵；10—储能器；11—止回阀；
12—液压部件；13—制动主缸；14—制动踏板

2. 减压状态

减压制动状态的调压过程如图 12-16（b）所示。在防抱死制动压力调节过程中，当需要

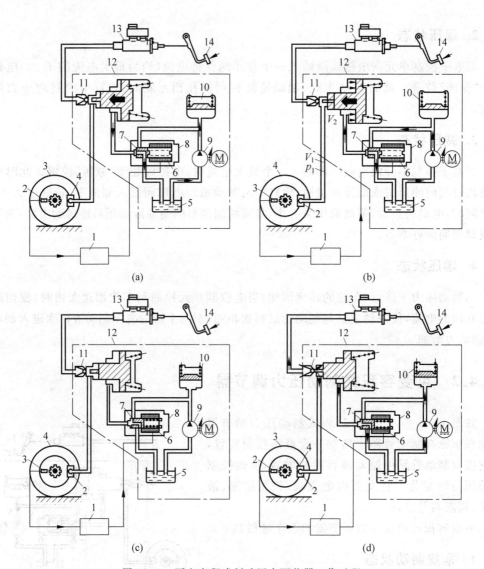

图 12-16 可变容积式制动压力调节器工作过程
(a) 常规制动状态；(b) 减压制动状态；(c) 保压制动状态；(d) 增压制动状态
1—ECU；2—传感器；3—车轮；4—制动轮缸；5—储液器；6—线圈；7—柱塞；8—电磁阀；
9—液压泵；10—储能器；11—止回阀；12—液压部件；13—制动主缸；14—制动踏板

减小制动轮缸的制动压力时，ECU发出指令，给电磁线圈通入最大电流，使电磁线圈中产生的磁力也最大，电磁阀中的柱塞在最大磁力作用下，克服弹簧的弹力移至最右端，将储能器与液压控制活塞的工作腔接通，同时将通储液器的管路关闭。电动泵开始工作，来自储能器或电动泵的高压制动液流入控制活塞大端的工作腔，克服弹簧的弹力，推动控制活塞右移，止回阀在复位弹簧的作用下落座，将制动主缸与制动轮缸隔离，制动轮缸中的制动液就会流入控制活塞小端的工作腔，制动轮缸的制动压力随之减小。轮缸制动压力减小的程度取决于控制活塞向右移动的距离，控制活塞向右移动的距离越大，在制动轮缸侧的容积就越大，制动轮缸制动压力就减小越多。

3. 保压状态

保压制动状态的调压过程如图12-16(c)所示。在防抱死制动压力调节过程中,当需要保持制动轮缸的压力时,ECU发出指令,电磁线圈通入一个较小的电流,由于电流较小,在电磁线圈中产生的磁力也较小,使电磁阀中的柱塞不能完全克服弹簧的弹力而处于中间位置,从而将通向储能器、控制活塞工作腔和储液器的管路全部关闭,来自储能器或电动泵的制动液不能再进入液压控制活塞大端的工作腔,控制活塞大端工作腔的压力不再发生变化,液压控制活塞在大端工作腔的油压和弹簧力作用下,保持在一定的位置,此时由于止回阀仍处于落座状态,制动轮缸的制动压力保持不变。

4. 增压状态

增压制动状态的调压过程如图12-16(d)所示。在防抱死制动压力调节过程中,当需要增加制动轮缸的压力时,ECU发出指令,切断通向电磁线圈的电流,电磁阀中的柱塞在弹簧力的作用下回到左端初始位置,将液压控制活塞大端的工作腔与储液器管路接通,液压控制活塞大端工作腔内的制动液流回储液器,作用在活塞大端工作腔的高压被解除,液压控制活塞在弹簧力的作用下也回到左端的初始位置,顶开止回阀,使来自制动主缸的制动液直接进入制动轮缸,以增大制动轮缸的制动压力。

可变容积式压力调节器的特点是通过改变电磁阀中柱塞的位置,对液压控制活塞的移动进行控制,从而改变制动轮缸侧的管路容积,利用这种变化间接地控制轮缸制动压力的增减。其制动压力的增减速度取决于液压控制活塞的移动速度。

分离式液压制动系统ABS工作原理,如图12-17所示。

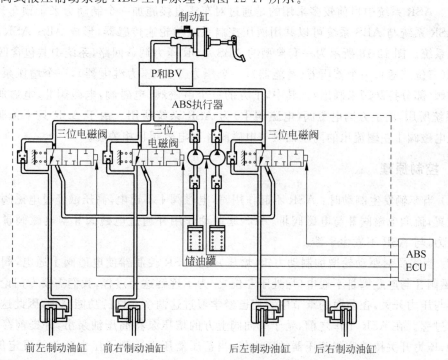

图 12-17 分离式液压制动系统 ABS 工作原理

12.5　ABS/ASR 联合回路

在车辆紧急制动,尤其是在低附着路面紧急制动时,ABS 系统可以有效地防止车辆抱死,提高制动效能与稳定性,与 ABS 相类似的另一个车辆稳定性控制系统是 ASR (Acceleration Slip Regulation)。ASR 的中文含义为驱动防滑系统,它是在 ABS 基础上进一步拓展而成的汽车安全装置,用于防止车辆加速时的车辆打滑。ASR 技术能够根据汽车行驶状态,防止汽车驱动轮在加速时出现打滑并控制汽车驱动轮处于最佳的滑转率,从而在恶劣路面或复杂输入条件下充分利用地面的附着性能,以获得最大的驱动力,同时防止汽车出现甩尾或失去方向失控等稳定性问题。

1. ASR 与 ABS 的区别

(1) ABS 是防止车轮在制动时被抱死而产生侧滑,而 ASR 则是防止汽车在加速时因驱动轮打滑而产生侧滑;

(2) ABS 系统对所有车轮起作用,控制其滑移率;而 ASR 系统只对驱动车轮起制动控制作用;

(3) ABS 是在制动时,车轮出现抱死的情况下起控制作用,在车速很低(小于 8km/h)时不起作用;而 ASR 系统则是在整个行驶过程中都工作,在车轮出现滑转时起作用,但是当车速很高(>80km/h)时通常不会开启。

综上,ABS 是在车辆制动时防止车辆抱死,ASR 是在车辆驱动时防止车辆打滑,两者相辅相成。ASR 系统中目前较多采用的是通过对车辆直接施加一个制动力来干预车轮打滑,因此 ASR 系统与 ABS 系统可以共用液压控制系统与轮速传感器,形成 ABS/ASR 联合液压控制系统。图 12-18 所示为一套典型的 ABS/ASR 压力调节回路,系统中共包含四个 3/3 电磁阀(三位三通),一个蓄压器(蓄能器),一个压力开关(压力继电器),一个增压泵以及其他控制阀(部分控制阀未画出)。其中,下方的三个电磁阀(电磁阀Ⅰ,电磁阀Ⅱ,电磁阀Ⅲ)为 ABS 系统所用,而上方的电磁阀(电磁阀Ⅰ)为 ASR 系统所用。由于 ASR 只干预驱动轮,所以从电磁阀Ⅰ左侧流出的高压油只与电磁阀Ⅱ和电磁阀Ⅲ相关联。

2. 控制原理

(1) 当车辆发生制动时:ASR 不起作用时,电磁阀Ⅰ不通电,高压油经过电磁阀Ⅰ左侧初始位置,流向电磁阀Ⅱ与电磁阀Ⅲ,ABS 起制动作用并通过电磁阀Ⅱ与电磁阀Ⅲ来调节制动压力,与 ASR 不发生干涉。

(2) 当需要对驱动轮增加制动力矩(增压)时:ASR 控制器使电磁阀Ⅰ通电,阀移至右位,电磁阀Ⅱ与电磁阀Ⅲ不通电(均处于左位)。为了理解这个过程,我们需要专门论述一下蓄压器与压力开关,在前面的章节中我们已经学习过这两个元件的功能原理,因此这里只分析工作过程。在 ASR 工作之前,处于单向阀上方的增压泵将高压油泵出,并提前存储在蓄压器中,压力开关持续监测蓄压器的压力值,当蓄压器压力达到了压力开关的设定值(即足够 ASR 系统使用)之后,压力开关就会产生电信号来控制增压泵停止工作,系统中的压力被

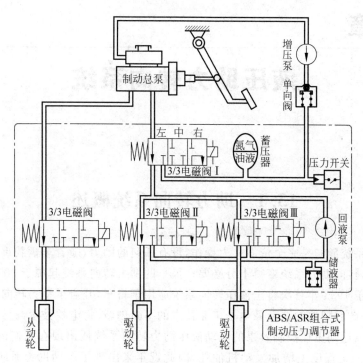

图 12-18　ABS/ASR 系统

单向阀保压。通过上述过程，蓄压器中存储了足够的油压，于是，在 ASR 系统进行增压控制时，只要电磁阀Ⅰ切换至右位，蓄压器的压力油便会通入驱动轮的制动缸，实现对驱动轮的制动，达到拟制驱动轮滑转的效果。

（3）当需要对驱动轮保持制动力矩（保压）时：需要保持驱动轮制动压力时，ASR 控制器使电磁阀Ⅰ至中位，隔断蓄压器及制动总泵的通路，驱动轮制动分泵压力保持不变。

（4）当需要对驱动轮减小制动力矩（减压）时：由于 ASR 控制阀的三个位置均已用完，ASR 控制器需要借助 ABS 的控制阀来实现减压，此时控制电磁阀Ⅱ与电磁阀Ⅲ移至右位，接通驱动车轮制动分泵与储液室的通道，制动压力下降。

第 13 章

液压助力转向系统

13.1 助力转向系统概述

汽车转向系统最初是完全依靠人力操作,没有任何的助力,随着车辆载重量的增加和扁平轮胎的应用,转向助力系统变得十分必要。最早的助力转向系统起源于 20 世纪 50 年代,通用汽车公司于 1953 年首次将全液压转向系统应用于轿车,开启了动力转向技术应用于现代汽车的先河,此后随着制造业及电子工业技术的不断创新,将电控技术与传统液压助力转向系统相结合以达到更佳控制效果的电动液压助力转向系统便出现在人们的视野中,由于液压助力会在一定程度上增加发动机油耗,因此近年来出现了电动助力系统的发展趋势。如今,汽车转向系统大致可分为三大类:机械转向系统、助力转向系统及线控转向系统,如图 13-1 所示。

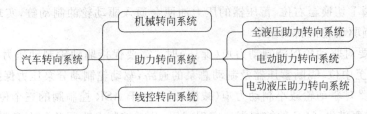

图 13-1 汽车转向系统分类

由于传统机械式转向系统的转向操作完全需要驾驶员的体力来完成,因此当汽车转向轮原地转向或汽车行驶速度较低时,驾驶员需以较大的手力转动方向盘以使转向轮偏转,故转向负担较为沉重。动力转向系统的概念被提出之后,各种不同形式的动力转向系统迅速被开发出来。目前,动力转向技术主要包括纯机械式的液压助力转向、电控液压助力转向,以及电动助力转向等。对于不同种类的动力转向系统,其构造形式均可视为在机械转向系统结构的基础上增添一种可输出转向助力的装置,该装置输出的转向助力结合驾驶员体力可共同实现转向操作的目的。本章主要介绍纯液压式的助力转向系统。

13.2 液压助力转向系统的组成及原理

液压助力转向系统(即 HPS 系统)是将机械转向系统与液压助力系统相结合并由发动机带动油泵运转从而使液压系统输出助力。该系统大幅减轻了驾驶员驾驶时的负担。

HPS系统中的液压系统主要包括油罐、油泵、转阀、液压管路及转向油缸等液压元件。其构造如图13-2所示。根据系统内液流方式的不同,可以分为常压式液压助力和常流式液压助力。常压式液压助力系统的特点是无论方向盘处于正中位置还是转向位置、方向盘保持静止还是在转动,系统管路中的油液总是保持高压状态;而常流式液压转向助力系统的转向油泵虽然始终工作,但液压助力系统不工作时,油泵处于空转状态,管路的负荷要比常压式小,现在大多数液压转向助力系统都采用常流式。液压助力转向系统中,转向油泵都是必备部件,它可以将输入的发动机机械能转化为油液的压力。

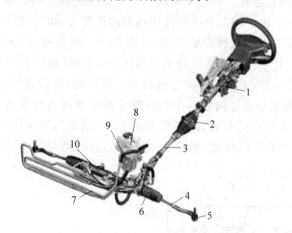

图 13-2　液压助力转向结构图

1—转向柱;2、6—护罩;3—转向传动轴;4—横拉杆;5—球头;
7—回油管;8—储油罐;9—转向助力泵;10—动力缸

系统选用的转向油缸通常为单作用双杆液压缸。因转向助力由转向油缸提供,故其活塞杆两端分别连接转向齿条与转向横拉杆(转向齿条另一侧亦与转向横拉杆相连接)。油泵为单向定量液压泵,其动力来源为直流电机。溢流阀阀芯在低于系统额定负载时处于常闭状态;若系统负载超过规定极限时则开启溢流,故溢流阀对系统起到过载保护的作用。单向阀的作用是防止汽车在急转向时液压助力转向系统负载流量急剧升高而导致系统压力突然升高冲击油泵。过滤器则起到过滤液压系统中各种杂质使油液保持纯净从而防止油路堵塞的作用。

液压助力部分在转向操作中起到的作用:当汽车直线行驶时,直流电机低速运转驱动油泵且换向阀阀芯处于中位,这样来自于油箱的油液流经换向阀后直接回流至油箱,转向油缸不输出转向助力;而当汽车处于转向行驶状态时,换向阀阀芯相对于阀体将转过一定角度,则通向转向油缸左右两腔油液压力不相等,故此时进油腔中的液压油推动转向油缸活塞杆作直线运动从而输出转向助力。由于该转向助力直接施加在与活塞杆相连接的转向齿条和转向横拉杆上,故可达到为转向机构输出转向助力的目的。

为减轻驾驶员的疲劳强度,改善转向系统的技术性能,重型汽车和轿车常采用动力转向器。动力转向器按分配阀的运动方式可分为滑阀式和转阀式两类。滑阀式广泛应用于重型汽车;而转阀式多用于轿车,有些重型汽车也采用了转阀式动力转向器。

13.2.1 转阀式转向控制阀

1. 基本结构

图 13-3 是转阀式液压转向器结构示意图,阀体是转向器的壳体,所有的零件都装在阀体内,阀体上有四个油孔。其中油孔 A 与液压泵连接,油孔 B 与油箱接通,而油孔 C 和 D 分别与转向液压缸的两腔连接。阀芯 6 和阀套 2 组成了转阀。两者用销子 8 连接,用片式弹簧 9 定位,见图 13-4。由于阀芯上的销孔比阀套的孔要大,阀芯相对于阀套左右转动 8°左右,阀芯通过外端榫头与方向盘转向轴相连,见图 13-5。阀套通过销子 8、驱动轴 7 和计量反馈马达的转子相连,计量反馈马达由定子 5 和转子 3 组成(见图 13-3),定子和阀体做成一体,转子以偏心距 e 为半径,围绕定子中心线转动。转向时,方向盘转动阀芯相对于阀套及转子转过 8°,液压泵的来油通过阀套的小孔到阀芯的小槽进入计量反馈马达的转子,推动转子与方向盘作同向的"随动"自转,从而带动阀套也"随动",直至定位弹簧片使阀套回到"中位"为止。如果方向盘连续转动,则转子和阀套也连续"随动"直到转向至极限为止。

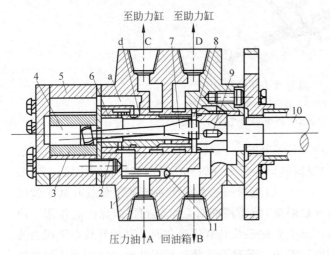
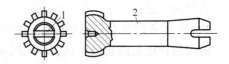

图 13-3 转阀式液压转向器示意图
1—阀体;2—阀套;3—转子;4—圆柱;5—定子;6—阀芯;
7—驱动轴;8—销子;9—定位弹簧;10—转向轴;11—单向轴

图 13-4 阀套和计量反馈马达连接图
1—销子;2—轴

阀体绕其圆心转动来控制油液流量的转向控制阀,称为转阀式转向控制阀,如图 13-6 所示。该转阀具有四个互相连通的进油道 B,通道 L、R 分别与动力缸的左、右腔连通。当阀体 1 顺时针转过一个很小的角度时,从液压泵来的压力油经通道 B 流入四个通道 R,继而进入动力缸的一个腔内。另外四个通道 L 的进油被隔断,压力油不能进入,因而动力缸另一腔的低压油,在活塞的推动下经回道流回储油罐。

2. 转阀的数学模型

转阀式液压助力转向器性能主要由转阀的性能决定,所以有必要建立转阀的详细数学模型,图 13-7 为转阀的工作原理图以及其等效的桥路图,转阀的四个可变节流阀口可以表

示为四个可变的液阻,这是个四臂可变的全桥,在推导转阀的压力-流量方程的表达式时,首先作以下假设:

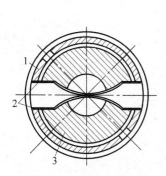 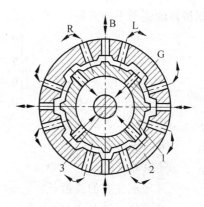

图 13-5　阀芯和阀套连接图
1—阀套；2—片式弹簧；3—阀芯

图 13-6　转阀式转向控制阀
1—阀体；2—壳体；3—扭杆(轴)；B—通液压泵输出
管路的通道；L、R—通动力缸左、右腔的通道

(1) 液压能源是理想的,对恒压源供油压力为常数,对恒流源供油流量为常数;
(2) 忽略管道和阀腔内的压力损失;
(3) 假设油液是不可压缩的。因为考虑的是稳态情况,液体密度的变化量很小,可以忽略不计。

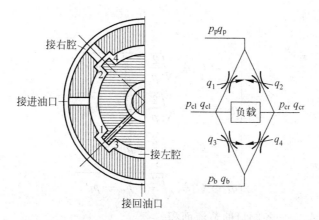

图 13-7　转阀原理图及其等效模型

根据桥路的压力平衡可得

$$\begin{cases} p_1 + p_3 = p_p - p_b \\ p_2 + p_4 = p_p - p_b \\ p_1 - p_2 = p_{cl} - p_{cr} \\ p_3 - p_4 = p_{cl} - p_{cr} \end{cases} \quad (13\text{-}1)$$

式中　p_1, p_2, p_3, p_4——各阀的压力损失；
　　　p_p——泵的输出压力；
　　　p_b——油箱的回油压力；

p_{cl}——液压缸左腔的油压；

p_{cr}——液压缸右腔的油压。

根据桥路的流量平衡可得

$$\begin{cases} q_1 + q_2 = q_p \\ q_3 + q_4 = q_b \\ q_1 - q_3 = q_{cl} \\ q_2 - q_4 = q_{cr} \end{cases} \tag{13-2}$$

式中　q_1, q_2, q_3, q_4——各阀的流量；

　　　q_p——泵的输出流量；

　　　q_b——油箱的流量；

　　　q_{cl}——液压缸左腔的流量；

　　　q_{cr}——液压缸右腔的流量。

各桥臂的流量压力方程可由简单阀口流量公式：

$$q = C_d A \sqrt{\frac{2p}{\rho}} \tag{13-3}$$

式中　q——阀的流量；

　　　C_d——流量系数；

　　　A——节流面积；

　　　p——压力损失；

　　　ρ——流体密度。

可得

$$\begin{cases} q_1 = C_d A_1 \sqrt{\dfrac{2}{\rho} \mid p_p - p_{cl} \mid} \\ q_2 = C_d A_2 \sqrt{\dfrac{2}{\rho} \mid p_p - p_{cr} \mid} \\ q_3 = C_d A_3 \sqrt{\dfrac{2}{\rho} \mid p_{cl} - p_b \mid} \\ q_4 = C_d A_4 \sqrt{\dfrac{2}{\rho} \mid p_{cr} - p_b \mid} \end{cases} \tag{13-4}$$

式中　A_1, A_2, A_3, A_4——各阀口的节流面积。

3. 转阀工作原理

1）直线行驶工况

当汽车直线行驶时，即方向盘位置不动时，扭杆不发生转动，分配阀处在中间位置。图 13-8 示出了压力油在动力转向传动机构中流动的过程。通常在转向器壳体上开有油道，正常工作时，油液通过该油道进入开孔的阀套。分配阀是由阀套和转阀构成的，阀套内部开有 6 个沟槽，阀芯的外表也开有 6 个沟槽。阀套的沟槽与阀芯的沟槽两者之间错开，彼此对应，通过槽之间的间隙，油液到达活塞内。由于汽车直线行驶时分配阀处在中间位置，油液流向了活塞的左右两腔，最后经过阀芯上的回油槽流回油罐。

2) 转向行驶工况

汽车右转向行驶,转向盘需要右转,这使得转向轴(阀芯)通过扭杆的作用向螺杆(阀套)传递扭矩,阀套偏离了初始的中间位置。此时阀套和阀芯产生相对移动,阀芯相对阀套右转,产生一个角位移量,如图 13-9 所示。这一角位移量,使得 6 个阀芯台肩右侧与阀套槽的间隙关闭,同时加大了 6 个阀芯台肩左侧与阀套槽之间的间隙,油液则从间隙流过。因此,压力油得以流进阀套上的轴向槽内,再通过管状的通道,进入活塞的左腔。当左腔中的压力油量逐步加大时,右腔的压力油则是以回油缝以及回油槽作为通道进入油罐。整个过程中,动力缸左右腔中都产生了一定的压差,这也使得活塞向右移动,液压助力右转向得以实现。

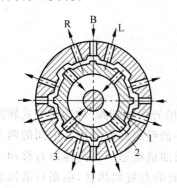

图 13-8 直线行驶工况转向阀油液流动

1—阀体;2—壳体;3—扭杆(轴);B—通液压泵输出管路的通道;L、R—通动力缸左、右腔的通道

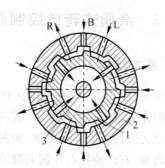

图 13-9 右转工况转向阀油液流动

1—阀体;2—壳体;3—扭杆(轴);B—通液压泵输出管路的通道;L、R—通动力缸左、右腔的通道

汽车左转向行驶时,同理,阀芯相对于阀套左转,产生一个角位移量,如图 13-10 所示。该角位移量使 6 个阀芯台肩左侧与阀套槽的间隙关闭,而相应 6 个阀芯台肩右侧与阀套槽之间的间隙增大,即进油缝增加开度,油液流过。因此,压力油得以流进阀套上的轴向槽内,再通过管状的通道进入活塞的右腔。此时,动力缸右腔的压力油增加,活塞左腔的压力油经过回油缝和回油槽返回油罐。这一过程使得液压助力右转向得以实现。

扭杆是一个具有较好的旋转弹性能力的元件。当扭杆发生形变时,由于力的相互作用传给方向盘反作用,而驾驶员可以感受到作用力的变化情况,即所谓的"路感"。汽车在运行过程中,若是一直向一个方向转向,转向盘就保持某个角度不变,扭杆也保持相应的状态,所以阀芯和阀套保持着一个固定开度,动力缸油液差产生的力矩和回正力矩平衡,车轮转角便保持一定。

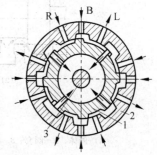

图 13-10 左转工况转向阀油液流动

1—阀体;2—壳体;3—扭杆(轴);B—通液压泵输出管路的通道;L、R—通动力缸左、右腔的通道

3) 转向回正性能

当驾驶员对转向盘的控制状态改变时,由于扭杆的弹性特征,会使分配阀的位置回到中间状态,关闭了分配阀阀套和阀芯间的间隙,动力缸左、右腔压力油压力相当,不存在压差,

也就不存在液压助力作用了。不过,考虑到主销后倾以及主销内倾的问题后,其所产生的回正力矩,会保证车轮回正而不需要驾驶员进行相应的操作。

4) 转向器的随动作用

汽车在行驶过程中,扭杆的扭转速度是与转向盘的转动速度相关的,转向盘转动加快,也带动了一系列的元件运动。最先是阀套和阀芯产生的角位移量的增加,然后动力缸内的油压差逐步增大,引起转向轮的偏转速度逐渐加快。由此可见,转向盘转动,前轮转动,转向盘加快转动,前轮也加快转动。当失去转向操纵力时,扭杆就会返回自由初始状态,分配阀回到初始状态,动力缸停止工作。这种动力缸随转向盘转动时动力存在,转向盘停止转动动力消失的作用叫做转向器的随动作用。

13.2.2 滑阀式转向控制阀

1. 基本结构

如图 13-11 所示,阀体沿轴向移动来控制油液流量的转向控制阀,称为滑阀式转向控制阀。当阀体 1 处于中间位置时,其两个凸棱边与阀套环槽形成四条缝隙。中间的两个缝隙分别与动力缸两腔的油道相通,而两边的两个缝隙与回油道相通。当阀体向右移动一个很小的距离时,右凸棱将右外侧的缝隙堵住,左凸棱将中间的左缝隙堵住,则来自液压泵的高压油经通道 5 和中间的右缝隙流入通道 4,继而进入动力缸的一个腔;而动力缸另一腔的低压油被活塞推出,经由左凸棱外侧的缝隙和通道 6 流回储油罐。

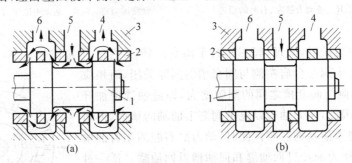

图 13-11 滑阀的结构和工作原理
(a) 常流式滑阀;(b) 常压式滑阀
1—阀体;2—阀套;3—壳体;4、6—通动力缸左、右腔的通道;5—通液压泵输出管路的通道

2. 工作原理

1) 直线行驶工况

汽车直线行驶(图 13-12)时,滑阀阀体 1 靠装在壳体内的回位弹簧和反作用柱塞保持在中间位置。由油泵输送出来的油液自进油孔 5 进入阀体的环槽,然后分成两路,通过排油口 4、6 分别进入动力缸的左、右两缸,最后会合经回油孔道流回转向油罐。因此,油泵的负荷很小,只需克服管路阻力,而整个系统内油路相通,油压处于低压状态。因此,这种形式称为常流式液压动力转向系。汽车不转向时,转向控制阀保持油路相通。

2) 转向行驶工况

当汽车右转弯时,驾驶员操纵方向盘带动转向螺杆顺时针旋转,由于转向轮受到路面的阻力,起初转向摇臂和转向螺母保持不动,驾驶员顺时针转动方向盘,与转向轴连成一体的滑阀阀体和左螺旋杆便克服回位弹簧和反作用柱塞一侧的油压力而向右移动。此时,动力缸中活塞左侧 L 腔与进油道相通,形成高油压区,而活塞右侧 R 腔与回油道相通,形成低油压区。在油压差的推动下,活塞向右移动,转向螺母向左移动,而纵拉杆则与活塞同向移动,并带动转向轮偏转。由于油压很高,因此汽车转向主要靠活塞推力,从而大大减小驾驶员作用在方向盘上的转向力。在方向盘和螺杆作顺时针方向继续转动中,上述的液压助力作用一直存在。当方向盘转过一定角度而保持不动时,转向螺杆不转动,螺杆加于螺母的向左作用力消失,螺母也不能再继续相对于螺杆左移。但在油压差作用下,螺母仍将带动螺杆和滑阀一起继续左移,直到滑阀回复到图 13-12 所示的中间位置。这时动力转向系停止工作,转向轮便不再继续偏转。由此可见,采用了动力转向后,转向轮偏转的开始和终止都较方向盘转动的开始和终止要略为晚一些。汽车向左转弯时,滑阀左移,改变油路,动力缸加力方向相反。在转向过程中,动力缸中的油压随转向阻力而变化,两者互相保持平衡(在油泵的负荷范围内)。

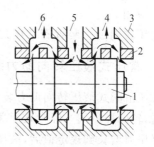

图 13-12 常流式滑阀直线行驶示意图
1—阀体;2—阀套;3—壳体;4、6—通动力缸左、右腔的通道;5—通液压泵输出管路的通道

3) 转向器的随动作用

如果油压过高,克服了转向阻力后还有剩余时,车轮便会加速转向。一旦车轮偏转角度超过了方向盘所给定的转向角度时,则由转向螺母带动螺杆作轴向移动。此时螺杆移动的方向与转向开始时的移动方向相反。结果,滑阀改变了油路,减小了动力缸中的油压,转向轮的转速再次减慢,以保证转向轮偏转与方向盘的转动相适应。这就是动力转向机构具有的随动作用。

动力缸只提供推力,而转向过程仍由驾驶员通过方向盘进行控制。回位弹簧的作用,一是在汽车直线行驶时保证滑阀处于中间位置,二是转向后能使转向轮自动回正。

常流式动力转向的优点是结构较简单,油泵寿命较长,泄漏较少,消耗功率也较小,因此,常流式动力转向在各种汽车上得到了广泛的应用。

13.3 助力转向液压控制回路

13.3.1 滑阀式液压转向助力装置

转向助力装置用以将发动机输出的部分机械能转化为压力能(液压能或气压能),并在驾驶员控制下,对转向传动装置或转向器中某一传动件施加不同方向的液压或气压作用力,以助驾驶员施力不足的一系列零部件,总称为转向助力装置。转向助力装置由机械转向器、转向动力缸和转向控制阀三大部分组成。由于液压系统工作时无噪声,工作滞后时间短,而且能吸收来自不平路面的冲击,因此,液压助力装置在各类各级汽车上获得广泛应用。

液压转向助力装置有常压式和常流式两种。

1. 常压式液压转向助力装置

常压滑阀式液压转向助力装置示意图如图13-13所示。在汽车直线行驶,转向盘保持中位时,转向控制阀5经常处于关闭位置。转向液压泵2输出的压力油充入储能器3。当储能器压力增长到规定值后,液压泵即自动卸荷空转,从而储能器压力得以限制在该规定值以下。当转动转向盘时,机械转向器6即通过转向摇臂等杆件使转向控制阀转入开启位置。此时,储能器中的压力油即流入转向动力缸4。动力缸输出的液压作用力,作用在转向传动机构上,以助机械转向器输出力之不足。转向盘一停止运动,转向控制阀便随之回到关闭位置。于是,转向加力作用终止。由此可见,无论转向盘处于中位还是转向位置,也无论转向盘保持静止还是运动状态,该系统工作管路中总是保持高压。

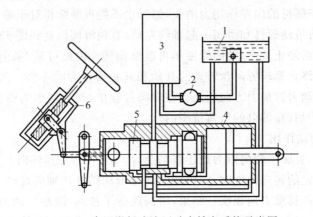

图 13-13 常压滑阀式液压助力转向系统示意图
1—转向储油罐;2—转向油泵;3—储能器;4—转向动力缸;5—转向控制阀;6—机械转向器

2. 常流式液压转向助力装置

常流滑阀式液压转向助力装置示意图如图13-14所示。不转向时,转向控制阀6保持开启。转向动力缸8的活塞两边的工作腔,由于都与低压回油管路相通而不起作用。转向液压泵2输出的油液流入转向控制阀,又由此流回转向油罐1。因转向控制阀的节流阻力很小,故液压泵输出压力也很低,液压泵实际上处于空转状态。当驾驶员转动转向盘,通过机械转向器7使转向控制阀处于与某一转弯方向相应工作位置时,转向动力缸的相应工作腔与回油管路隔绝,转而与液压泵输出管路相通,而动力缸的另一腔则仍然通回油管路。地面转向阻力经转向传动机构传到转向动力缸的推杆和活塞上,形成比转向控制阀节流阻力高得多的液压泵输出管路阻力。于是,转向液压泵输出压力急剧升高,直到足以推动转向动力缸活塞为止。转向盘停止转动后,转向控制阀随即回到中位,使动力缸停止工作。

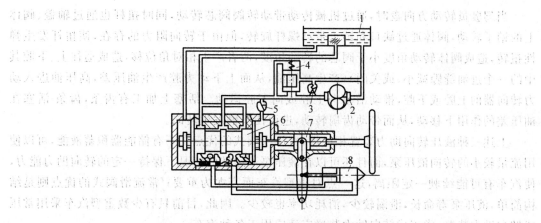

图 13-14 常流滑阀式液压动力转向系统示意图
1—转向储油罐；2—转向油泵；3—安全阀；4—流量控制阀；
5—止回阀；6—转向控制阀；7—机械转向器；8—转向动力缸

13.3.2 转阀式液压助力转向装置

常流转阀式液压转向助力装置示意图如图 13-15 所示。不转向时，转阀阀芯处于中间位置。进入的油液分别通过阀体和阀芯纵槽和槽肩形成的两边相等的间隙，再通过阀芯的纵槽以及阀体的径向孔向阀体外圆上、下油环槽，通过壳体油道流到动力缸的左转向动力腔和右转向动力腔。流入阀体内腔的油液在通过阀芯纵槽流向阀体上油环槽的同时，通过阀芯槽肩上的径向油孔流到转向螺杆和输入轴之间的缝隙中，从回油口经油管回到油罐中，形成常流式油液循环。此时，上下腔油压相等且很小，齿条-活塞既没有受到转向螺杆的轴向推力，也没有受到上、下腔因压力差造成的轴向推力。齿条-活塞处于中间位置，动力转向器不工作。

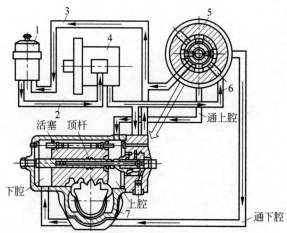

图 13-15 常流转阀式液压动力转向系统示意图
1—转向油罐；2—转向油泵进油管；3—回油管；4—转向油泵；
5—转阀；6—转向油泵出油管；7—动力转向器

当驾驶员转动方向盘时，通过机械传动带动转阀阀芯转动，同时扭杆也通过轴盖、阀体上的销子转动，阀体通过缺口和销子带动螺杆旋转，但由于转向阻力的存在，使扭杆发生弹性扭转，造成阀体转动角度小于阀芯的转动角度，两者产生相对角位移，造成通往上、下腔其中的一个进油缝隙减小（或关闭），产生高压油，从而上下动力腔产生油压差，高压油进入动力转向器的上腔或下腔，推动活塞向上腔或向下腔运动。活塞上加工有齿条，齿条-活塞在油压差的作用下移动，从而带动齿扇转动，进而使车辆发生转向。

上述三种液压转向助力装置相比较，常压滑阀式的优点在于有储能器积蓄液能，可以使用流量较小的转向液压泵，而且还可以在液压泵不运转的情况下保持一定的转向助力能力，使汽车有可能续驶一定距离，这一点对重型汽车而言尤为重要；常流滑阀式的优点则是结构简单，液压泵寿命长，泄漏较少，消耗功率也较少。因此，目前只有少数重型汽车采用常压式转向助力装置，常流式转向助力装置广泛应用于各种汽车。

附录

常用液压与气动元件图形符号

附表1 基本符号、管路及连接

名称	符号	名称	符号
工作管路	——	管端连接于油箱底部	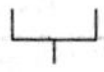
控制管路	 - - - -	密闭式油箱	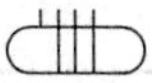
连接管路	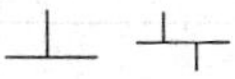	直接排气	
交叉管路	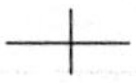 +	带连接排气	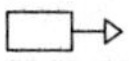
柔性管路		带单向阀快换接头	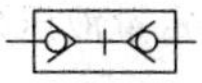
组合元件线		不带单向阀快换接头	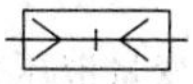
管口在液面以上的油箱	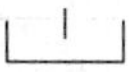	单通路旋转接头	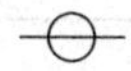
管口在液面以下的油箱	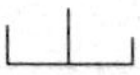	三通路旋转接头	

附表2 控制机构和控制方法

名称	符号	名称	符号
按钮式人力控制	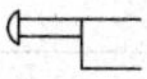	单向滚轮式机械控制	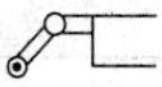
手柄式人力控制	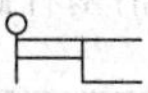	单作用电磁控制	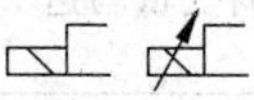
踏板式人力控制	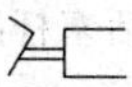	双作用电磁控制	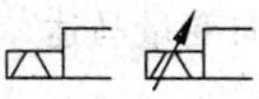
顶杆式人力控制	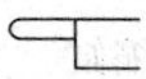	电动机旋转控制	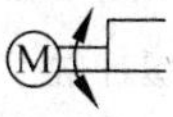
弹簧控制		加压或减压控制	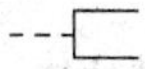
滚轮式机械控制	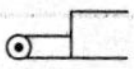	内部压力控制	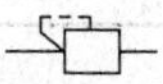

续表

名　称	符　号	名　称	符　号
外部压力控制	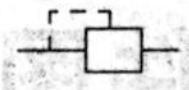	电-液先导控制	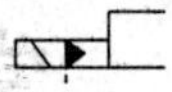
气压先导控制	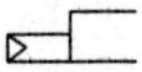	电-气先导控制	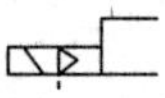
液压先导控制	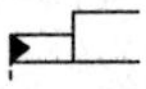	液压先导泄压控制	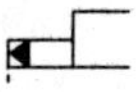
液压二级先导控制	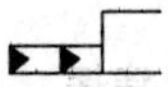	电反馈控制	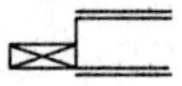
气-液先导控制	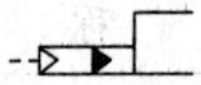	差动控制	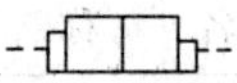

附表3　泵、马达和缸

名　称	符　号	名　称	符　号
单向定量液压泵	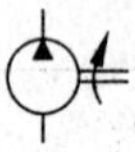	定量液压泵-马达	
双向定量液压泵		变量液压泵-马达	
单向变量液压泵		液压整体式传动装置	
双向变量液压泵		摆动马达	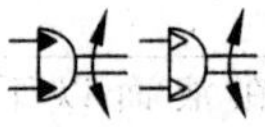
单向定量马达	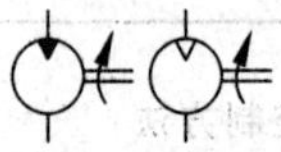	单作用弹簧复位缸	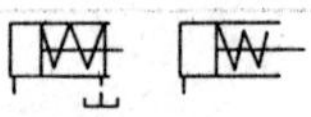
双向定量马达	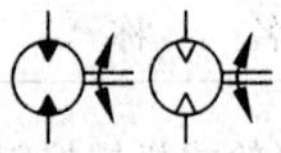	单作用伸缩缸	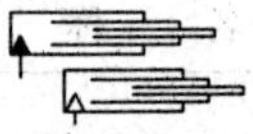
单向变量马达	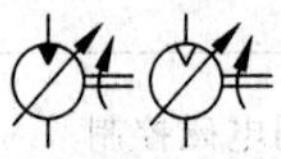	双作用单活塞杆缸	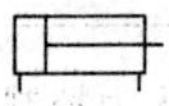
双向变量马达	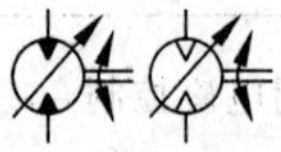	双作用双活塞杆缸	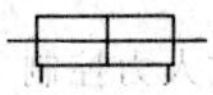
单向缓冲缸	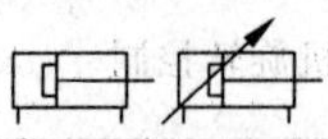	双作用伸缩缸	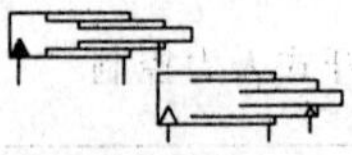
双向缓冲缸	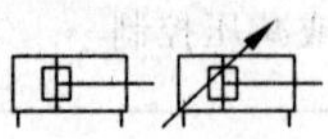	增压器	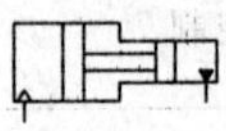

附表 4 控制元件

名称	符号	名称	符号
直动型溢流阀		溢流减压阀	
先导型溢流阀		先导型比例电磁式溢流阀	
先导型比例电磁溢流阀		定比减压阀	
卸荷溢流阀		定差减压阀	
双向溢流阀		直动型顺序阀	
直动型减压阀		先导型顺序阀	
先导型减压阀		单向顺序阀（平衡阀）	
直动型卸荷阀		集流阀	
制动阀		分流集流阀	
不可调节流阀		单向阀	
可调节流阀		液控单向阀	
可调单向节流阀		液压锁	
减速阀		或门型梭阀	

续表

名　称	符　号	名　称	符　号
带消声器的节流阀	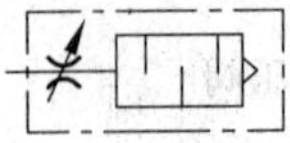	与门型梭阀	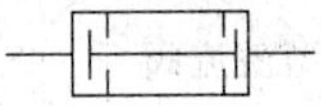
调速阀	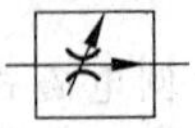	快速排气阀	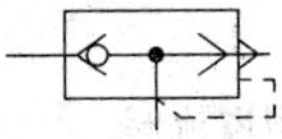
温度补偿调速阀	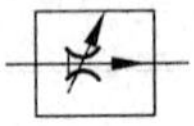	二位二通换向阀	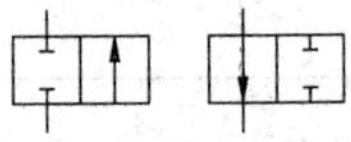
旁通型调速阀	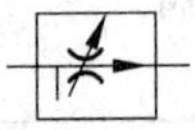	二位三通换向阀	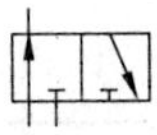
单向调速阀	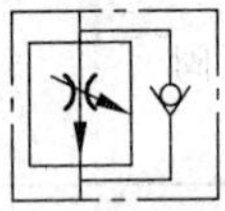	二位四通换向阀	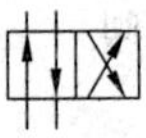
分流阀	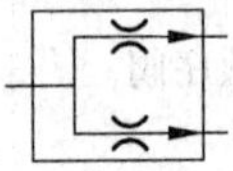	二位五通换向阀	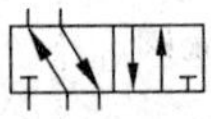
三位四通换向阀	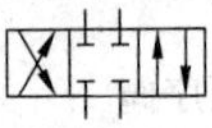	四通电液伺服阀	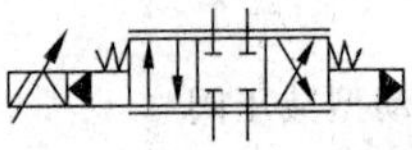
三位五通换向阀	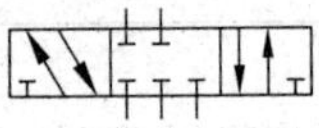		

附表 5　辅助元件

名　称	符　号	名　称	符　号
过滤器	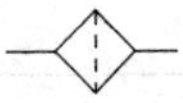	气罐	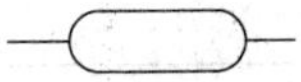
磁芯过滤器	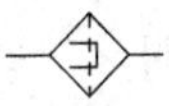	压力计	
污染指示过滤器	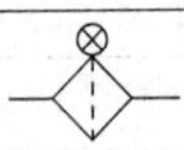	液面计	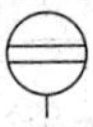
分水排水器	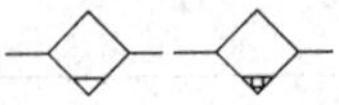	温度计	
空气过滤器	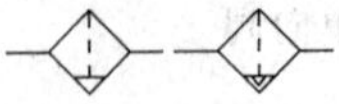	流量计	
除油器	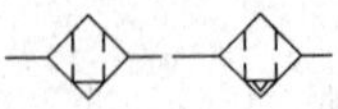	压力继电器	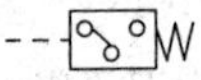
空气干燥器	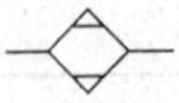	消声器	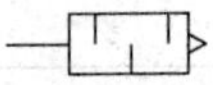
油雾器	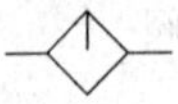	液压源	

续表

名　　称	符　　号	名　　称	符　　号
气液调节装置		气压源	
冷却器		电动机	
加热器		原动机	
蓄能器		气-液转换器	

参考文献

[1] 齐晓杰.液压、液力与气压传动[M].北京:化学工业出版社,2007.
[2] 马恩等.汽车液压与液力传动[M].北京:清华大学出版社,2017.
[3] 宋锦春.液压气压传动[M].北京:科学出版社,2016.
[4] 张春阳.液压与液力传动[M].北京:人民交通出版社,2003.
[5] 薛祖德.液压传动[M].北京:中央广播电视大学出版社,1998.
[6] 章宏甲,黄谊.液压传动[M].北京:机械工业出版社,2003.
[7] 姜佩东.液压与气动技术[M].北京:高等教育出版社,2000.
[8] 李有义.液力传动[M].哈尔滨:哈尔滨工业大学出版社,2000.
[9] 过学迅.汽车自动变速器结构和原理[M].北京:机械工业出版社,2001.
[10] 闻邦椿.机械设计手册(第四卷,第五卷)[M].北京:化学工业出版社,2002.
[11] 张利平.现代液压技术应用220例[M].北京:化学工业出版社,2015.
[12] 黄志坚.实用液压气动回路880例[M].北京:化学工业出版社,2018.
[13] 宋锦春.现代液压技术概述[M].北京:冶金工业出版社,2016.
[14] 杨华勇,赵静一.汽车电液技术[M].北京:机械工业出版社,2012.